见树又见林
你就是社会学的一部分

一棵树与整个树林的奥秘
看人与社会的相容互浸

绘本典藏版

你的第一本社会学

NIDE DIYIBEN SHEHUIXUE

宿文渊 编著

全国百佳出版单位
江西美术出版社

图书在版编目（CIP）数据

你的第一本社会学 / 宿文渊编著. -- 南昌：江西美术出版社, 2017.7（2019.1重印）
ISBN 978-7-5480-5455-9

Ⅰ.①你… Ⅱ.①宿… Ⅲ.①社会学—通俗读物
Ⅳ.①C91-49

中国版本图书馆CIP数据核字(2017)第112554号

你的第一本社会学

宿文渊 编著

出 版：江西美术出版社
社 址：南昌市子安路66号 邮编：330025
电 话：0791-86566329
发 行：010-88893001
印 刷：深圳市彩美印刷有限公司
版 次：2017年10月第1版
印 次：2019年1月第2次印刷
开 本：880mm×1230mm 1/32
印 张：10
ISBN：978-7-5480-5455-9
定 价：36.00元

前　　言

最近，社会学被越来越频繁地提及，社会学家的身影也总是出现在公众面前。虽然社会学现在备受关注，然而很多人却并不了解它。人们第一次听到“社会学”这个名词可能会觉得很“玄”，不知道它是研究什么的。即使有不少自认为了解社会学的人也对它充满了误解。

人们对社会学产生误解可能是因为对社会学的研究开展得比较晚。虽然社会学的思想古代就有，比如古希腊哲学家柏拉图、亚里士多德的哲学思想中就包含有社会学的思想因素。不仅在古代西方，早在先秦时代的中国也已经产生了社会学思想的萌芽，如荀子说“人生不能无群”，即是这种萌芽的体现。但人们开始对社会学开展研究才100多年的时间。“社会学”一词最早是由法国哲学家、社会学家孔德在其1838年10月出版的《实证哲学教程》第四卷中提出的，从此，社会学才正式成为一门独立的学科，孔德也因此被称为“现代社会学之父”。另外，社会学本身是一个“舶来品”，在我们国家传统的学术领域甚至没有一门与之相近的学科，而且社会学的概念基本都是翻译过来的，这就造成了社会学显得与大众的生活“格格不入”。

其实，社会学是最贴近我们日常生活的学问。人类是社会动物，生活在社会之中，不论是经济生活、政治活动，还是其他的个人之间的交往活动等，都深深地根植于社会。社会就像一只“看不见的手”，在深刻地影响着我们日常生活的方方面面。从家庭关系到工作关系，从结婚生子到养儿育女，从社会经济活动到政治运动，都是社会学研究的议题。就像我们每天花钱的时候都在处理经济学的问题一样，我们每天的活动其实都在处理社会学的问题。所以从这个意义上说，社会学是无所不包的。它不但涵盖性别、种族、阶层、年龄等议题，更是许多生活化知识的融汇，是集合人类、环境、政策、时代等生活中所有方面的学问。

虽然现代社会学只有170多年的历史，但社会学的地位是很重要的。就如德国著名的哲学家卡尔·曼海姆曾说过的：“在当今世界上能够将这个时代表达得最透彻的就是社会学。”

懂得社会学是很有意义的，它能让你把个人的经历同社会的和历史的因素联系起来，从而让你认识到发生在身边的每一件事情背后都是有着深刻的社会、历史原因的。比如大学生就业难的问题，从个人的角度看是受到专业技能、工作能力、薪酬待遇等因素的影响，但如果你具备社会学的知识，你就能发现经济结构、舆论导向、地区发展水平等宏观因素对大学生就业问题有着深刻的影响。再比如离婚率升高的问题，从夫妻的角度看多认为是感情破裂造成的，但从社会学的角度想，你能发现所谓的感情破裂也与职业水平、社会声望、文化差异等社会因素有着深刻的联系。社会学让我们对问题的看法不再局限于个人的经历，而是能把自己放在社会的大背景上去观察我们身边的事物，思考我们的日常生活。能够从小事情中看出大道理，一个全新的世界就在你的眼前展开。

身处日新月异的时代和复杂多变的社会，人们很容易产生迷茫、失望和怀疑的念头。读一点社会学，有助于我们更加全面、深刻地理解社会的变化及发生在身边的一切，更加客观地对待日常的生活，从而找到更好地适应社会与寻求个人发展的方法。

本书是一本学习社会学的理想工具书。书中没有过多地使用专业术语，而是用生动、通俗的语言阐释了社会学的原理和理论流派，用社会学的思维来解读那些我们日常生活中普遍存在但又没有深入、全面思考的日常现象和社会问题——成长、学习、工作、交友、家庭、婚姻、群体生活等，指出某些看似孤立、特别的事件所折射出的社会学意义及对社会、对个体的影响，提供给我们一种社会学的思考方法，会用社会学的视角和思维观察、剖析种种生活现象；书中还分析了某些群体的特定行为和心理，可以让我们更深刻地了解他人，更圆融地为人处世。

本书将给你一双社会学的“眼睛”，教你在日常生活中如何看待身边的事物和人，如何了解生活环境、生活空间和社会秩序，如何发现普遍现象背后隐含的社会和人性规律，如何用社会学的思维洞察事物表象，发现本质，帮助你更深刻地认识这个世界。

目录
CONTENTS

第一篇 见树又见林
——你就是社会学的一部分

第二篇 从自然人到社会人——一个人的成长历程

第三篇 一棵树与整个树林的奥秘 ——看人与社会的相容互浸

第四篇 男人来自火星，女人来自金星
——两性关系与心理差异

第五篇 人是否真的“生而平等”——社会结构和分层

第六篇 我们每个人都被约束——社会对个体行为的影响

第七篇 社会学常识 ——不可不知的社会学知识

第一篇

见树又见林——你就是社会学的一部分

PART 01

走近社会学
——和我们的生活息息相关的学问

什么是社会学——认识社会学的研究对象

19世纪30年代法国学者奥古斯特·孔德在其《实证哲学教程》中首先使用了“社会学”这个术语，社会学这一学科才算正式出现在学术的殿堂之中。但是社会学诞生100多年来，对于它的研究对象到底是什么一直没有明确的结论。孔德创立社会学之时，把社会学定位于一切社会科学的总纲，研究人类社会存在的本质规律和运行法则。但是随着社会学的不断发展，不同的社会学家对社会学的研究对象做出了不同的解释，因为人类社会毕竟太过复杂，而人生活于社会之中，所谓“不识庐山真面目，只缘身在此山中”，导致了不同的学者从不同的角度来研究社会学。所以在社会学近200年的学科历史中，产生了大量的对于社会学研究对象的不同判断。

其实，对于社会学的研究对象在形而上的哲学层面有一个总括性的判断，即社会学是一门对人类社会进行总体性综合性研究的社会科学；它把社会作为一个整体，研究人和社会各个组成部分及其相互关系，探讨社会的发生、发展及其规律。但是这个概念其实是通过全景式的描述把一切有关社会的学问都包括在内，但对于实际的社会学研究来讲却显得太过笼统。关于社会学的具体的研究对象，一直以来是众说纷纭、争论不休，国内外的社会学家提出过各种各样的定义。

我国著名社会学家孙本文在其名著《社会学原理》中对国外的社会学家关于社会学研究对象的定义归纳为8种：

（1）认为社会学是研究社会形式的。这主要指的是社会制度，比如政党制度——两党制与多党制；比如社会主义与资本主义，比如经济制度——公有制与私有制等，这些社会表现出来的组织方式，就是所谓的社会形式。

（2）认为社会学是研究人类文化的。社会学所认为的文化广义上来说就是人类创造的所有物质财富和精神财富的总和，也就是说我们现在看到的、听到的、想到的一切几乎都是文化产品。但是在社会学具体的研究中一般把文化限定在一个范围内，比如有专门研究民间风俗的，有专门研究婚姻文化的，也有研究更大的不同民族文化之间差异的。比如德国社会学家韦伯就研究中国、印度、阿拉伯与欧洲文化之间有什么不同，他研究为什么不同文化中的人对同一个事情的看法是不一样的。

（3）认为社会学是研究社会现象以及社会现象之间的关系。所谓的社会现象其实每天都发生在我们身边，比如国内的大学生就业难、高房价、东南沿海部分地区用工荒等，以及国外的中东的紧张局势、索马里的海盗、哥本哈根气候大会等，这些都是大事件，社会现象同样也有小事件，比如北京的的哥喜欢与乘客闲聊、家长想办法把子女送到补习班、两人要结婚男方要有房等，我们或者觉得这些社会现象离我们太远，或者觉得只是个人的私事，但其实这些社会现象背后都有着深刻的社会原因，社会学就是要研究这些社会现象。

（4）认为社会学是研究社会关系的。很多社会学家认为人类社会其实就是由各种各样的社会关系构成的，关系在一定意义上就是不同的事物之间的一种联系，小到个人与个人之间的关系，如夫妻关系、父子关系、同事关系，大到国家关系、民族关系，还有经济关系、法律关系等，正是这些关系构成了我们的社会。

而社会学就是通过研究这些关系来认识我们生存的世界。

（5）认为社会学是研究社会进步的。人类进入文明社会几千年，我们是如何一步步从原始社会演进到现在的，我们是如何从农业社会走向工业化、走向信息时代的，这些是宏观上的社会进步。那么我们看看香烟的历史，在20世纪70年代以前，在公共场所吸烟还被认为是有风度的事情，可是现在已经倡导全民禁烟了，这同样也是一种社会进步的现象。社会学对社会进步的研究是企图找到其背后的动力。

（6）认为社会学是研究社会组织的。整个社会是宏观的，个人是微观的，那么联系宏观与微观的就是中观层次的社会组织。每个人从出生就在一个家庭及家族里，上学在学校里，工作在公司里，我们其实一直生活在不同的社会组织之中，人与人组成特定的群体，这个群体有着明确的界限和内部规则，它就可以看作是一个社会组织。个人就是通过由群体形成的社会组织而与整个社会进行互动的。

（7）认为社会学是研究社会互动过程的，比如个人与个人之间是如何交往的，个人与一个社会组织——企业——是如何处理关系的，组织与组织之间——商业谈判——是如何交往的，这些都是社会互动。

（8）认为社会学是研究社会行为的，研究社会行为其实就是要找出个人做出的行为背后有什么样的社会原因。比如有的地方乘公交车自觉排队，有的地方就不是这样，甚至在同一座城市的不同角落也存在差异；或者在一个没有引导栏杆的站台人们不会排队，而当加上一个栏杆后人们就排队了。这种行为以及它的变化背后有什么样的社会因素呢？这就是社会学研究社会行为希望找出的答案。

当然，具体到某一个社会学家其对社会学研究对象的定义并不限以上几种，可以说有一个社会学家就有一种对社会学研究对象的定义，但概括来讲所有的对社会学研究对象的定义基本都包含在这几种定义之中。社会学传入中国以后曾经在20世纪初取得了很多学术成就，新中国成立后社会学家也是层出不穷。我国的社会学家同样对社会学研究对象做出了许多不同的定义。

（1）认为社会学的研究对象就是社会运行和发展的类型，就是一门研究社会良性运行和协调发展的条件以及机制的综合性的具体社会科学学科。

（2）认为社会学的研究对象是发生在社会生活各个领域里的社会现象之间的关系，并从中探求人们社会行为的规律。

（3）认为社会学是以整个社会作为其研究对象，研究社会结构、社会发展动力和社会生活现象及其规律性。

（4）认为社会学以社会的构成、体统、变动以及有关人生的事物现象、问题与社会体统的关系作为研究对象。

（5）认为社会整体是社会学研究的基本对象。

（6）认为马克思主义社会学是在历史唯物主义指导下研究社会矛盾及其解决途径的科学。

（7）认为社会学的研究对象是确定性与不确定性的统一。所谓对象是确定的，是从变动着的社会整体出发来研究社会现象及其相互关系，着眼于整体综合，而立足于局部分析；社会学的对象又是不确定的，它的触角深入社会现象的一切领域，而对这些专门领域的研究已经形成专门学科，如经济学、政治学等正在发展成为独立学科，如人口学、劳动学等。

（8）认为一定的社会关系是社会学的研究对象。对社会关系的宏观分析就构成宏观社会学，对它的局部分析就构成微观社会学，而对社会关系进行具体的调查研究构成了应用社会学，在此基础上进行的理论分析和科学抽象构成了理论社会学。

（9）认为社会学的研究对象是制度。

（10）认为社会学是在历史唯物主义指导下研究社会现象和社会问题的科学，是以研究社会问题为中心的一个“科学群”。

（11）认为社会学是从变动的社会整体出发，以多种角度和多种层次综合研究人们的社会活动和社会关系为内容的社会整体的形式、模式、组成构成、运动和规律，及社会各方面（或各种社会活动、社会关系）之间相互性的科学。

（12）认为普通社会学的研究对象是社会整体的基本构成及各部分的相互关系，从而揭示社会整体发展的规律。普通社会学也可以划分为关于一切社会形态整体发展的一般规律、某种社会形态整体发展的特殊规律、某个特定社会整体发展的个别规律三个基本研究层次。

从以上这些社会学研究对象的定义中我们可以看出，对社会学研究对象的定义基本上可以分为两种：第一种侧重以社会为对象，重在研究社会的结构和过程、社会的运行和发展、社会的秩序和进步等，即是以社会作为一个客观存在的整体来加以研究；第二种侧重以个人及其社会行为为研究对象，也就是从组成社会的个人入手进行社会学研究。在每一种研究取向中又可以按宏观、中观、微观三个层次来进行细分，这就使得社会学的研究纷繁复杂了。

我们应该如何看待社会学研究对象问题的争论呢？其实，导致社会学研究对象问题有着长期分歧的根本原因，在于社会学总体上是把整个人类社会作为研究对象和研究内容，而社会对于我们来说又过于复杂，十分不易把握，这就使得某一个社会学家往往只能从一个侧面进行他的研究，因此也就从这一侧面出发对社会学的研究对象进行定义。而且，不同的社会学家有着不同的知识背景，所生活的社会环境和学术环境也不一样，这也导致了认识社会的方式千差万别，进而导致了对社会学研究对象定义的不同。

其实对于社会学研究对象的认识，我们每个喜欢社会学、研究社会学的人都可以做出自己的判断，当然，这种判断是建立在不断地阅读与实践的基础上。社会是一本“活”的大百科全书，我们要培养自己对社会现象的敏感性，细心观察身边的事物，认真思考其中的逻辑关系。社会是抽象的，同时社会也是具体的，我们应该学会用一双慧眼来发掘身边那些习以为常的事物背后隐藏着的深意。一旦你能够从那些看似平常的事物中总结出合乎逻辑的解释，那么你已经具备了成为一个社会学家的潜质，你已经打开了通往社会学学术殿堂的大门。

社会学是一门神奇的学问，它能让你站在历史的高度上看待社会事物，从本质上把握社会事物发展的规律，让你更有能力来应对社会的发展和变化。其实我们每一个人都有成为社会学家的潜质，只要我们勤于观察、勤于思考，每天都读点社会学，我们就能发现我们眼前那个不一样的世界。

从个体到社会的联系纽带——社会学的想象力

“社会学是什么”是每一个初学社会学的人都会问到的问题，其实不仅是初学社会学的人，就算是系统地学习过社会学的人也经常被这个问题困扰。社会学的分支学科很多，研究对象的范围又很广，所以社会学给人的感觉不像经济学、政治学、心理学等其他社会科学那样有一个特定的专业的研究领域，因此很多人说社会学是一个边缘学科，它研究的都是其他社会科学不去研究的那些“剩下”的学问。

这其实是对社会学的一种误解。那么社会学究竟是一门什么样的学问呢？社会学家已经对这个问题做出了回答：社会学不应该从它的研究对象或者说研究内容上来下定义，而应该从它的研究方法上来下定义。那么社会学认识世界的独特之处是什么呢？我们在这里就要了解“社会学的想象力”这个概念。

美国社会学家米尔斯在他的传世名著《社会学的想象力》一书中提出了一个著名的概念——“社会学的想象力”。在他看来，不仅社会学家们应该具备社会学的想象力，普通民众也应该具备社会学的想象力，而且学习社会学的目的就是发展人们的这种社会学的想象力，而进行社会学的研究就是运用这种想象力去认识世界、解释世界。那么什么是社会学的想象力呢？

在米尔斯看来，社会学的想象力是一种心智品质或者说是一种思维方式，它能帮助你理解个人经历与这种经历背后的社会结构之间的关系。米尔斯说：“人们需要的是一种心智的品质，这种品质可以帮助人们利用信息增进理性，从而使人们能看清世事，以及或许就发生在人们之间的事情的清晰全貌。我想要描述的正是这种品质，它可能会被记者和学者、艺术家和公众、科学家和编辑们所逐渐期待，可以称之为社会学的想象力。”

我们每个人生活在社会中，其实我们所有的行为或者遇到的事情都有着社会的力量在起作用。比如说就业难的问题，看似与求职者的个人能力、专业技能、工资要求等有关，但是在这些个人因素背后，涉及教育体制、大众心理预期、社会舆论、产业发展不平衡等社会因素。就是我们认为最个人、最隐私的行为，比如自杀行为，也是深受社会因素影响的。法国著名社会学家涂尔干在其名著《自杀论》中已经通过研究表明：也许对一个人来讲自杀是个人的事情，但是当我们把眼光扩展到一个国家、一个大陆，我们就会发现自杀率的高低受到宗教信仰、自然环境、职业结构、民间习俗等一系列社会因素的影响。

所以米尔斯指出：个人在各种特定的社会环境中所经历的事情往往是由社会的结构性的变化引起的，要理解许多个人经历的变化，我们需要超越这些变化来看待它们。由于我们所生活于其中的社会变得越来越复杂，各种社会因素之间的联系越来越复杂，社会结构性的变化的数目和类型也不断增加，人们要想对社会结构的观念有清楚的认识并敏锐地运用它，就要能在大量不同的环境中捕捉它们彼此间的联系，这就需要我们具备社会学的想象力。

社会学的想象力是发现个人生活历程与历史以及社会结构之间联系的能力，同时它也是一种视角转换的能力：当我们认识事物时，我们可以从自己的视角切换到他人的视角，从政治学的视角转移到心理学，从对一个简单家庭的考察转到对世界上各个国家的预算进行综合评估，从思考石油工业转换到研究当代诗歌。通过这种看待问题时视角的转换，我们能把看似不相关的事情联系起来，发现它们背后的联系，这种联系能让我们更深刻地认识发生在我们身上或者发生在我们身边的事情背后的真实原因，同时也能让我们找到更多的解决问题的方法。

运用社会学的想象力就是要求我们想象自己离开了日常生活中那些熟悉的惯例，用更开阔的视野去认识问题。

比如我们运用社会学的想象力，可以从喝咖啡这种很个人化的日常行为中发现很多更加宏观的社会现象。

第一，对于大部分喝咖啡的人来说，咖啡并不只是一种提神的东西。喝咖啡的重点是在喝，它作为我们日常社会活动的一部分具有象征价值。比如对于欧洲人来说，在早上喝一杯咖啡标志着新的一天的开始，是日常生活中很重要的一种仪式。而两个人或更多的人约在一起喝咖啡则更多的是一种交往的方式，至于咖啡本身在这种仪式中是不重要的，重要的是人们有闲聊的机会。

第二，咖啡中的咖啡因对大脑有刺激性作用，许多人喝咖啡是为了提神，但是人们却并不把嗜好喝咖啡看成是吸毒。同样的情形还发生在酒精饮料身上。如果从医学的角度看咖啡和酒精都是一种毒品，但是咖啡和酒精却成了一种社会能够接受的毒品。而大麻、海洛因却不被人们所接受。为什么会出现这种差异？这恐怕就要从咖啡与酒精饮料的发展历史中寻找答案，这时你就要运用社会学的想象力去完成这个有意思的工作。

第三，当一个人喝了一杯咖啡时，那么他卷入了一个覆盖全世界的一种复杂的社会与经济关系。从世界贸易来看，小小的咖啡豆是一种把地球上一些最富裕和最贫穷地区的人们联系在一起的产品。咖啡主要由贫穷国家生产，但却在富裕国家被大量消费。咖啡在国际贸易中是仅次于石油的最有价值的商品，同时咖啡的生产、运输和销售是一个复杂的系统，数不清的人们在这个系统中工作。当你消费一袋小小的咖啡豆时，你应该能想到它从产出地到你的餐桌上经历了多么漫长而复杂的过程，而这个过程又涉及多少的社会现象。运用社会学的想象力，我们能够认识到我们生活中的许多方面都受到世界范围的社会交流的影响。

第四，饮用咖啡这种行为与饮茶、吃香蕉、吃土豆等行为一样，并不是本民族本来就有的行为，它们能够成为一种世界消费品是历经几百年的世界交流的结果。如果我们考察这些农产品的原产地以及它们现在在世界上的分布情况，我们就能明白这几百年来人类历史上究竟发生了什么事情，我们就能知道我们现在每个人的行为都是常常受到历史车轮的影响，而我们应该运用社会学的想象力去认识这种历史，以便更深刻地理解现在的世界。

第五，咖啡的消费其实已变得“品牌化”和政治化了。我们觉得选择何种咖啡是个人的喜好，但其实这种所谓的个人选择已经受到了社会因素的影响，其中最明显的就是受到了广告的影响。人们可以选择只喝纯天然的咖啡或者速溶咖啡，也可以选择光顾“独立的”咖啡厅或是像星巴克那样的咖啡连锁店，而不论人们做出什么样的选择，都会说出很多理由，而这些理由大多听起来都与个人喜好有关。但是如果我们深入地思考一下自己最开始为什么会做出这种选择以及有什么外在因素起到了促进作用，我们会发现我们的这种选择是被广告、被舆论、被所谓时尚等所左右的，而这些广告、时尚的背后又有着要么是经济利益、要么是社会心理的作用。

社会学的想象力使我们发现许多事情看似只与个人有关，但它其实反映了更大的问题。比如失业问题：失业对于丢掉工作而又找不到新工作的人来说，是一场个人的悲剧，然而，当一个社会中有数以

百万计的人都处在相同的境地时，失业就不单是个人的问题了，而成为一个体现着大的社会趋势的社会问题。我们学习从社会学的角度思考问题，就是要用更加开阔的视野去观察，学会运用社会学的想象力。

社会学的想象力让我们理解历史与个人的生活历程以及在社会中二者间的联系；社会学的想象力能戏剧性地让我们理解我们的周围显示出来的日常生活与更宏观的社会现象间的联系。我们运用社会学的想象力，目的在于探究个人在社会中，在他存在并具有自身特质的一定时代，他的社会与历史意义何在。

社会学的奠基者——经典社会学“三大家”

社会学的发展基本上分为经典和现当代两大时期。古典时期社会学的学术重心在欧洲，尤其以法国和德国为重，而在第二次世界大战前后社会学的学术重心逐渐从欧洲转移到了美国。当然，在近年来欧洲社会学重新恢复了二战前那种欣欣向荣的景象，而与美国社会学并驾齐驱，共同构成了当代社会学研究的主要力量。

进入20世纪以来，社会学各种各样的理论层出不穷，每一种理论都有着相当的解释力，能够对一定范围内的社会学问题提供合理的解释和研究指导，但这许多不同的社会学理论归纳起来，究其根本有三种价值取向——一种是实证主义传统，这一传统把社会当作一个客观存在的整体来加以研究，强调社会是一个由具有不同功能的各部分组成的完整系统，典型的是帕森斯的结构功能主义；一种是冲突理论，它强调社会是一个矛盾的统一体，社会的存在和运行都是矛盾运动的结果，只有通过社会不同部分的冲突现象才能真正理解社会的内在规律；第三种是具有人本主义的理解社会学，它强调社会是由人组成的，社会学的研究应该从个体出发，由微观到宏观逐步理解社会现象。

这三种理论传统或者说理论范式基本概括了现在所有的社会学理论的价值取向，而三种理论传统分别来自于经典社会学时期的三位著名学者——涂尔干、马克思、韦伯，他们三人被称为经典社会学“三大家”，是社会学的奠基者。

1. 埃米尔·涂尔干

埃米尔·涂尔干（1858～1917年）是法国著名社会学家，他的著作对于现代社会学产生了持久的影响。涂尔干把社会学视为一门新的科学。涂尔干认为社会学研究必须像自然科学研究一样，客观地研究社会生活。涂尔干把社会事实确立为社会学的研究对象，他的社会学第一原则就是“把社会事实当作事物来研究”。他强调社会事实先于个体的生命而存在，比个体生命更持久；它的存在不取决于个人，是先行的社会事实造成的。社会事实以外在的形式强制性地作用于社会中的每一个人，塑造了人们的意识。人们无法摆脱社会事实的熏陶和影响，而且违反社会规则将受到惩罚。涂尔干认为，一切社会的观念都具有这种强制力：人类大多数的意识不是个人自己生成的，而是在外界的引导、熏陶和压迫下形成的。社会高于个人，社会事实不能用心理学等研究个体的方法来解释，必须用社会学的方法、观点解释。涂尔干举例说明宗教、道德、法律、社团、协会、语言以及服装样式均属社会现象，都是社会学特定的研究对象。涂尔干还将社会事实分为“运动的状态”和“存在的状态”，前者指与思想意识相关的现象，后者是社会上一切组织和有形设置。涂尔干特别重视研究社会事实的“运动的状态”。

涂尔干认为社会事实是较难研究的，因为社会事实不能被直接观察，所以必须间接地分析它们，比如从它们的表达方式入手，法律、宗教条文和书面的行为准则等。涂尔干强调在研究社会事实时要摒弃主观意识形态的干扰，摆脱先入为主的偏见。涂尔干认为科学的观念只能来自科学的实践。他要求社会学家研究事物的本来面目，构造反映社会事物真实本质的新观念。

涂尔干的主要学术贡献在于他提出了社会事实作为社会学研究对象，阐述了社会事实之间存在的结构、功能和因果的关系，制定了一系列社会学研究的实证研究的规则，使社会学方法论具有了实质性的内容。涂尔干把统计学的方法带入了社会学研究，从而结束了西方社会学理论研究和经验研究长期脱节的状况。涂尔干的主要著作有《社会分工论》《社会学方法的规则》《自杀论》《宗教生活的基本形式》等。

2. 卡尔·马克思

卡尔·马克思（1818～1883年）是社会学冲突理论的先驱。马克思的研究总是把经济问题与社会制度联系在一起来思考，所以他的著作非常富有社会学的洞察力，他的著作对社会学的发展起了重要的作用。

马克思关注的是现代社会的变革，他认为资本主义的产生和发展是导致人类社会由传统社会转向现代社会的最重要动力，重要的社会变革都是与资本主义的发展联系在一起的。马克思认为资本主义是一种与以前历史中的经济体系截然不同的生产体系，正是这种差别导致了现代社会生活方式的产生。正是资本主义这种大工业生产方式，把整个社会都变成了一个大工厂，每一个人都成了生产机器上的一个零件，人都被异化成了机器，而不再能像以前一样更多地关注精神层次的生活。但马克思认为资本主义是人类社会发展的重要阶段，只有通过资本主义把社会生产力释放出来后，人类社会才能在更高的层次上进行建构，即所谓的共产主义。

马克思的社会学理论都是以他的唯物主义历史观为基础的。历史唯物主义认为社会变革的主要根源并非人类的理念或价值观，相反，社会变革主要由经济影响推动。物质资料生产方式的变迁是社会变迁的根本动力。马克思相信工人阶级革命的必然结果就是推翻资本主义制度，建立一个没有阶级、没有富人和穷人之间巨大差距的新社会。他并不是说个体之间的所有不平等都会消失，而是指社会不会再被划分成一个由垄断经济和政治权力的少数人所组成的小阶级，以及一个由不能从劳动创造的财富中获取丝毫利益的人民大众所构成的大阶级，经济体系以公有制为基础，将要建立一个比我们今天所知道的更为人道的社会。马克思相信，在这种未来社会中，生产将比在资本主义制度下更先进和更有效率。

马克思的研究不仅在学术界而且在现实的社会生活中有着深远的影响，他的研究涉及广泛，不仅是社会学，经济学、政治学等学科都将马克思作为本学科的重要思想家。《资本论》是马克思理论的代表作，而《共产党宣言》《政治经济学批判》《路易·波拿巴的雾月十八日》等均从不同侧面阐述了马克思的社会理论。

3. 马克斯·韦伯

马克斯·韦伯（1864～1920年）是德国的政治经济学家和社会学家，他被公认为现代社会学最重要的奠基人之一。韦伯是一位知识广博的人，他的著作涵盖经济学、法律、哲学、比较史学以及社会学等诸多领域，他的大部分著作也都是有关现代资本主义的发展问题以及现代社会是如何不同于较早时期的社会组织形式等方面的研究。

韦伯受到马克思不小的影响，但他对于马克思的理论有许多批评。韦伯认为经济因素确实是重要的，但是人的理念和价值观也对社会变革具有同样的影响力。韦伯认为社会学应该关注社会行动，而不是社会结构，也就是说人类的行为动机和价值理念是社会变革背后的动因，思想、价值和信念具有强大的力量，能够推动社会转变的发生。韦伯认为个人有能力自由行动和创造未来。与其他两个奠基人不同，韦伯不相信外在或独立于个体的结构；相反，他认为社会的结构是通过个体的行动相互影响而构成的，社会学的工作是理解这些行动背后的意义。

韦伯在宗教社会学领域的研究影响非常大，他比较了东西方文化之间的异同，强调了个人对社会行动所起的作用。他认为基督教信仰的某些特征对资本主义的兴起有着强烈的影响。但是在涂尔干和马克思的理论中，这种情况是不会出现的，他们认为资本主义的兴起只有在经济的变革中才会出现。但韦伯认为，文化观念和价值观有助于塑造社会和我们个人的行动。

韦伯的社会学理论还有一个重要部分是有关理想型的阐述。理想型是理解世界的概念或分析模型。在现实的世界中，理想型是不存在的，现实中的某一种社会类型都只反映出了理想型中的某种属性。但是关于理想型的假设非常有用，因为对于现实世界里的任何情形的理解都可以通过与理想型的对比来完成。这样一来，理想型就成了一个固定的参考点。

关于韦伯的研究重点到底是在经济领域还是在宗教社会学领域学术界一直争论不休，但不论怎样，韦伯都给社会学留下了宝贵的理论遗产。他的主要著作有以《新教伦理与资本主义精神》《中国的宗教：儒教与道教》为代表的一系列宗教社会学著作，研究知识社会学与政治社会学的名著《学术与政治》，在经济历史领域的鸿篇巨制《经济与社会》以及其他一系列内容涉及广泛的演讲稿和论文。

涂尔干、马克思、韦伯这三位社会学的奠基人，他们的理论内容涉及广泛，现代社会学几乎所有的研究主题都能从他们的著作中找到开端。因此，如果你想要对社会学有系统的了解，对社会学理论有深刻的认识，“三大家”的著作是绝对不能绕开的，甚至可以说如果你能对他们的著作有系统的研究，你的社会理论就能达到很深的造诣，对于社会学的其他理论你也能很容易理解。所以我们学习社会学就从“三大家”的著作入手吧。

贯穿始终的社会学研究对象——现代性

社会学创立于19世纪的欧洲，那个时候欧洲正经历一场历史性的变革——工业化。工业化使得欧洲国家相继从传统社会进入现代社会，而在这个过程中社会经历了巨大的变迁，不论是物质方面如社会经济、政治体制、城市发展等，还是精神层面如宗教信仰、社会道德、民俗民风等，都发生了翻天覆地的改变。这个改变是如此迅速，使得当时的人们还没有做好准备就步入了一个与以往（往往就是几十年前）完全不同的世界。这个世界有着新的规则、新的现象、新的社会问题，这都促使当时的学者们去研究、去认识，而社会学就是在这种背景下产生的。最初的社会学家们所要研究的主题就是现代社会与传统社会的不同以及现代社会出现的种种新的社会现象。而所谓“现代性”，简单来说就是对现代社会出现的新现象以及现代社会人类心理出现的新变化的一个总称。

欧洲最先步入现代社会，在20世纪，世界的其他地方也都相继进入现代社会，而现代性问题也就不断地在世界各地出现，社会学家们也不间断地在对现代性问题进行着研究。虽然在第二次世界大战之后，社会学更多转向了对具体社会现象的微观社会学的研究，但是许多社会学名家依然在提倡以一个历史性的、更宏大的视角来研究现代性问题。因为现代性不仅是社会学研究的起点，也一直是社会学研究的核心，最关键的现代性不仅是一个学术上的概念，而是真实的发生在我们身边的社会现象。所以学习社会学、研究社会学都必须对现代性问题有一个基本的了解。

德国的社会学和哲学家哈贝马斯指出：“人的现代观随着信念的不同而

发生了变化。此信念由科学促成，它相信知识无限进步，社会和改良无限发展。”现代性是在社会物质层面和精神层面等多方面展开的一项强大而长期的社会变革和精神变革，它的起源是一个广泛而深远的政治、经济和思想文化的历史变迁过程。一般来说社会学把18世纪启蒙主义运动兴起看成现代性缘起的时期。

我们可以从两个方面来理解现代性：首先，在社会的组织结构方面，现代性标志着一个新的世界体系逐渐形成，社会逐渐从宗教化、神圣化的氛围转向世俗化，世界性的市场、商品和劳动力在世界范围内流动；民族国家建立，现代行政组织和法律体系建立；其次，在思想文化方面，人们逐渐摆脱了宗教化的思维方式，而以理性原则建立起来的对社会历史和人自身的反思性认知体系开始建立，教育体系以及大规模的知识创造和传播，各种学科和思想流派相继产生，这些思想文化不断推动社会向着既定的理想目标发展。

很多学者认为现代性更主要体现在精神文化变迁方面，这种变迁使得现代社会完全不同于传统社会。

德国社会学家马克斯·韦伯认为精神文化变迁最根本的原因在于宗教与世俗世界观的分离，这种分离产生了三个知识体系：科学、道德与艺术。我们的现代社会就是建立在这三个知识体系之下的，这与传统社会中宗教信仰控制着社会文化完全不同。韦伯指出：自从18世纪以来，基督教世界观中的问题都被分配到了不同的知识领域进

行研究，各种学科不断出现，社会文化的每一领域都有特定的专家进行研究，文化的这种职业化趋向使社会的认知体系和实践行为分别形成了三个内在结构：认识—工具结构、道德—实践结构、审美表现的合理性结构。每一结构都成为特殊专家的掌控对象。也就是说现代性使人类摆脱了信仰的束缚，使人类明白自己可以认识世界上的一切事物，世界因此失去了神秘感，韦伯把这个过程叫作“除魅”。但是失去信仰的人们反过来精神变得空虚，社会生活也不再有着神圣的意义。很多社会学家认为现代社会的人都被物化了，只能称之为工具，而不能称之为人，这也是现代社会最大的问题。

现代性主要体现在社会制度和功能的变化。现代性是伴随着工业化而形成的社会、经济、政治领域制度变迁的现代特性，它以“理性化”为基本特征。现代性可以概括为科技革命、工业体系、社会结构功能高度分化和专门化、经济增长、都市化、国家功能集中化、民主制、法理化、社会平等诸多方面。也就是说，现代社会变得越来越技术化，越来越组织化，人们越来越像一个零件一样在社会的特定位置发挥着自己的作用。现代化使人类摆脱了传统社会中自然、君主、上帝的奴役，但是又使人陷入了理性化、技术化、组织化的牢笼之中。对于现代性的问题我们要学会思考：工业文明对社会进步与人的发展是否是一个阻碍？马克思关于社会分工、工业化、私有制与人的“异化”问题的研究，韦伯所揭示的“工具理性”与“价值理性”的矛盾，西美尔提出的“物化”概念，表明了现代人新的精神困境——人变得越来越像机器而失去了人性。现代化最大的困境在于：现代社会组织的“理性化”最终导致了人类生活的非理性化，现代人类追求个人自由的终极状态却是非个人性。这种现代化的困境深植于人性的内在冲突中。

现代社会是一个矛盾的世界，现代人类为了追求自由，凭借理性来提高控制生活条件的能力，但是理性化的社会分工所产生的生产上的工业化、政治上的科层组织，在促进社会进步的同时，又反过来成为人性异化的根源，使现代人从事着异化的劳动和异化的生活，人被片面化、非人化和机械化。现代化反成为人的精神自由的敌人。现代性现象像一个具有“贾纳斯”面孔的两面神，是一个矛盾的复合体。现代性问题仍然是21世纪人类面临的最深刻的挑战。中国的现代化能否超越西方国家走出一条新路，从而创造一种社会人文良性互动的东方式的现代性，是我们学习社会学应该思考的问题。

研究领域广泛的社会学——社会学主要分支学科

社会学的目的就在于培养我们的社会学想象力，把社会学作为一种认识世界的视角来重新审视已知的学科和发生在我们身边的社会现象。因此社会学的分支学科是非常多的，可以说任何已知的社会科学学科都可以纳入社会的研究范围，通过社会的视角和方法加以重新研究，找出隐藏在这些社会现象背后的真相，得到对于人类社会全新的认识。我们现在就把主要的社会学分支学科加以介绍。

1. 文化社会学

文化社会学是用社会学的理论和方法来研究文化产生、发展特殊规律与社会作用的一门学科。文化社会学这一名称，最早是由德国社会学家巴尔特在《社会学的历史哲学》一书中提出的。文化社会学有两个来源：德国和法国的社会学、英国和美国的文化人类学或社会人类学。不同的来源使得文化社会学的内涵有所不同——主要有作为综合社会学和作为社会学分支学科的文化社会学两种含义。

作为综合社会学的文化社会学。主要理论家是德国的西美尔，他把社会学分为一般社会学、形式社会学和哲学社会学三类，认为形式社会学是社会学的重点，它研究社会现象的纯粹形式，提出了以文化作为研究对象的文化社会学。

德国文化社会学主要研究人类历史上不同精神状态的发展，因此德国的文化社会学也可以看作文化哲学或历史哲学。它虽然主要以精神文化为研究对象，但包括的内容相当广泛，包括知识社会学、宗教社会学、技术社会学等。而法国的涂尔干以“集体表象”的概念建立自己独特的文化社会学。他的“集体表象”与广泛的文化概念很近似，包括集团意识、行为方式、制度等。这些都是超越个人心理的，具有外在性和强制性的特征。他认为社会学应该以“集体表象”作为研究对象。

作为社会学分支学科的文化社会学，主要是指英国和美国的文化人类学或社会人类学，它们从研究原始文化转向研究现代社会生活，并逐步演变形成，可以看作文化人类学或社会人类学在现代社会生活中的应用及与社会学结合的产物。美国的文化社会学研究认为现代社会中的许多问题是起源于文化，唯有重视社会中的文化因素的研究，方可得到解决。美国文化人类学的另一个来源是民族社会学，它认为文化社会学是研究人类社会中一般的文化，而民族社会学是研究民族社会中特殊的文化，后者为前者提供研究材料，前者对后者进行综合研究。英国的文化社会学起源于功能学派的社会人类学，主要代表人物是马林诺夫斯基、拉德克利夫·布朗。

现代文化社会学的研究内容相当广泛，主要包括：文化的起源、积累、突变过程；文化的产生、发展、分布与自然生态环境的关系；文化在时间、空间发展上的不同层面；文化发展的社会系统的不同属性，如民族性、阶级性等；文化的冲突、分化、调适、整合过程；文化变迁的动因、规律、周期；文化与社会化、文化与文明、文化与生活方式等的关系；文化在现代化中的地位和作用。文化社会学的理论流派也比较多，主要有：进化论的文化社会学观点、传播论的文化社会学观点、功能论的文化社会学观点、心理论的文化社会学观点。

研究文化社会学在社会生活中有着积极的理论和实践意义。比如有利于对文化进行整体性和综合性研究，以多视角对文化进行研究，把握各种社会文化现象产生、发展的规律及趋势，以便为社会生活提供各种参考；研究人们的心理、习惯、性格、行为与特定社会文化的密切关系，找到对人类行为的解释；作为一门应用性很强的学科，文化社会学对于各种社会问题的解决可以提供一种新的认识论和方法论视野。

2. 家庭社会学

家庭社会学是运用社会学的理论和方法，借鉴文化人类学、社会心理学等多种学科的研究成果，研究婚姻、家庭变化规律的一门学科。

对于家庭的研究其实古已有之，但把家庭作为一门学科来研究是在19世纪以后。工业革命以后，随着工业化、都市化的加速，家庭的功能、结构和观念发生了变化，引起了所谓的“家庭危机”，这种剧烈的社会变迁促使人们进一步探讨家庭的社会本质。后来由于社会学学科形成，家庭被纳入社会学的研究范围，很快就成为社会学的一个分支。

家庭社会学的发展基本上经历了三个阶段：19世纪中期至20世纪初期，偏重于家庭演化理论的研究；20世纪初至20世纪50年代，逐渐从研究家庭历史转向对家庭现状的研究；20世纪50年代以后，家庭社会学的研究从微观转向宏观，开始在社会整体的视野下来研究家庭的运行规律。

家庭社会学的研究内容基本上包含了与家庭有关的各个方面，但基本上分为两种倾向，一种是研究家庭在社会中的功能，一种是研究家庭本身作为一个组织的运行状况。家庭社会学的主要研究主题有：家庭制度；家庭结构，比如不同的家庭类型，组成家庭的各个部分等；家庭功能，它与家庭结构的研究是相辅相成的，功能决定结构，结构影响着功能；家庭关系，研究家庭成员之间关系的内在逻辑，寻找最佳的家庭关系模式；家庭角色，主要是指家庭成员在承担家庭义务和享有家中权利方面所表现出的一定行为模式；家庭管理，主要是从经济和心理两个方法研究家庭如何良性运行；家庭观念，主要包括婚姻观、道德观以及法律观念；家庭的演化，作为家庭社会学最初的研究主题，现在依然是研究的重点内容。

家庭社会学的理论也同整体的社会学理论一样有着众多的流派，有从社会整体角度研究家庭的，有从系统综合性的角度研究家庭的，还有从社会关系的角度研究家庭的，等等。主要包括：制度论，从控制个人行为的社会规范来研究家庭；结构功能主义，从家庭和社会的相互影响中研究家庭；冲突论，注重从冲突角度研究家庭；符号互动论，研究家庭与社会、家庭中的人与人之间如何通过象征性的行为来沟通；社会交换论，认为家庭关系或家庭行为是一种彼此交换的关系；研究家庭的生命周期，以及家庭在不同的生命周期阶段上的不同的内容和任务。

家庭社会学是重要的社会学分支学科，因为家庭是个人与社会最初也是最稳定的联系纽带，通过对家庭的研究我们能够更深刻地理解个人是如何适应社会、如何组成社会，而社会又是通过何种方式来作用于个人，使其产生相应的社会行为。

3. 知识社会学

知识社会学是研究知识或思想产生、发展与社会文化之间联系的一门社会学分支学科。1924年，德国社会学家舍勒在《知识社会学的尝试》一书中首

先使用“知识社会学”的名称。这里的“知识”一词的含义包括思想、意识形态、法学观念、伦理观念、哲学、艺术、科学和技术等观念。知识社会学主要是研究思想、意识形态与社会群体、文化制度、历史情境、时代精神、民族文化心理等社会文化之间的联系，或者说是研究这些社会文化因素如何影响思想和意识形态的产生和发展。

知识社会学的产生和发展，是社会学开始转向对知识、意识形态与社会文化之间关系研究的结果。德国在第一次世界大战失败后，出现了社会文化、思想、意识形态的危机，一些社会学家转而研究人类历史的不同时期、不同种族和民族的思想、意识、精神的发展，研究各种思想、意识形态的发展与社会文化的联系。

舍勒在《社会学与世界观》《知识社会学的尝试》等著作中，论述了知识或思想与社会生活的关系，认为知识都是社会生活的产物，要研究它的产生和发展，就应分析它与社会群体之间的联系，说明何种社会群体产生何种思想、某种思想为什么得以发展。

社会学家曼海姆是舍勒之后对知识社会学的研究贡献最大的人物。他著有《意识形态与乌托邦——知识社会学导论》《知识社会学论文集》等，强调要研究思想史上各种变动着的观念、知识对于思想发展的影响和作用。

知识社会学认为不同社会群体生活实践中产生的思想或知识，是社会群体历史经验的集合。社会群体的生活形式不同，对世界的认识和解释也不同。知识社会学的任务就是对思想的形成、发展、变化及各种观念的相互依赖关系进行有控制的经验研究，找出意识形态与社会群体的联系，然后由经验研究上升到认识论高度，探讨思想意识反映社会存在的真实程度，确定思想意识与社会存在的关系及其结构，建立起检验知识或思想的正确标准。阶级、社会地位、职业群体、代际关系、生产方式、权力结构、历史情境、竞争、冲突、流动，以及价值观、世界观、社会思潮、时代精神、民族精神、文化心理等都可能成为左右我们知识或思想产生的诱因。世界上是否存在普世价值至今没有定论，因为我们每个人的认识都是受历史条件局限的。

知识社会学所涉及的主要问题是知识或思想存在的基础、知识或思想存在的形态和存在的关系。当代知识社会学的发展，越来越走向经验研究，主要是研究知识的生产、储存、传播和应用。现代社会是知识密集的社会。社会学越来越重视知识在社会发展、变迁中的地位和作用，知识社会学的研究越来越受到重视。

4.教育社会学

教育社会学是研究教育的社会性质、社会功能以及教育发展规律的一门社会学分支学科。进入20世纪以来，教育问题越来越受到社会各界的重视，西方教育学家逐渐把目光转向更广阔的社会，与此同时，西方社会学家也希望借助教育来解决社会问题，教育社会学就由此产生。教育社会学的创始人是法国社会学家涂尔干。他于19世纪末对教育社会学做了比较全面的论述，指出运用社会学方法研究教育的必要性。涂尔干在《社会分工论》《道德教育论》《教育与社会学》等著作中详细阐述了一套教育社会学理论，他认为教育的性质和功能是社会性的，社会学家应该研究教育在社会学意义上的功能、教育与社会和文化变迁之间的关系、不同类型的教育制度等内容。

进入20世纪，以研究社会为中心的“新兴的教育社会学”兴起，教育社会学研究重点从教育本身转向分析教师在师生关系中和与社区的关系中的角色地位，分析学校的社会结构和文化、社区状况与教育系统行使其功能的关系，开始研究教育与一般社会行为之间的关系。二战之后，随着各国开始重视教育问题，教育社会学也逐渐被公认为一门重要的教育基础理论学科。

20世纪五六十年代，教育社会学研究开始向理论研究方向转变，在理论和方法上取得了新的进展，社会学家与教育学家的相互影响和合作增强。当代教育社会学已成为教育科学体系中不可缺少的组成部分。它的研究领域已经涵盖各种类型的教育，从微观研究发展到宏观研究，跨国、跨地区的比较教育社会学研究也日益受到重视。

教育社会学理论流派主要分为两大派：和谐理论学派，主要是基于功能理论来研究教育社会学；冲突学派，这一派认为资本主义教育制度的功能是再生产资本主义的生产关系，即再生产未来的劳工被异化了的意识。教育社会学的研究内容主要有教育与社会结构的关系、教育与社会化过程的关系、学校与社会的关系等。

5. 政治社会学

政治社会学是以政治与社会的相互关系作为研究对象的一门社会学分支学科。它把政治现象放于社会现象的整体中加以研究，以研究政治行为的产生和发展的内在规律。

政治社会学产生于19世纪末，当时社会学研究开始走向成熟，研究范围逐渐扩展并深入社会现象的许多方面，对各种政治现象的社会学研究也更加深入、系统。19世纪末20世纪初，随着“制度建设”这一问题的提出，一些社会学家开始建立一种新的社会政治理论。如法国的涂尔干从社会分工、道德整合等客观事实出发，提出了他的宗教改革、集体主义等社会政治理论；德国的韦伯通过对国家的社会经济体制的比较分析，论述了宗教观念与经济活动、社会分层之间的关系，各种文化因素之间的相互关系，以及官僚制度、政治组织和权力等问题。意大利的帕雷托把社会分为精英和民众两部分，提出精英循环论；马克思的思想，尤其是有关阶级结构、阶级冲突的分析，对社会政治理论的发展起了重要的推动作用，越来越引起学者们的重视，促进了有关阶级结构对政治行为的影响的研究。二战之后，政治学家提出政治学研究应重视对人的政治行为的研究，重点在于还要分析人的心理活动和影响人们行为的周围的刺激因素。他们把社会学、心理学、统计学以及自然科学的一些知识运用到政治学的研究领域，政治社会学可以说走向了成熟。

政治社会学的主要研究内容：国家的社会性质、作用及其“合法性”和“有效性”；政治党派和政治运动的性质、组织和功能；精英人物的政治观点；阶级的演变和阶级联合、阶级冲突的规律性；意识形态同政治的关系；等等。

政治社会学同样可以分为宏观政治社会学和微观政治社会学：前者研究政治权力的社会基础、社会阶层和集团冲突与政治制度的相互作用和影响；后者则研究具体的政治制度，包括正式的和非正式的机构、领导模式、处理冲突的方法，以及与其他组织的关系等。

政治社会学与政治学相比有许多不同的地方，主要区别是：政治社会学强调经验研究，政治学则偏重于理论研究；政治社会学主要研究政治与社会的关系，政治学则主要研究政治制度本身的结构、过程、活动及其规律等。

6.宗教社会学

宗教社会学以宗教与社会的相互关系为研究对象，是探讨宗教起源和发展的社会因素及其社会功能的一门社会学分支学科。

19世纪末20世纪初，由于比较历史研究和人种学研究的发展，宗教社会学开始走向成熟。法国的涂尔干和德国的韦伯被认为是宗教社会学的创始人。涂尔干首先命名了宗教社会学。韦伯对宗教社会学的研究涉及的领域相当广泛，影响也比较深远，《新教伦理与资本主义精神》是他最有影响的著作。

第二次世界大战后，宗教社会学的研究得到了较快的发展，影响较大的有美国社会学家帕森斯的研究。帕森斯在《现代社会的结构与过程》中，结合涂尔干与韦伯有关宗教的论述，把宗教当作社会有机体的重要部分，认为维持社会的均衡必须有四种社会机能，宗教是其中的一种。他高度评价了宗教在社会变动中的整合作用。

宗教社会学的主要研究内容为：研究教会群体、教徒的宗教生活和社会生活对教徒的价值观、人格的影响；宗教如何影响人的情感、人的心理和行为、人际关系，以及人格的形成，如何影响社会政治、经济、文化和价值观念；考察人格、价值观念、社会政治、经济、文化与现实生活如何影响宗教的起源和发展，如何影响教规、教义、宗教事务、宗教群体的类型和神职人员的社会分层。

宗教社会学与宗教学相比有着不同的研究对象和内容，宗教学研究宗教神学教义本身的问题，如神灵、上帝是否存在等；宗教社会学则研究神灵观念的产生和导致人们信仰神灵、上帝的社会因素，以及这些神灵观念、宗教信仰对人们社会生活的影响。宗教社会学的全部问题，实质上是通过宗教显现出来的关于社会的问题。

除了以上这些主要的社会学分支学科外，随着现代社会的发展，更多的问题被纳入社会学的研究范围内，形成了一个又一个分支学科，比如都市社会学、农村社会学、发展社会学、老年社会学、青年研究、妇女研究、科学社会学、民族社会学、医疗社会学、身体社会学等。众多的社会学分支学科为我们提供了丰富的学习和研究素材，只要你培养出了自己的社会学想象力，学会用社会学的视角看问题，从任何现象中你都能发掘出不一样的研究成果。

PART 02

菊与刀，美国为什么要扔下原子弹——人浸润在文化里

“山寨”文化的野蛮生长——亚文化

有人说2008年是中国“山寨年”，恐怕不算夸张。这一年山寨风流行的势头，可谓锐不可当。先是“山寨手机”粉墨登场，继而出现了“山寨电脑”“山寨服装”“山寨明星”“山寨春晚”“山寨电影”，形形色色的山寨产品层出不穷，也因此诞生了为一些人津津乐道的“山寨文化”。那么，什么是“山寨文化”呢？“山寨”一词源于广东话，其主要表现为盗版、克隆、仿制和平民化。主要表现形式为通过小作坊起步，快速模仿成名品牌，涉及手机、数码产品、游戏机等不同领域。这种文化的另一方面则是善打擦边球，经常行走在行业政策的边缘，往往引起争议。

山寨文化一路被哄炒，在一片喧嚣争议中前行，且不断地蔓延在生活中的各种领域，令人不能小觑。如今的“山寨”，已俨然发展为市场经济现实下一支野蛮生长的文化异军。

有些人认为山寨产品的存在适应了大众文化的消费需求。山寨产品虽然不能与精品文化媲美，但它面向大众消费者。在目前经济条件下，精致产品、

精品文化更多地为富裕人群所享受，中低收入者没有享受这类精品的条件和能力，而山寨文化正好弥补了这种缺失。山寨产品几乎拥有精品的许多功能，而价格极其低廉，让消费者也间接享受了精品文化的营养，给消费者带来一定的实用价值。有些人认为，山寨的东西总是有剽窃、盗版嫌疑，过分地拔高“山寨”不利于我国的自主创新，国内真正的品牌也会被这些冒牌的山寨产品淹没，最终受害的还是广大消费者。

在这里，我们不谈论山寨产品的利弊，而是关注这样一支在我们的主流文化之外悄悄盛行起来的群体文化。专家也指出，“山寨”文化已经成为中国的亚文化。那么，什么是亚文化呢？当一个社会的某一群体形成一种既包括主文化的某些特征，又包括一些其他群体所不具备的文化要素的生活方式时，这种群体文化就被称为亚文化。

亚文化指某一文化群体所属次级群体的成员共有的独特信念、价值观和生活习惯，与主文化相对应的那些非主流的、局部的文化现象；指在主文化或综合文化的背景下，属于某一区域或某个集体所特有的观念和生活方式。一种亚文化不仅包含着与主文化相通的价值与观念，也有属于自己的独特的价值与观念，而这些价值观是散布在种种主导文化之间的。亚文化是一个相对的概

念，是总体文化的次属文化。一个文化区的文化对于全民族文化来说是亚文化，而对于文化区内的各社区和群体文化来说则是总体文化。

研究亚文化对于深入了解社会结构和社会生活具有重要意义。亚文化一般是处于非中心——或者说处于边缘地位的人，共同创造与享有的特殊文化。一般来说，这些文化极少被专业出版物、媒体与展示单位所介绍，甚至也不为专业的文化学者所重视。在外国的历史上，著名的爵士乐与摇滚乐都曾经是亚文化，但随着专业人士与文化学者的不断介入，它们到后来都成了正规文化的一部分。昨天的亚文化可能就是今天的主流文化，今天的亚文化可能就是明天的主流文化。这也表明，所谓正规文化总是在吸收亚文化的过程中发展起来的。

青年亚文化代表的是处于边缘地位的青少年群体的利益，它对成年人的社会秩序往往采取一种颠覆的态度，所以，青年亚文化最突出的特点就是它的边缘性、颠覆性和批判性。问题在于这种处于破坏、颠覆状态的亚文化容易使涉世未深的青少年产生错觉，从而将全部媒体上的青年亚文化内容当作主流文化来接受，把亚文化宣扬的价值观念当作主流的健康的价值观念来吸收。其实，青少年就是借助使用媒介这一活动来实现对成年人掌控世界的逃避和抵抗。

从“垮掉的一代”到嬉皮士——反文化

在20世纪50年代的美国，豪放派艺术的亚文化要数“垮掉的一代”运动，“垮掉的一代”运动的中心是纽约州的格林尼治村，以爵士乐和朋克音乐为特征，以诗人阿兰·金斯伯格、小说家杰克·科罗克为代表。它对主流中产阶级价值观的反对是有力但又是低调的。“垮掉的一代”运动对主流文化的影响日益明显，如偶像影星马龙·白兰度和詹姆斯·邓恩的大受欢迎，咖啡屋和黑色紧身衣在郊区和大学校园的日益流行。

在20世纪60年代晚期，当“垮掉的一代”运动渐趋衰败时，美国一些觉得社会太重物质、太科技化的年轻人，形成了一种普遍的亚文化。这些年轻男女唾弃社会上对物质无止境的追求，比如说，拥有越来越多的车子，换越来越大的房子等；相反，他们希望能处在一个更具人道精神的社会，比如说，分享、爱、与环境和平共处。这个团体是由一些政治激进分子以及“脱离”主流社会机制的“嬉皮士”所组成。其中由于受到大众媒介的推崇或辱骂，“嬉皮士运动”在更大的范围内扩大了其实质性的影响。

嬉皮士运动最早出现于旧金山附近，在1967年夏天进入整个国家的视野内，这以后就开始进入自我模仿阶段。它的发展可以用三个关键的背景因素来解释：①20世纪50年代生育高峰所造成的60年代青少年所共有的认同感；②当时的社会繁荣使许多青年人不关心如何谋生；③大众传媒，特别是电视对新奇事物的追逐。反文化中的许多核心分子都是非常认真地投入这场运动的，他们坚信他们是在开创一种新的更好的生活方式，这种方式最终会成为整个社会再生的模式。在嬉皮士最重要的价值观中，有以下一些关键点：

（1）世俗社会中的物质主义和竞争是一个陷阱或骗局，必须予以避免。

（2）人们不应该把自己的意志强加在别人身上；一个人应该自由地做“自己的事情”。

（3）消灭所有形式的暴力。

（4）毒品，特别是LSD（麦角酸二乙基酰胺）和大麻，提供了进入自觉的新世界和更高层次现实的途径。它们应被用于启蒙中，而不应用于过瘾或逃避。

（5）性应是自由的、公开的和自发的。

坚守着这些信条，20世纪60年代后期，在旧金山的哈特·阿斯伯利地区聚集着数以万计的嬉皮士，在美国所有的大城市或小城镇中也都聚集着一群群嬉皮士，他们一般都群居，在音

乐、艺术、服装等方面形成了独特的风格。此外还有数以百万的其他青年人，他们不愿意脱离世俗社会，但又为嬉皮士的自由所吸引，从而接受了这种反文化生活方式的部分内容。

最后，像所有在此之前的其他青年亚文化一样，嬉皮士运动衰败了。嬉皮士的先锋们开始使用更烈的毒品（特别是安非他明），实施暴力，而这些是嬉皮士们所坚决反对的，这就挡住了嬉皮士发展的道路。由于震惊，反文化中大部分真正的信徒在20世纪60年代末都遁入了嬉皮士在农村的群居村，他们有些人到现在还存在，但大部分人都已回到主流文化中，剪掉了作为他们标志的长发，完成了学业，结了婚，找了一份工作。

嬉皮士的反文化在经过一段时间之后，终于渐趋销声匿迹，这也符合反文化的发展规律。但是著名的社会学家弗莱德·戴维斯却看到了嬉皮士反文化运动对后工业社会正在产生的问题的参考价值。弗莱德·戴维斯在嬉皮士时代写过一篇文章，指出了嬉皮士运动对后工业社会产生的问题的一些思考，这些问题是：

（1）强迫消费。后工业时代的经济是持续扩张型的，扩张的经济形态要求人们每年消费越来越多的商品。这能够持续下去吗，特别是在环境恶化的情况下？嬉皮士有目的地养成了一种在较少供给基础上的能力。而这种生活方式在不久的将来很可能成为人们迫不得已的选择。

（2）被动观察。现代人似乎更倾向于观看专业人士进行体育比赛、唱歌或表演，而不是积极投身于各类活动中。嬉皮士则告诉我们，每个人都是艺术家，每个人都有权利去亲自尝试和享受。嬉皮士的这一思想和做法对人们来说是相当有意义和价值的！

（3）极端的将来取向。我们中的绝大多数人都把一生的大部分用于为将来做准备，而不是享受现在。有些事是必须要做的，但也许我们可以放慢脚步，闻一闻玫瑰的芳香，就像孩子们所做的那样，如此肯定会受益匪浅的。

由此可见，嬉皮士的反文化对主流社会的人群也产生了巨大的影响，甚至在几十年后，嬉皮士所倡导的这些会渐渐演变为主流社会的价值形态。这也是社会学家经过科学严密的研究之后的科学推测，而就现在的社会现实来看，也无疑证明了这一点。

在社会学上，那种直接对主流文化的中心因素如价值观、信仰、观念、风俗习惯等构成挑战的亚文化，我们称之为反文化。反文化是明显且刻意地反抗主流文化的一种亚文化。反文化一般都兴起于年轻人的阶层，因为他们涉入现存文化的程度较轻。在大多数情况下，一个20岁的年轻人，和一个已经依照主流文化形态生活了60年的人比起来，更容易适应新的文化标准。

美国学者弥尔顿·英格认为，“反文化”是一套属于某个群体的规范和价值观，并且这种规范和价值观与这个群体所属的社会的主导性规范和价值观尖锐冲突。

然而，文化是动态发展的，反文化也不可能永远都是反文化，在历史的进程中，反文化也会被社会主流文化慢慢地接受，甚至转化成主流文化。文化会改变。有些我们以前认为无法接受而且和社会边缘人联想在一起的文化，现在逐渐被社会接受，比如说，男人戴耳环及穿牛仔裤上班等。反文化的内容有时候会被主流文化所吸收。

在一个社会里，并没有一种文化永远是错的，都不被社会主要文化所接受，随着社会不同群体思维模式与权力关系的改变，某些曾被视为反文化的现象转而会获得接纳。

扒手集团作案为什么能屡试不爽——你不懂的隐语

身边的很多人都被扒手偷过东西，但人们不知道他们是怎样在自己浑然不觉的情况下偷走东西的。那么，让我们来破解一下扒手团伙作案成功的秘密。

扒手团伙作案时通常各有分工：

（1）舵手：选出受害人，并做出暗号通知放哨的人。

（2）放哨：负责让受害者走慢一点或停下来。

（3）掩护：掩护偷窃过程不让别人看到。

（4）扒手：负责偷取受害者的皮包或钱物，并将皮包或钱物交给接应者。

（5）接应：从扒手那里接过皮包或钱物，并交给坐在附近车里的同伙。

（6）把风：观察附近有没有警察在监视。

在扒手作案过程中，扒手、放哨者和掩护者三个人会同时跟进受害者，三人呈三角形将受害者围在中央，在向前行走的过程中，舵手和把风人在不远处监视，而接应会开着车停在附近，以等待扒手偷盗成功，拿上皮包或金钱以最快的速度逃离现场。即使当时受害者发现自己的财物被偷，他也不会料到自己丢失的东西早已被人开车运到十几公里以外的地方。整个过程如此流畅，这都要归“功”于扒手作案时有一整套隐语，如此周密的部署和紧密的协作，被盯上的受害者怎么能逃脱得了？

这里所说的“隐语”，是指一个团体的专属语言，这种语言和主流社会有所不同，是亚文化团体当中非常独特的行为模式。隐语是让“自己人”，也就是亚文化的成员能够了解的带有特殊意义的字句，同时也建立了让“圈外人”无法理解的沟通形态。互动论的社会学家强调，语言和符号会为亚文化提供很强的凝聚力，借此成员得以保持对亚文化的认同。

这样的隐语并不仅仅是传说，在我们生活中也真实存在。警方在巡查破案过程中发现了入室盗窃者们使用的隐语，下面就列举6个含义鲜明的符号：

（1）“+-”：家里白天有人，晚上没人；符号倒过来，就是晚上有人，白天没人。

（2）“⊙”：单身或租户。

（3）“...”：家庭成员三个人。

（4）“√”：已进入过。

（5）“☆”：目标。

（6）“×”：非目标。

盗窃犯们在犯罪进行前进行踩点及做记号，而这些看似简单的符号就是他们相互联系的秘密隐语。百姓们即使看到了自家墙上有这样的标记，他们也不明白这到底是什么意思。而警方对盗窃团伙隐语的破解就加强了百姓们的防范意识。

日渐凸显的90后非主流文化也是一个亚文化群体，它也有着自己的独特隐语。如非主流的“火星文”就属于一种隐语。

下面是一个80后激愤地评述90后的火星文的文字，现摘录两段。

先承认本人有点脑残，对文字有点所谓洁癖，跟不上时代的潮流。作为一个80后，我深深地体会到了什么叫血淋淋的代沟。这种火星文，说白了，那就是满篇错别字、不规范用字。痛心中国的基础教育，老师没有教过你们，我亲爱的90后弟弟妹妹们，要尊重文字尊重文化啊！

你们还小，但有一样请你们记住什么是汉字，方方正正，坦坦荡荡。更不用说是你们拿着装个性的繁体字，每个字都可以说体现了一种观念和思想。请你们尊重祖先，尊重一代一代传承下来的文化，也尊重你们自己。

“火星文”是90后的重要标志之一，90后这一群体在网络上普遍使用一套不是规范的简体字也并非真正的繁体字的“火星文”，并以此为一种时尚追求。因此，“火星文”也成为专属于90后的一种隐语标志。

音乐迷通常会为了某一种音乐或某个音乐家而组成亚文化。比如，在佛蒙特州流行的一个摇滚乐团“鱼”（Phish或译为费西）的歌迷“鱼头族”的亚文化隐然成形。如同过去“死头族”效忠死亡乐团（Grateful Dead）一样，鱼头族依据鱼合唱团的唱片与演唱会，建构起一种特有的生活方式。

你是不是鱼头族？可以通过以下一些特有的标志来辨识：

（1）当有人问你听什么样的音乐时你说鱼合唱团。

（2）当你犯错时，唯一处罚的方式就是整周不准谈到鱼合唱团。

（3）当鱼合唱团表演《辛普森一家》时，你从朋友那里会收到35封电子邮件。

（4）你会注视易趣拍卖网站很长一段时间，考虑要不要花700美元买伍斯特演唱会的票。

（5）不论做什么事情太早或太迟，你都会待在车里听完鱼合唱团的歌。

（6）如果你在学校里是鱼合唱团唯一的歌迷。那也不要紧，因为那会让你对他们的热情更加高涨。

（7）你的父母不再问你暑假有没有找到打工的工作，而是开始问你有没有参加哪次的巡回演唱会，因为你只听他们的。

鱼头族的这些特点，呈现出鱼头族特有的亚文化，而这种亚文化现在通过网络来维持成员的认同。

亚文化以非常多样的方式发展着。通常当社会某一部分的人面临独特的问题或是享有特权时，亚文化就会应运而生。不论亚文化的形成是以族群、职业（演员或教师）、年龄（青少年或老人）、信念还是基于共同的兴趣爱好，比如说计算机“黑客”，他们都试图发展出属于自己团体的一套隐语，以及一套独特的生活方式。因此，隐语和独特的生活方式都属于亚文化的表现特征。

“60后”父母为什么和“90后”孩子没有共同语言——文化堕距

一项关于90后的社会调查表明，有六成以上的调查对象否认不关心社会。该调查结果所显示的最鲜明的特点是“富于个性与创造力”，但缺乏对他人的理解，同时90后也是充满自信的一代人。

有关数据表明，在过去的一二十年里，青少年的心理健康水平在下降：消极的心理特征，如心理问题、焦虑水平、抑郁水平等逐渐增多或增高。例如，从1992年到2005年，青少年的焦虑得分增加了约8%，敌对心理得分增加了近8%；从1989年到2005年，抑郁得分增加了约7%。同时，部分积极的心理特征，如自尊水平却在逐渐下降，从1997年到2007年，青少年的自尊得分下降了11%。但至今关于我国青少年的心理变迁，仍尚无大规模的长期追踪研究。

由于知识、经验的相对增多，认知能力和思维能力的相对发展，青少年对外部世界的认识不断广泛而深入，特别是对新的自我的发现，使他们的心理活动开始指向自己的内部世界，指向内部世界和外部世界的关

系，此时他们逐渐出现了心理上的闭锁性。这种闭锁性，使他们不再轻易向别人吐露真情、交往中的要求较高、选择条件也比较苛刻，此时，他们很难找到“心心相印”“相互理解”、可以产生心理共鸣的知音，因此常感到不易被人理解并由此而产生不同程度的孤独感。但由于社会化的要求，他们又强烈地想与人交往，想得到别人的理解，想向能理解自己的人敞开心理的大门。但由于很难找到这种知音，他们常常感到烦闷不安，他们对自己的未来感到很迷茫。

由于时代变迁、国家经济转型，90后的父母们刚刚成家立业就遇到了与他们从小早已习惯的生活模式大相径庭的体制改革——多年沿袭的“铁饭碗”被打破了，他们需要重新选择职业，需要靠自己奋斗，许多人被卷入了下海的大潮，巨大的压力使他们绝大部分时间都放在了工作上。

90后的孩子接受义务教育，经历了多次教育改革，虽然体验过“减负”“素质教育”，但这个时代的孩子承受更多的还是学习压力、升学压力。繁重的课业负担和心理压力，使得部分90后对学习没有兴趣甚至厌学。

90后的家庭突破了很多传统，父母的生活态度有了很大改变，他们主张独立与开放，追求的是成功的事业与高质量的生活，所以对孩子的教育脱离不了金钱，他们不能从情感的角度去感化孩子，这势必使孩子产生叛逆的心理。同时，很多90后的家庭都有过拆散重组的现象，这无疑会带给他们情感上和心理上的创伤，使他们变得冷漠与自私，缺乏应有的温暖感与亲切感。

60后家长在对孩子教育的过程中感到迷茫，他们现在成了孩子的“钱包”。60后父母指责孩子自私，只有自我，没有他人；随着物质生活的丰富，孩子的自控能力越来越差，学习成绩令人担忧。而另一方面，孩子在巨大的竞争压力下，已经丧失了很多本应该拥有的快乐，还被看作问题少年，觉得十分委屈。以至于矛盾双方很难找到一个平衡点。

“60后”字面意思是指1960年至1969年出生的人群。60后从一个被否定了的时代走来。严格地说，60后对那个时代较少有切肤之痛，但在他们思想成型过程中，则经历了对那个时代的批判与反思，也许正是这种批判与反思的氛围，诱发了他们那个年龄段本就具有的叛逆性格。他们叛逆父辈，因为他们的父辈是那个时代的主力军；他们叛逆主流文化，他们叛逆时代信仰，因为他们父辈所遭受的洗礼让它顿显虚无；他们叛逆社会道德，因为经过那个疯狂年代摧残后的社会道德显得那么的虚伪。60后的社会责任感极强：他们“从现在做起，从我做起”，他们“团结起来，振兴中华”……应该说，60后虽然叛逆，但他们骨子里还是属于传统的一代，因为他们仍然在用文化、信仰和道德的模具塑造自己，而且，随着他们叛逆性格的逐渐消失，他们曾经排斥过的文化、信仰和道德也得到了他们有选择的接纳和继承。虽然60后曾经那么叛逆，那么善于思考和探索，但由于他们所做的仍然只是继承和吸收，较少创造性，因而人们所担心的文化断层、信仰断层和道德断层，并没有在60后身上出现。就这样，昔日的问题青年，平稳地成了社会中坚。

从以上对60后和90后所处不同时代环境的分析，我们不难看出这两代之间无论是在大的时代背景还是在社会心理上都有着巨大的差别，在他们之间出现了巨大的沟通鸿沟。他们信仰不同，价值观不同，对社会和自身的理解也存在很大差距。物质生活丰富起来了，但相应的人的精神信仰和文化诉求并没有得到满足，这使得90后的孩子们陷入了一种纯物质和科技的世界，而无法找到心灵的归属和安顿。因而他们不仅不能和自己的父母进行深度的交流和沟通，也找不到能够使自己摆脱孤独感的途径。这种物质发展在前而非物质文化发展相对滞后的现象在社会学上被称为“文化堕距”。

文化堕距是指在社会变迁过程中，文化集丛中的一部分落后于其他部分而呈现呆滞的现象，亦称文化滞后或文化落后。美国社会学家W. F. 奥格本在1923年出版的《社会变迁》一书中首先使用这个概念，用来指称物质文化和非物质的适应性文化在变迁速度上所发生的时差。一般地说，物质技术方面的变化发生在前，非物质的适应性文化变化于后。如科学技术上的发明创造和发现，使物质生产发生了变化，而指导和管理生产的政策、组织、制度等并没有及时做相应的调整，这时后者就成为文化变迁过程中的滞后部分，从而发生堕距现象。然而文化堕距并非专指适应性文化落后于物质文化变化的情形，在物质文化变化之前先发生非物质文化变化的情形是时常发生的，这也是文化堕距的一种表现。

留学生的阵痛，艰难的文化适应之旅——文化震撼

一个泰国学生刚到日本留学，他的日本同学就问他："在泰国是否骑着大象上学？"泰国学生惊愕异常，一时竟无言以对。

一位伦敦的中学教师到纳米比亚教书两年，1997年回到伦敦以后又遇到重新适应的感觉，因为互联网已经在那里广泛使用起来，他不会使用E-mail，甚至觉得自己一无所知。

一个中国人去日本游玩，从景点返回东京的100多公里长的公路上几乎全线塞车。就在这全线堵车的100多公里的路上，没有一个维持秩序的交通警察，也没有一辆车从空荡荡的下行车道向前超行，甚至没有人鸣笛催促前面的车辆。日本人就那样耐心地坐在车里，一步一停地向前挪动、挪动。这位中国游客感慨道："100多公里长的公路大塞车，七八个小时的等待，日本人的秩序丝毫不乱，靠着耐心，直到100多公里的车龙化解！如此坚忍、守秩序的民族，真的是很少见！"

当你看到上述这些事例时，心里是不是会觉得不可思议，并会产生一些微微震撼的感觉，想不到他们与我们的文化有如此大的差异。他们的文化为什么会是这样的？

这就涉及一个社会学的概念：文化震撼。文化震撼主要是来自于两个不同文化差异而引起，可以发生在任何时候、任何新环境。当你到达一个地方觉得很陌生、很困惑，不知道自己的角色是什么、应定位在哪里，应怎么表现才恰当等，觉得很不舒服、很不自在时，就是文化震撼，就好像过去所有的经验在刹那间全部失灵。可以说，文化冲击或文化震撼，是一个人从一种文化和物质环境转到另一种文化和物质环境，在心理感受、举止行为乃至生理等方面发生的震动与失调现象。很多时候，文化震撼会引起身体上的一些症状，如头痛、胃口不好、睡眠失调或者心理上的焦虑、沮丧等。

身在国外的留学生对这种文化震撼的体验尤为真切。只是有时当事人并不清楚自己正在经历或曾经有过。其实文化冲击并不是指突发一次即结束的

“震惊”的感觉，而是指在一段时间内，密集式的有强有弱的震惊、仓皇和被冲击到的感觉。过去的文化背景和新文化差异越大时，冲击的感觉会越强且越密集。文化冲击由开始到结束，其实就是一个适应新文化的过程。

当人身在本国时，感觉不到文化所具有的深沉、持久的影响力，但一个人一旦到了一个与国内文化背景非常不同的国家生活，就能够更加真切地体验到文化的强大力量。生活时间越长，体验越深。文化适应是一个漫长的过程，年纪大一些的人或接受能力差的人都将会经历一场艰难的痛苦之旅，甚至可能永远都无法适应。

文化冲击或文化震撼会使人觉得不安、害羞或难堪，有时会使人觉得挫折、生气或失望。大略而言，文化冲击或文化震撼可能会使留学生有如下的表现：

（1）怀疑感：对留学可能陷入严重质疑，怀疑远道来此究竟是否明智，甚至对自己的能力都失去信心。

（2）孤独感：会变得神经质，对一切事物都感到厌烦，感觉非常寂寞，可能整天昏沉沉，凡事提不起精神。

（3）思乡感：有强烈的思念家乡、怀念亲友感，思想难以集中，整天都想给家人写信或打电话，甚至痛哭不已。

（4）敌意感：微小的刺激都会使人异常的愤怒，甚至可能产生一种想法，认为所有的一切烦恼都源于此国。

根据美国有关教育机构的研究，外国留学生经历的文化冲击或文化震撼，一般而言，它有一个循环期，通常包括四个阶段。

（1）初始期。留学生刚到外国，对事情、环境都感到新鲜与好奇。这时最急于学习、认识环境，安排生活，想尝试新事情，整个人充满热情和自信，一心想赶快安顿下来。但当找房子不顺、碰到奇怪室友、没有说话的人、面对一大堆课程、尝到挫折滋味的时候，就开始想家，怀念国内的环境和朋友，这就生了思乡病。这一阶段时间一般不长，在头一两个月内发生。

（2）蜜月期。当慢慢习惯新的环境之后，就开始了蜜月期。在这一阶段里，人的心情通常比较愉快，学习动机非常强，语言进步很快，也乐于与外国人交往，希望快点建起新的人际关系，有时甚至会觉得外国好多地方都比本国好。不过，这时候对外国社会和外国人的接触其实还很肤浅，多数的认识仅限于表面现象，与外国人的交往也很简单，尚未达到深入的程度。

（3）震撼期。随着更深入地接触外国，蜜月期很快就结束，震撼期接着开始，将会出现较强的心理困惑和生理不适。此时留学已有一段时间，但当笑话听不懂，还得要人翻译时；当没车或不会开车，还要请人接送时；当与外国人打交道，遇到困难或挫折时，孤单、寂寞、困惑、压抑以至失控的感觉挥之不去，甚至会出现莫名其妙的愤怒。这时常常伤感，情绪低落，想家情绪再度高涨。

（4）恢复期。震撼期的挫折使人不快，但可加深对外国社会、文化和人的了解，加快对周边环境的适应，让人从震撼中恢复正常，开始知道如何处理周边的人与事，接受和学习外国人的行为模式和从新的角度来看事情。这时你会更了解外国的社会和文化，感觉自己的能力在增加，自信心在慢慢恢复，学业开始上路，在各种场合开始比较自在，也能有效地工作和面对问题了。到这时候，可以说文化冲击或文化震撼就算基本结束了。

面对必须经历的文化冲击或文化震撼，留学生要学会调整自己，渡过难关，以下建议或许会有帮助。

第一，要记住绝大多数留学生都转变过来了，你也是有能力、有长处的人，同样会度过困难时期。

第二，要做自我反省，常问自己的期望在外国合不合理，如不太合理，就赶快加以修正。

第三，要培养敏锐的观察力，了解外国人的行为和价值，与本国文化价值加以比较，避免用本国人的标准衡量外国人的行为。

第四，不要退缩，不要孤立自己，埋在书堆里不是解决问题的方法，要主动地接触外国社会，多结交朋友。

第五，要加强语言学习，语言是沟通和了解外国文化的基础，要多与老师、同学和外国朋友接触，不了解或不知道，就要问别人。

第六，要积极寻找帮助，当觉得适应困难，就应向朋友、老师、国际学生顾问或学校其他服务单位寻求帮助，不要怕张口。另外，在经受文化冲击或文化震撼时，一定要特别注意身体健康，保持均衡饮食和适度运动。

一般看来，几乎每个留学生在外国都经历过文化冲击或文化震撼，但所感受的冲击与震撼程度则因人而异，有些人可能感觉轻微些，有些人则有较强烈的反应。文化冲击或文化震撼也不是经历一次就会结束，在最初一段时间内可能有密集的、反复地被冲击和被震撼的感觉。中国文化与西方文化差异较大，中国留学生经受的文化冲击或文化震撼一般强于来自欧洲国家的学生，经历的时间也要长得多。

文化冲击或文化震撼是一种正常现象，不必惊慌。当你逐渐熟悉周围环境，逐渐适应国外人的生活态度之后，就会恢复正常。总体来看，文化冲击或文化震撼是一种逐渐熟悉与习惯新文化，从觉得不适应到觉得较为适应的过程。这一过程会长达数月，也可能长达数年，往往会让人经历一番痛苦。

从韩国申请“江陵端午祭”说起——文化自觉

2006年韩国向联合国申请“江陵端午祭”为口头与非物质文化遗产是当年最受中国人关注的大事之一。当“韩国端午节”被联合国获批成功后，整个中国一片哗然。

乌丙安，辽宁大学教授，国际民俗学家协会（F. F. ）最高资格会员。在韩国申请端午节那段时间，乌老往来于韩国与中国之间，做的只有一件事：劝说韩国方面等一等我们，联合申请端午为口头与非物质文化遗产。中国目前有29个民族、约12.55亿人都有过端午节的习俗，占世界的绝大多数，同时端午节在中国有着很深厚的文化根基，说“江陵端午祭”发源于中国是毫无疑问的。但是乌老的努力最终并没有使韩国放弃对端午节的申报，失望而归

的乌老痛心不已。

与自然遗产的独有性不同，人类口头遗产和非物质遗产代表作具有“共享性”，也就是说即使他国申报了，我们还可以申报，即使被联合国教科文组织批准了，我们也可以再申报。在痛心之余乌老也决定应该为国家的文化遗产贡献自己的一分力量。之后乌老就在屈原故里——湖北省秭归县，就端午申遗工作进行资料搜集、实地查看和指导，为我国向联合国申请端午节为非物质文化遗产做准备。

乌丙安是全国最早关注韩国申遗的专家之一，他在往返于中韩之间发现，在1960年，韩国中央大学的任东权教授就发现江陵市举行的端午祭活动非常有特色，于是撰写了调查报告，向文化观光部申请确认其为“重要无形文化遗产”。1967年，“江陵端午祭”正式被列为韩国第13号重要无形文化遗产，得以发展成今天的规模。韩国保护端午已经有了40多年的历史。

其实不光是端午节，中国的传统民俗被抢先申报的例子还有很多，在内蒙古流行的马头琴，去年就已被蒙古国申报成为该国的非物质文化遗产；在中国家喻户晓的皮影戏，两年前印度尼西亚就已经申请为该国的文化遗产，后来联合国教科文组织又批准了柬埔寨的申请。这些现象都是我国社会“文化自觉”程度不够的表现，本质是还远远没有成为整个民族的基本价值观，没有产生一种不保护非物质文化遗产我们的民族文化就会消亡的危机感。

所谓“文化自觉”，是借用我国著名社会学家费孝通先生的观点：它指生活在一定文化历史圈子的人对其文化有自知之明，并对其发展历程和未来有充分的认识。换言之，是文化的自我觉醒、自我反省、自我创建。

文化自觉只是指生活在一定文化中的人对其文化有“自知之明”，明白它的来历、形成过程、所具的特色和它发展的趋向，不带任何“文化回归”的意思。不是要“复旧”，同时也不主张“全盘西化”或“全盘他化”。自知之明是为了加强对文化转型的自主能力，取得决定适应新环境、新时代文化选择的自主地位。

文化自觉是一个艰巨的过程，只有在认识自己的文化、历届所接触到的多种文化的基础上，才有条件在这个正在形成中的多元文化的世界确立自己的位置，然后经过自主的适应，和其他文化一起，取长补短，共同建立一个有共同认可的和各种文化都能和平共处、各抒所长、联手发展的共处守则。

PART 03

在社会学中寻根——一些造就我们的隐秘力量

为什么阿奴族“冰”有14种说法——语言

语言是思维工具和交际工具。它同思维有密切的联系，是思维的载体、物质外壳和表现形式。语言是符号系统，是以语音为物质外壳，以语义为意义内容，音义结合的词汇建筑材料和语法组织规律的体系。语言是一种社会现象，是人类最重要的交际工具，是进行思维和传递信息的工具，是人类保存认识成果的载体。语言具有稳固性和民族性。

北加拿大阿奴族的印第安人居住在非常寒冷的地区，他们的语言里有14种描述冰的说法，其中8个描述“纯冰”，而其他的6个则是描述“有纹路的冰”“碎冰”以及“浮冰”。可见，人类的语言与其本身的生存生活环境有着莫大的联系，人们借助语言保存和传递人类文明的成果。

语言是民族的重要特征之一。一般来说，各个民族都有自己的语言。据德国出版的《语言学及语言交际工具问题手册》说，现在世界上查明的有5651种语言。在这些语言中，有1400多种还没有被人们承认是独立的语言，或者是正在衰亡的语言。其中，汉语是世界上使用人口最多的语言，英语是世界上使用最广泛的语言。

我们的语言对于有关战争的词语应用非常广泛，如我们说“征服”太空、预算审议“对决”、对毒品“宣战”、到股票市场去“厮杀”一番、在考试中“战胜”以及称某些事为“爆炸性事件”等。

对于一个来自其他较少战争文化的人来说，他只要观察军事术语在我们语言中所占的比例，就可以臆测出，战争与军事在我们的生活中扮演多么重要的角色。另一方面，在西部开垦时代，像英文单词gelding、stallion、mare、piebald，都是被用来代表同一种动物——马。虽然我们对那段历史了解不多，但我们可以从这一串单词得知，马在当时是多么重要。很明显，语言反映出各种生活要素在该文化中的重要性。

事实上，语言是所有文化的基础。语言是一个反映文化各层面的文字意义与象征意涵的抽象系统，包含了口语、文字、数字、象征、手势，以及其他非语言沟通的表现方式。

汉语、英语、法语、俄语、西班牙语、阿拉伯语，是世界上的主要语言，也是联合国的工作语言。在世界上的语言中，使用人数超过5000万的语言有13种：汉、英、印度、俄、西班牙、德、日、法、印度尼西亚、葡萄牙、孟加拉、意大利和阿拉伯语。按被规定为官方语言或通用语言的国家数目来说，英语占第一位（约44国），法语第二（约31国），西班牙语第三（约22国）；而其中汉语、英语、俄语、法语、西班牙语这5种语言，被定为联合国的正式语言。全世界的民族有2000～3000个，超过百万人口以上的有305个，人口最多的民族是汉族、印度斯坦族、孟加拉族、俄罗斯族、日本大和族、巴西族等。

全世界民族语言共有3000多种，超过1000万人使用的语言约100种。使用人口最多的是汉语、英语，其次是印地语、西班牙语、俄罗斯语、法语、德语、孟加拉语、阿拉伯语、葡萄牙语、日语、印度尼西亚语等。

据介绍，随着我国综合国力增强和国际地位提高，说汉语的人越来越多。在联合国最近发表的《2005年世界主要语种、分布和应用力调查报告》上，汉语被排在第二位，仅次于英语，排在德语、法语、俄语、西班牙语、日语之前。

因为语言是所有文化的基础，所以，有能力说其他语种的语言，对于跨文化关系的建立至为重要。

虽然语言具有文化普适性，但全世界各个社会对语言的使用却有显著的不同，即使两个国家使用的是同一种语言，这种现象依旧存在。举例来说，当一个说英语的美国人初次造访伦敦时，或许会不了解英国友人说“I’ll ring you up”（我会打电话给你）是什么意思，因为美国人通常会说“I’ll call you on the telephone”。

实际上，语言不只对实体进行描述，它也塑造文化实体。比如说，生活在温带的我们无法像阿奴族的印第安人一样，用语言来区分各种不同的冰，因此，我们也不会注意到它们之间的区别。

语言学家萨丕尔和沃夫认为，语言在人类社会中扮演着重要角色，他们认为语言是人们将这个世界概念化的唯一途径，所以先有语言才有思想。因此，文字符号和语言的文法帮我们组织这个世界。

此外，萨丕尔和沃夫主张，语言不是一种“客观存在”，它们的意义取决于不同文化借由强调某些现象对社会实体所做的不同解释。

语言传达出了关于不同种族的刻板印象。假如你使用在美国出版的字典，来查“黑”（black）这个形容词，你会看到它还有阴森恐怖的、缺乏道德良知的、恶劣的、邪恶的、有威胁的以及愤怒的等意思；相对地，纯洁与天真则包含在形容词“白”的字义之中。通过这样的语言形态，我们的文化强化了白色（以及肤色）与正面以及黑色与负面的关联。因此，我们称不利于某些人的名单为“黑名单”（black list），而称某些可以接受的谎言为“善意（白色）的谎言”（white lie），就是这个原因了。

柏林与凯发现，人类具有区别多种颜色的能力，但是，不同语言对颜色的分类却不尽相同。在英语中有多达11种基本色，而俄语及匈牙利语中甚至有12种颜色。在俄语中，浅蓝和深蓝是两个不同的词，而匈牙利语中，则有两个不同的词语来描述深浅不同的红色。另外，英语能够区别黄色和橘色，但是有些语言则不能。在新几内亚西高地的杜冈丹尼（Dugum Dani）语中，只有两种基本色——modla指的是白色，而mili指的是黑色。

“龙”到底是代表祥瑞还是邪恶——符号

在中国古代的神话与传说中，龙是一种神异动物，亦为万兽之首。它的形象已经不同于自然界中的任何一种动物，而是选择一部分飞禽走兽的某一部分进行重新组合，融成一个全新的个体。具有驼头、蛇颈、龟眼、鱼鳞、虎掌、鹰爪、牛耳九种动物合而为一之九不像之形象，它能走，亦能飞，能倒水，能翻江倒海，吞云吐雾，兴云降雨；既能够降妖伏魔、上天入地，也能够不避水火、穿金裂石，几乎无所不能。其中，驼头象征抗旱，鹿角象征健康长寿，蛇颈象征灵活多变，龟眼象征富有灵气，鱼鳞象征神圣的防卫，虎掌象征英勇不屈，鹰爪象征腾云驾雾、勇敢果断，牛耳象征勤劳善良。

《周易》中把龙描写成能潜藏于深渊，飞跃于天空，相斗于地面，血为玄黄之颜色。《左传》记载公元前523年郑国遭受大水时，有龙相斗于城门外的深渊。公元前2世纪的《说文解字》这样解释龙：“鳞虫之长，能幽能明，能细能巨，能短能长，春分而登天，秋分而潜渊。”华夏民族的先祖炎帝、黄帝，传说中和龙都有密切的关系，“黄帝龙轩辕氏龙图出河”（《竹书记年》），相传炎帝为其母感应“神龙首”而生，死后化为赤龙。因而中国人自称为“龙的传人”。

在我国的封建时代，龙作为帝王的象征，也用来指帝王和帝王的东西：龙颜、龙廷、龙袍等。出于对龙的喜爱，在明代，龙还被人们赋予一个繁盛的大家族。在民间，早就有龙生九子的说法，但是九子为何物，却是众说纷纭。

直到明孝宗朱祐樘时期才有了一个官方的解释。据说一日早朝，皇上心血来潮，问以饱学著称的礼部尚书、文渊阁大学士李东阳龙之九子各为何等名目，李东阳仓促间无以为对，退朝后左思右想，又是查经据典，又是询问于民间，终于列出清单，给龙之九子正名，它们是囚牛、睚眦、嘲风、蒲牢、狻猊、霸下、狴犴、负质、螭吻。它们或喜音乐，立于琴头；或爱文学，立足于碑林；或好冒险，停于殿角；或平生好鸣，悬于钟上。

龙还成为皇家的象征。皇上自认为是真龙天子。《史记》记载："刘媪，老妇尝息大泽之陂，梦与神遇。是时雷电晦暝，大公往视，则见蛟龙其上，已而有身，遂产高祖。"汉高祖出身普通人家，是有必要编造这等神话故事，以阐明身为凡人的他是接受天命而登上帝位掌管人间的。可见，龙在中华民族的发展史上一直占据着一个相当重要的地位。

而在西方，龙的样子也有很多种。微软百科全书中是这样定义的："龙，一种传说中和鳄鱼类似的爬虫，它一般被描述为拥有翅膀、巨爪和烈焰的怪物。"也就是将其描述成一个体巨大、能喷火、有翅膀的假想中的动物。

在古希腊的文学中，龙被描述为"长着翅膀的蜥蜴，并且会喷火"。"它有骆驼般的头、耳朵后高耸的犄角、特别长的脖子、粗壮的腿、鹰一般的爪子、长长的尾巴"。此后西方世界一般认为神秘的龙体型非常庞大、身上有很多的尖刺，长有锋利的牙齿，颜色多样，能喷出强烈的火焰。

在西方，龙一直都是邪恶的象征。美索不达米亚史诗《埃努玛·埃利什》，讲述在创世之前，主神马尔杜克击败了混乱之龙提亚马特，将它的尸首斩成两半，一半成为天，一半成为地，由此创造了世界。古希腊的神话中，宙斯和百头巨龙提丰搏斗，宙斯获胜，但是提丰负隅顽抗，制造了Etan火山的岩浆。《圣经》中，龙就是蛇——《创世纪》里，撒旦化身为蛇引诱夏娃偷吃了伊甸园里的智慧果；《启示录》里说道："大龙被摔在地上——就是那古蛇，名叫魔鬼，又叫撒旦，是迷惑普天下的。"而且《圣经·旧约》中也多次提到龙源于希腊，被称为Dragon。它被描述成"很大的海怪"或者是毒蛇。在《圣经·启示录》中，酋长斗败了恶龙，"那条老毒蛇就是撒旦和恶魔"，凡此种种，可见龙在西方文明里是邪恶的象征。

在中国颇具影响的《辞源》一书中，介绍说"龙是古代传说中的一种善变化、能兴云雨、利万物的神异动物，为鳞虫之长"。

在中国，龙是神圣的，是瑞兽；而在西方，龙却是邪恶的使徒。同一种动物，在东西方不同的文化背景下，产生了截然不同的意义。

其实在这里"龙"作为一个文化符号，透视出了东西方文化上的差异。人类掌握了创造和使用符号的能力，也就创造了文化。符号是指一群人所认可的任何能有意义地表达其自身之外的事物的东西。

当符号未被理解为自身之外的其所象征的事物时，就会产生许多文化和社会意义上的混淆。符号学家戈尔曼说，符号不仅代表了某种其他事物，而且同时也暗示了对象征事物的态度。不同的文化下，符号也被赋予了不同的文化意义。因此，可以这么说，龙单纯地作为一种动物来讲，它是不具备任何文化含义的，既不是祥瑞也不代表邪恶。在人们的生产生活中，逐渐地赋予它一定的文化内涵，因此，"龙"在不同的文化背景下也就产生了截然不同的文化含义。

在中国，因为有了"龙"这一文化符号的存在，后人们一提到"龙"，就会明白它背后所包含着的文化意义，以及联想到古时候在农业社会时，人们对于龙所寄予的希望（兴雨保收成）。因此，符号的使用，可以使我们从他人的经验中学到许多东西，同时，通过符号我们能够更形象地理解现实，能够交换和保存复杂信息。也就是说，我们创造了文化，又能从文化中学到很多。符号在帮助我们理解抽象概念方面尤为重要。由于这些概念难以理解，我们总是把它们和我们已理解的事物加以比较。这种符号履行着这样一种重要功能，即通过把复杂概念上和简单概念联系起来，从而帮助我们最终达到对前者的理解。通过这种方式，符号帮我们理解现实，并使沟通变得简单。

为什么中国人过春节——传统

传统，指历史沿传而来的思想、道德、风俗、艺术、制度、习惯，等等。它有下列意思：

代代相传的习俗、信仰，多以口授为主。由各种宗教活动构成的宗教派别（教派），或具有共同的历史、文化、习俗和基本教义，如中国常说的道教传统、佛教禅宗。

中国的农历春节又叫作“年”，是新的一年的开始，年的名称是从周朝开始的，至西汉才正式固定下来，一直延续到今天。传统意义上的春节是指从腊月初八的腊祭或腊月二十三的祭灶一直到正月十五，其中以除夕和正月初一为高潮。在春节这一传统节日期间，我国的汉族和大多数少数民族都要举行各种庆祝活动，这些活动大多以祭祀神佛、祭奠祖先、除旧布新、迎禧接福、祈求丰年为主要内容。活动形式丰富多彩，带有浓郁的民族特色。

春节守岁是一个重要的习俗，守岁兴起于南北朝，梁朝的不少文人都有守岁的诗文。“一夜连双岁，五更分二年。”人们点起蜡烛或油灯，通宵守夜，象征着把一切邪瘟病疫照跑驱走，期待着新的一年吉祥如意。这种风俗被人们流传至今。说到这一习俗的来历，民间流传着这样的传说：

相传在太古时期，有一种凶猛的怪兽，散居在深山密林中，人们管它们叫“年”。它们形貌狰狞，生性凶残，专食飞禽走兽、鳞介虫豸，一天换一种口味，从磕头虫一直吃到大活人，让人谈“年”色变。后来，人们慢慢掌握了“年”的活动规律，它是每隔365天就窜到人群聚居的地方尝一次鲜，而且出没的时间都是在天黑以后，等到鸡鸣破晓，它们便返回山林中去了。

算准了“年”肆虐的日期，百姓们便把这可怕的一夜视为关口，称作“年关”，并且想出了一整套过年关的办法：每到这一天晚上，每家每户都提前做好晚饭，熄火净灶，再把鸡圈、牛栏全部拴牢，把宅院的前后门都封住，躲在屋里吃“年夜饭”，由于这顿晚餐具有凶吉未卜的意味，所以置办得很丰盛，除了要全家老小围在一起用餐表示和睦团圆外，还须在吃饭前先供祭祖先，祈求祖先的神灵保佑，平安地度过这一夜，吃过晚饭后，谁都不敢睡觉，挤坐在一起闲聊壮胆，就逐渐形成了除夕熬夜守岁的习惯。

1. 扫尘

“腊月二十四，掸尘扫房子”，据《吕氏春秋》记载，我国在尧舜时代就有春节扫尘的风俗。按民间的说法：因“尘”与“陈”谐音，新春扫尘有“除陈布新”的含义，其用意是要把一切穷运、晦气统统扫出门。这一习俗寄托着人们破旧立新的愿望和辞旧迎新的祈求。每逢春节来临，家家户户都要打扫环境，清洗各种器具，拆洗被褥窗帘，洒扫六闾庭院，掸拂尘垢蛛网，疏浚明渠暗沟。到处洋溢着欢欢喜喜搞卫生、干干净净迎新春的欢乐气氛。

2. 拜年

新年的初一，人们都早早起来，穿上最漂亮的衣服，打扮得整整齐齐，出门去走亲访友，相互拜年，恭祝来年大吉大利。拜年的方式多种多样，有的是同族长带领若干人挨家挨户地拜年；有的是同事相邀几个人去拜年；也有大家聚在一起相互祝贺，称为“团拜”。由于登门拜年费时费力，后来一些上层人物和士大夫便使用名帖相互投贺，由此发展出来后来的“贺年卡”。

春节拜年时，晚辈要先给长辈拜年，祝长辈人长寿安康，长辈可将事先准备好的压岁钱分给晚辈，据说压岁钱可以压住邪祟，因为“岁”与“祟”谐音，晚辈得到压岁钱就可以平平安安度过一岁。压岁钱有两种，一种是以彩绳穿线编作龙形，置于床脚，此记载见于《燕京岁时记》；另一种是最常见的，即由家长用红纸包裹分给孩子的钱。压岁钱可在晚辈拜年后当众赏给，亦可在除夕夜孩子睡着时，由家长偷偷地放在孩子的枕头底下。现在长辈为晚辈分送压岁钱的习俗仍然盛行。

3. 贴春联和门神

据说贴春联的习俗，大约始于1000多年前的后蜀时期，这是有史为证的。此外根据《玉烛宝典》《燕京岁时记》等著作记载，春联的原始形式就是人们所说的“桃符”。

在中国古代神话中，相传有一个鬼蜮的世界，当中有座山，山上有一棵覆盖三千里的大桃树，树梢上有一只金鸡。每当清晨金鸡长鸣的时候，夜晚出去游荡的鬼魂必赶回鬼蜮的世界。鬼蜮世界的大门坐落在桃树的东北，门边站着两个神人，名叫神荼、郁垒。如果鬼魂在夜间干了伤天害理的事情，神荼、郁垒就会立即发现并将它捉住，用芒苇做的绳子把它捆起来，送去喂虎。因而天下的鬼都畏惧神荼、郁垒。于是民间就用桃木刻成他们的模样，放在自家门口，以避邪防害。后来，人们干脆在桃木板上刻上神荼、郁垒的名字，认为这样做同样可以镇邪去恶。这种桃木板后来就被叫作“桃符”。

到了宋代，人们便开始在桃木板上写对联，一则不失桃木镇邪的意义，二则表达自己的美好心愿，三则装饰门户，以求美观。人们还在象征喜气吉祥的红纸上写对联，新春之际贴在门窗两边，用以表达人们祈求来年福运的美好心愿。

为了祈求一家的福寿康宁，一些地方的人们还保留着贴门神的习惯。据说，大门上贴上两位门神，一切妖魔鬼怪都会望而生畏。在民间，门神是正气和武力的象征，古人认为，相貌出奇的人往往具有神奇的禀性和不凡的本领。他们心地正直善良，捉鬼擒魔是他们的天性和责任，人们所仰慕的捉鬼天师钟馗，即是此种奇形怪相。所以民间的门神永远都怒目圆睁，相貌狰狞，手里拿着各种传统的武器，随时准备同敢于上门来的鬼魅战斗。由于我国民居的大门通常都是两扇对开，所以门神总是成双成对。

唐朝以后，除了以往的神荼、郁垒二将以外，人们又把秦叔宝和尉迟恭两位唐代武将当作门神。相传，唐太宗生病，听见门外鬼魅呼号，彻夜不得安宁。于是他让这两位将军手持武器立于门旁镇守，第二天夜里就再也没有鬼魅骚扰了。其后，唐太宗让人把这两位将军的形象画下来贴在门上，这一习俗开始在民间广为流传。

日本武士为什么要剖腹——价值观

我们在电影中常会看到日本武士剖腹自杀的情形，武士们身上一般配有长短两把刀，那把短的叫肋差，就是用来剖腹的。剖腹自杀是日本的一种特有文化，武士们为什么选择剖腹这种极为痛苦的方式自杀呢？原来，日本人相信灵魂是寄宿在腹部的，死时把腹部剖开可以表明真心。新渡户稻造在他的《武士道》一书中这样写道："打开灵魂之窗请君看，是红还是黑，请君自公断。"所以，剖腹自杀曾经是武士们挽回名誉和解决各种复杂问题的必要手段。

日本武士和军人剖腹的动机主要有以下几种：自刃、自裁，由于战争失败；引责，对过失承担责任；牺牲，以自己的牺牲来拯救部下或同僚生命；谏死，为了劝谏主君；名誉，为保住自己的脸面；殉死、先腹，比主君先行踏上死途；追腹、义腹，为了尽士道义理；论腹，为了树立名声；商腹，为了给家族和子孙带来恩惠；诘腹、无念腹，痛饮悔恨之泪的剖腹；愤腹，愤慨于无实之罪的剖腹；刑死，武士专用的刑罚。

1873年，日本政府下令废止剖腹这种极不人道的刑罚，但武士道精神仍影响着日本军人。大家都会想，到底是什么在支持着这一群人毅然决然地慷慨赴死，难道他们就不知道要珍惜自己的生命吗？或者还有着什么比生命更重要的东西支撑着他们为此赴死？下面我们将对这一问题展开讨论。

日本剖腹文化源起于公元1180～1185年，源平战争之后，切腹自杀开始流行。幕府为了维持法纪，命令武士（浪人）们自杀。这些武士早已做好赴死的准备，集体剖腹自杀。这是历史上的第一次集体剖腹，世人把这看作武士的最高道德表现，在民间广泛流传。从此，剖腹自杀成为武士用以洗刷自己耻辱的唯一方式。由此可见，日本武士剖腹由来已久，是日本人判断是非曲直的重要标准，换句话说，已经形成军人的一种价值观念。那么，什么是价值观呢？

价值观是指个人对客观事物（包括人、物、事）及对自己的行为结果的意义、作用、效果和重要性的总体评价，是对什么是好的、是应该的总看法，是推动并指引一个人采取决定和行动的原则、标准，是个性心理结构的核心因素之一。它使人的行为带有稳定的倾向性。价值观是人用于区别好坏、分辨是非及其重要性的心理倾向体系。它反映人对客观事物的是非及重要性的评价。

人不同于动物，动物只能被动适应环境，人不仅能认识世界是什么、怎么样和为什么，而且还知道应该做什么、选择什么，发现事物对自己的意义，设计自己的道路，确定并实现奋斗目标。这些都是由每个人的价值观支配的。价值观决定、调节、制约个性倾向中低层次的需要、动机、愿望等，它是人的动机和行为模式的统帅。价值观一旦确定，则反过来影响、调节人进一步的需求活动。

价值观是一种内心尺度，它潜藏于整个人性当中，支配着人的行为、态度、观察、信念、理解等，支配着人认识世界、明白事物对自己的意义和自我了解、自我定向、自我设计等；也为人自认为正当的行为提供充足的理由。因为在日本武士和日本民间的普通人的价值观里，只有剖腹自杀才能洗刷自己的耻辱，才是对君主最忠心的表现，所以武士们在走投无路的时候，会毅然决然地选择用这种方式证明自己。而剖腹自杀的武士也会受到君主和社会的高度认同，这一切都是价值观在起作用。

价值观代表一系列基本的信念：从个人或社会的角度来看，某种具体的

行为类型或存在状态比与之相反的行为类型或存在状态更可取。价值观包括内容和强度两种属性。内容属性告诉人们某种方式的行为或存在状态是重要的；强度属性表明其重要程度。当我们根据强度来排列一个人的价值观时，就可以获得一个人的价值系统。每个人的价值观都是一个层次，这个层次形成了每个人的价值系统。这个系统通过我们赋予自由、快乐、自尊、诚实、服从、公平等观念的相对重要性程序而形成层次。

为什么有人会选择“裸奔”发泄情绪——规范

“饭前洗手”“不可杀人”“尊敬长者”，每个社会都会鼓励与支持某些该社会认为合宜的行为，同时，阻止与处罚他们认为不适当的行为。规范指的就是社会所坚持的行为标准。

为了让一个规范变得有意义，这个规范本身必须是该社会里的多数人所能接受且了解的。举例来说，在电影院里，一旦电影开始播映，我们就希望每个观众都能够安静欣赏，不要大声喧哗；也就是因为这个规范，所以当有观众大声吵闹时，电影院的管理人员就可以出面制止。当然，这项规范的应用也会因电影与观众形态的不同而有所区别。观看严肃艺术电影的群众，可能会比欣赏滑稽喜剧或恐怖片的观众更坚持遵守这项规范。

社会学家把人们在特定环境下被要求如何行动、如何思考、如何体验的期望称为规范。规范既有正式的，又有非正式的。正式规范通常以法律的形式固定下来，对违反者有特定的惩罚。非正式规范是不成文的，但往往能被社会成员普遍理解。最重要的规范往往是社会中绝大多数人公认的规范，如一般都能遵守的严禁谋杀、抢劫、裸体出行的规范。

规范，是被社会公认的社会行为的期望，需要每个人都去维护和遵守，当然，当一些人心里郁结着一些异样的情绪而无处发泄时，他们会选择用突破社会规范的方式引起别人的注意，从而使自己的情绪得以宣泄。当然，突破社会规范往往需要一定的勇气和承受一定的社会压力。

2009年11月5日晚上9：07，在浙江省杭州市学府街下沙最繁华的地段之一，刚下课的大学生蜂拥而出，买夜宵、逛店铺、散步。人群中突然开进一辆蓝色福特车，一个浑身赤裸、唯有腰间挂一块白色小布的男生从车里钻出来，在路中央狂奔起来。人群立即沸腾了！路的两边站满了人，很多摊位都被围观人群踩翻了。

裸奔男生以百米冲刺的速度，跑了50多米后，他突然一把扯下腰间的白色小布，以完全赤裸的姿态转身冲回福特车，站在车门后面。男生举手向人群示意，说了一句话："谢谢大家。"

他的大学辅导员说，把"别人笑我太疯癫，我笑他人看不穿"这句话用在这个学生身上最贴切。他的一名大学女校友说，他是"我活了二十多年里，见到的最有浪漫情怀、最理想主义的人"。诗友兼哥们儿阿森用海子的"以梦为马"形容他，这位通过互赠诗歌认识的朋友评价他的诗歌"充满了爆发力"。室友阿海和玉峰对他的裸奔一点儿都不惊讶，"谁裸奔我都奇怪，就他我不会奇怪"。一个熟悉胡某的校友这样评价他：奔放，有思想，不随大流。虽然成绩差了点，但是比谁都像个知识分子。

当被问到为什么选择裸奔这种形式时，胡某答道："我觉得学校很沉闷，我愿意为她来示范什么叫激情。我喜欢尝试没做过的事。如果我可以做到不在乎其他人的目光，某种程度上，我已经得到了自己的认可。再不济，能够娱乐大家、娱乐自己，也是始终不易的。"

胡某用"裸奔"这种超乎社会规范的形式为大家示范激情的举动，并不是独一无二的。在虎年刚至的2010年年初，一场瑞雪降临京城时，网友们在网上又看到了这样一些照片。在刚下过大雪的深夜的长安街上，几个小伙儿只穿着裤衩，在平安大街的雪地里裸奔，他们还拿着吉他和滑板，摆出各种雷人的造型。此组照片一经上传即刻便引发了网友们的热议。一些网友对此提出了批评，认为尽管是夜间，但是穿着内裤在大街上狂欢"有伤风化"，夜间的大街也是公共场合。如果说胡某用裸奔来发泄心中的愤懑的话，那这几个裸奔者就是用裸奔来演绎狂欢。

可能有人在想：裸奔的人会不会有心理问题啊？据专家分析，裸奔者并不是在心理上存在什么问题或者说是神经病，很可能是精神上遭受了重压，想借裸奔这种形式来释放不良情绪。

人都有各种需要，某些需要在社会正常的伦理道德下不能满足时，会给人的生理和心理造成损伤，产生一定的不良情绪。如果受到一定的外界刺激，这些不良情绪就会被释放出来，有时表现为思维障碍和行为异常。裸奔就是多种多样的异常行为中的一种极端现象。他们以突破社会规范的方式，宣泄自己的不良情绪。当突破了一般社会规范对人的身心的束缚时，人的内心情绪会得到相应的缓和。

当今社会，竞争性与挑战性大大增加，这就要求社会个体应具备更好的心理素质和更强的承受挫折的能力。人们的愤怒、失望、烦恼等不良情绪应当得到健康的疏导与发泄，而不应该着眼于对社会规范的破坏，这样才会有利于社会的健康发展。人们只有在一个健康的社会里生活，才能更好地维护自己的身心健康。

大孝至爱，中华民族的美德——民德

在中华大地上流传着许许多多的孝敬父母的佳话，从上古时期开始一直到现在，大孝至爱的故事在中华这片大地上就从来没有断过。

舜，传说中的远古帝王，五帝之一，姓姚，名重华，号有虞氏，史称虞舜。相传他的父亲瞽叟及继母、异母弟象，多次想害死他：让舜修补谷仓仓顶时，从谷仓下纵火，舜手持两个斗笠跳下逃脱；让舜掘井时，瞽叟与象却下土填井，舜掘地道逃脱。事后舜毫不记恨，仍对父亲恭顺，对弟弟慈爱。他的孝行感动了天帝。舜在厉山耕种，大象替他耕地，鸟代他锄草。帝尧听说舜非常孝顺，有处理政事的才干，就把两个女儿娥皇和女英嫁给他；经过多年观察和考验，选定舜做他的继承人。舜登天子位后，去看望父亲，仍然恭恭敬敬，并封弟弟象为诸侯。

汉文帝刘恒，汉高祖第三子，为薄太后所生。高后八年（公元前180年）

即帝位。他以仁孝之名闻于天下，侍奉母亲从不懈怠。母亲卧病3年，他常常目不交睫，衣不解带；母亲所服的汤药，他亲口尝过后才放心让母亲服用。他在位24年，重德治，兴礼仪，注意发展农业，使西汉社会稳定、人丁兴旺，经济得到恢复和发展，他与汉景帝的统治时期被誉为“文景之治”。

夏日里的晚上，黄香在书房看书，看着看着忽然没有了声音，父母以为他睡了，但在他的房间里没有他的人影，后来在自己的房间找到了他，父母问他：“你为什么朝我们的床上扇扇子？”黄香回答说：“我给你们的床扇扇子，是让你们的床凉快些，两老好早些安睡！”冬天的晚上，黄香先早早地去了父母的房间，钻进父母的被子里，让被子暖和些，父母问他为什么，他回答说：“小孩身上三把火，也给你们一把。”

1962年，陈毅元帅出国访问回来，路过家乡，抽空去探望身患重病的老母亲。陈毅的母亲瘫痪在床，大小便不能自理。陈毅进家门时，母亲非常高兴，刚要向儿子打招呼，忽然想起换下来的尿裤还在床边，就示意身边的人把它藏到床下。陈毅见到久别的母亲，心里很激动，上前握住母亲的手，关切地问这问那。过了一会儿，他对母亲说：“娘，我进来的时候，你们把什么东西藏到床底下了？”母亲看瞒不过去，只好说出实情。陈毅听了，忙说：“娘，您久病卧床，我不能在您身边伺候，心里非常难过，这裤子应当由我去洗，何必藏着呢。”母亲听了很为难，旁边的人连忙把尿裤拿出，抢着去洗。陈毅急忙挡住并动情地说：“娘，我小时候您不知为我洗过多少次尿裤，今天我就是洗上10条尿裤，也报答不了您的养育之恩！”说完，陈毅把尿裤和其他脏衣服都拿去洗得干干净净，母亲欣慰地笑了。

孝敬父母历来是中华民族的传统美德，千百年来这种美德一直被世人倡导并不断地得到发扬。对父母尽孝已经成为我们这个社会中一种约定俗成的规范，它不需要人们把它天天挂在嘴边，但是对人们的思想和行为都形成了一种约束。孝敬父母的人会得到他人的称赞和社会的认可，不孝敬父母的人会被别人指责。这在社会学上被称为民德。

民德，指的是与一个社会的福祉息息相关的规范，这些规范通常都包含一个民族最珍视的原则。每个社会都要求其成员遵守该社会的民德，违反的结果是招致严厉的惩处。因此，各国有非常强的民德反对谋杀、叛国以及虐待儿童，而这些民德已经通过制度化的过程成为正式规范。由此可见，民德也属于规范的范畴，这是按照规范对于社会的重要性所分类出来的结果。

民德可以是提倡性的，也可以是禁止性的。提倡性民德表明人们应该怎么做，如关心不能照顾自己的婴儿和儿童。禁止性的民德表明人们不应该怎么做，如不能闯入他人家中。特别严格的民德被称为禁忌。乱伦禁忌就是一种普遍接受的禁止性民德——它严禁任何一种近亲间的性关系。

万里长城VS安徽铁画——物质文化和非物质文化

一个社会普遍存在的物质形态——机器、工具、书籍、衣服等——称为物质文化。一直以来，人类利用周围的自然环境为人类生活服务，以提高人类生存的机会并丰富人类的生活。他们把土地、树木、岩石、金属、动物及其他自然资源转化为房屋、工具、服装和交往的手段。

一个特定社会所产生的物质文化，其实质是技术水平、可开发资源和人类需求的集合体。现代社会拥有丰富的资源、充足的劳动力和高度发达的技术。

每一种文化都包含各自的物质文明，它是由该文化中的社会成员所共同创造的物品集合体，包括技术、工具、建筑、食物、服饰、书籍等人工制品。

中国的长城是人类文明史上最伟大的建筑工程，它始建于2000多年前的春秋战国时期，秦朝统一中国之后连成万里长城。汉、明两代又曾大规模修筑。其工程之浩繁，气势之雄伟，堪称世界奇迹。岁月流逝，物是人非，如今当您登上昔日长城的遗址，不仅能目睹透迤于群山峻岭之中的长城雄姿，还能领略到中华民族创造历史的大智大勇。2002年11月，中国唯一的水上长城辽宁九门口长城通过联合国教科文组织的验收，作为长城的一部分正式挂牌成为世界文化遗产。

物质文明是人类创造的，同时也是人类生存和生活的物质基础。人类在创造或制造物品以及获得其他物质的过程中，也就创造了文化。所以，通过对物质文明的考察，也可以认识所以，通过对物质文明的考察，也可以认识和了解人类社会生活的基本状况以及社会结构、制度和文化观念。考古学家们之所以进行考古发掘，就是要通过对前人所遗留下来的物品的系统考察，来还原前人社会生活的形态和文化形态。例如，从古墓的结构及其中的陪葬品中，考古学家能够追溯和发现当时社会的结构特征、习俗和价值观。

文化中的物质具有实用的、功利的价值，也就是说，人们创造或制造出的物品，主要是为了满足社会生活的基本需要，是自身需要的产物，所以非物质文化的所有因素都必须去适应物质文化；与此同时，文化中的物质还具有社会意义，即人们创造和运用某些物质是要把人们联系起来，组成有机的社会。例如，布朗在研究安达曼人时发现，安达曼人制造出并使用火，是为了满足日常生活的需要。同时，他们又赋予火以非常特殊的意义，整个社会生活几乎都围绕着火。人们之所以对火给予如此强调和重视，就是要培养人们对社会的依赖感，由此增强社会团结。

非物质文化遗产由人类以口头或动作方式相传。具有民族历史积淀和广泛、突出代表性的民间文化遗产，曾被誉为历史文化的“活化石”“民族记忆的背影”。非物质文化遗产的最大特点是不脱离民族特殊的生活生产方式，是民族个性、民族审美习惯的“活”的显现。它依托于人本身而存在，以声音、形象和技艺为表现手段，并以口口相传作为文化链而得以延续，是“活”的文化及其传统中最脆弱的部分。因此对于非物质文化遗产传承的过程来说，人的传承就显得尤为重要。

非物质文化遗产包括口头传统和表述，表演艺术，社会风俗、礼仪、节庆，有关自然界和宇宙的知识和实践，传统的手工艺技能。

我国安徽芜湖盛产的工艺品铁画，就是其中独具风格的一种。铁画，也称铁花，是以低碳钢为原料，将铁片和铁线锻打焊接成的各种装饰画。它将民间剪纸、雕刻、镶嵌等各种艺术的技法融为一体，采用中国画章法，黑白对比，虚实结合，另有一番情趣。

铁画的制作起源于宋代，盛行于北宋。清代康熙年间，安徽芜湖铁画才自成一体，并逐渐享誉四海。

铁画是以铁为墨，以砧为砚，以锤代笔锻制而成。铁画的品种分为三类：一类为尺幅小景，多以松、梅、兰、竹、菊、鹰等为题材，这类铁画衬板镶框，挂于粉墙之上，更显端庄醒目；第二类为灯彩，一般由4至6幅铁画组成，内糊以纸或素绢，中燃银烛，光彩夺目，动人神魄；第三类为屏风，多为山水风景，古朴典雅，蔚为壮观。

芜湖濒临长江，交通便利，曾为中国四大米市之一，自古以来铁冶业就十分发达。发达的冶铁业和高超的锻技，为芜湖铁画的创造提供了先天的基础和条件。

芜湖铁画锻铁为画，鬼斧神工，气韵天成。芜湖铁画以历史悠久、风格独特、工艺精湛、技艺高超著称于世。芜湖铁画始于明末清初的康熙年间，由芜湖铁工汤天池与芜湖画家萧尺木相互砥砺而成，至今已有300多年历史。芜湖铁画源于国画，具有新安画派落笔瘦劲简洁、风格冷峭奇崛的基本艺术特征，是纯手工锻技艺术。它以铁为原料，经红炉冶炼后，再经锻、钻、抬、压、焊、锉、凿等技巧制成，既具有国画的神韵，又具雕塑的立体美，还表现了钢铁的柔韧性和延展性，是一种独具风格的艺术。

物质文化与语言、艺术、价值观、规范等非物质文化之间有着相互影响、相互作用的关系：一方面，人类是在一定的文化观念及社会规范的引导下创造物质；另一方面，人类创造出的物质又在一定程度上影响人们的规范和观念。例如，计算机和互联网等物质的出现，正改变着社会互动和交往的方式，也改变着人们的观念，同时也需要我们建构新的规范来适应这种新的互动方式。

第二篇

从自然人到社会人——一个人的成长历程

PART 01

一个人是怎么长大的
——社会化是一个不断深入的过程

狼孩与天性——关于人之初的思考

我国古代启蒙读物《三字经》上提到“人之初，性本善”。而我国古代伟大的思想家荀子主张“性恶论”，认为人的本性具有恶的道德价值。西方的宗教里，认为人生来就是有罪的。关于人类天性的问题，从古至今一直是人们在不断地思考的话题。

1920年，在印度加尔各答附近的一个山村里，人们在打死大狼后，在狼窝里发现了两个由狼抚育过的女孩，其中大的七八岁，被取名为卡玛拉；小的约两岁，被取名为阿玛拉。后来她们被送到一个孤儿院抚养。阿玛拉于第二年死去，卡玛拉一直活到1929年。

孤儿院的主持人J. E. 辛格在他所写的《狼孩和野人》一书中记录道：印度“狼孩”刚被发现时用四肢行走，慢走时膝盖和手着地，快跑时则手掌、脚掌同时着地；她们总是喜欢单独活动，白天躲藏起来，夜间潜行；怕火和光，也怕水，不让人们替她们洗澡；不吃素食而要吃肉，吃时不用手拿，而是放在地上用牙齿撕开吃；每天午夜到清晨三点钟，她们像狼似的引颈长嚎；她们没有感情，只知道饥时觅食，饱则休息，很长时间内对别人不主动发生兴趣。不过她们很快学会了向辛格的妻子去要食物和水，如同家犬一样。只是在一年之后，当阿玛拉死的时候，人们看到卡玛拉“流了眼泪——两眼各流出一滴泪”。

据研究，七八岁的卡玛拉刚被发现时，她只懂得一般6个月婴儿所懂得的事，花了很大气力都不能使她很快地适应人类的生活方式，两年后才会直立，6年后才艰难地学会独立行走，但快跑时还得四肢并用；直到死也未能真正学会讲话：4年内只学会6个词，听懂几句简单的话，7年时才学会45个词并勉强地学几句话。在最后的3年中，卡玛拉终于学会在晚上睡觉，她也怕黑暗了。很不幸，就在她开始朝人的生活习性迈进时，她死去了。辛格估计，卡玛拉死时已16岁左右，但她的智力只相当于三四岁的孩子！

狼孩在完全没有人类的环境下成长，身上就带有了动物的特征；那么，从小就在与世隔绝的孤立环境下长大的孩子，他们的行为又会是怎样的呢？

安娜是个私生子，母亲由于害羞，生下安娜后，便把她藏在一间房子里，不与人接触。发现安娜时，她已经6岁半了，当时还不会走路、说话、自己吃饭，也不会保持自己的个人卫生。她没有任何情感表达，对人十分冷漠。安娜被发现后，首先被送到一个智残儿童之家，而后又被送到一所育婴所。她的社会技能逐渐提高，到11岁她去世的时候，她已开始学会说话。

当然，儿童在与世隔绝的环境中成长的例子是极个别的情形，但我们可以从他们的案例中得出结论，人最初是一张白纸，并不像其他小动物一样具有动物的天性，比如鸭子生下来就能找水和游水，人类的知识与才能不是天赋的，直立行走和言语也并非天生的本能，所有这些都是后天社会实践和劳动的产物。而刚出生的婴儿要想成活下来并成长为人类的一员，就必须与他人有正常的互动，必须向他

们学习如何思考和行为。这种互动和思考学习的过程就是所谓的社会化。社会化的定义是：一个人获得自己的人格和学会参与社会或群体的方法的社会互动。

一个新生儿不管出生在什么地方，不管文化内涵上存在多大的差异，儿童社会化的过程大致都是相似的。婴儿通过与他人的互动和学习，慢慢地实现了一个从人类动物到具有一定能力、获得独立人格的社会人的转化。当人们度过他们的童年的时候，他们已经被教会了社会所期待的行为模式、语言、技能，以及如何去扮演一系列的角色。即使在成年之后，社会化的过程仍在继续，他们会不断学习新的社会技能（比如工作），并不断适应新的社会角色。

其实，社会化贯穿了一个人的整个一生，从出生、童年、少年、青年、老年直至死亡。社会化是一个深入和持续的过程。

淘气与教养——这样实现人的蜕变

当人们提到“淘气”的时候，一定是在说小孩子，因为一个成熟的、正常的人是不会有那种行为的。正因为小孩子正处在成长的道路上，因此，他们做出一些被认为不正常的事情时是可以容忍并能加以教化的。

西汉刘向的《列女传·卷一·母仪》中写道：孟子小的时候，父亲早早地死去了，母亲守节没有改嫁。他们就住在墓地旁边。有一次，孟子就和邻居的小孩一起学着大人跪拜、哭号的样子，玩起办理丧事的游戏。孟子的母亲看到了，皱起眉头说：“不行！我不能让我的孩子住在这里了！”孟子的母亲就带着孟子搬到市集靠近杀猪宰羊的地方去住。到了市集，孟子又和邻居的小孩学起商人做生意和屠宰猪羊的事。孟子的母亲知道了，又皱皱眉头说：“这个地方也不适合我的孩子居住！”于是，他们又搬家了。这一次，他们搬到了学校附近。每年夏历初一这个时候，官员到文庙，行礼跪拜，互相礼貌相待，孟子见了，一一都学习记住。孟子的母亲很满意地点着头说：“这才是我儿子应该住的地方呀！”

孟轲的母亲为选择良好的环境教育孩子，多次迁居，以防他学坏。后来，大家就用“孟母三迁”来表示人应该要接近好的人、事、物，才能学习到好的习惯！

我国古代启蒙读物《三字经》里很早就有“人不学，不知义”“苟不教，性乃迁”之说，于是人们很早也就明白了，人是需要教化的，教化是需要一个过程的。那么人到底怎样才会成其为人？教化又是怎样的一个过程呢？

人从出生到6岁时是完全依赖于他人的，此后在正式成人之前还必须在某种程度上依赖他人的直接帮助。正是在这一段时间里，人逐渐地摆脱了“淘气”获得了“教养”，逐渐掌握了基本的生存能力、学习能力以及社交技能等。

科学研究表明，人最初根本不具备任何社会本能。人类的生存技能和科学知识都是在社会生活过程中通过学习慢慢积累起来的。在婴儿的成长过程中，与母亲的互动对婴儿的成长有着十分重要的作用。母亲和婴儿的互动（比如怀抱和亲吻）不仅满足了孩子身体生长发育的需求，也会影响孩子的情感。一项对比试验表明，经常接受母亲抚摩的婴儿神经系统发育得快，比其他婴儿更活跃，体重增加的速度会比那些不受抚摩的婴儿快47%。如果最亲近的人长期不能在亲密距离中相处，会导致情感缺失，甚至会在生理上出现不良反应。

美国威斯康星大学的心理学家哈洛对恒河猴做过一个实验，在一个笼子中设置两个“母亲”，哈洛用铁丝做了一个代母，它胸前有一个可以提供奶水的装置；然后，哈洛又用绒布做了一个代母。他写道：“一个是柔软、温暖的母亲，一个是有着无限耐心、可以24小时提供奶水的母亲……”一开始，哈洛把一群恒河猴宝宝和两个代母关在笼子里，很快，令人惊讶的事情发生了。在几天之内，猴宝宝把对猴妈妈的依恋转向了用绒布做成的那个代母。由于绒布代母不能提供奶水，所以猴宝宝只在饥饿的时候才到铁丝代母那里喝几口奶水，然后又跑回来紧紧抱住绒布代母。当把绒布代母拿走之后，猴子们产生了严重的行为问题。哈洛和他的同事证明了“接触所带来的安慰感”是爱最重要的元素。

心理学家施皮茨比较了两组孩子，一组是在监狱托儿所中受到自己母亲照顾的孩子，另一组是在孤儿院中由称职的保姆看护而没有得到自己母亲亲自细心照料的孩子。虽然在孤儿院孩子刚入院后在身体素质、发育和智力指标上要高得多，但是不到4个月，这些指标就开始下降，情况并不断变化，他们不会说话，不会自己进食，也养不成清洁的习惯。监狱托儿所的婴儿却在健康成长，因为他们在生命头12个月里与其母亲有着密切的感情交流。

对儿童安全的巨大威胁则是与母亲分离所造成的创伤。婴儿和幼童应该与母亲（或是长期充当母亲的人）有个温暖、亲密和连续的关系，婴儿和母亲双方在这关系中都能得到满足和愉快；这对于人格的健康发展是必不可少的。约翰·鲍尔贝说："生命的头3年中长期的分离（指母子关系）对孩子的人格有着特有的影响。在临床上，这种孩子感情淡薄，十分孤僻。他们不能开展与其他孩子和成人间的正常联系，从而得不到名副其实的友谊。"

从婴儿成长为成人有一个漫长的过程，婴儿时期只有一些简单的情绪和表情，随着时间的推移，婴儿慢慢地成长，他开始能区分自己的父母亲与别人，随后能对母亲的微笑和表情做出回应，直到学会走路、学习。孩子在与父母亲的互动交流和周围的人的模仿学习下，慢慢长大，成长为一个真正意义上的人。

自我肯定来自于别人的肯定——镜中我

随着人的不断成熟，每个人都会在心里问这样的问题："我是谁？"这就是自我认识的开始。从古至今，人们探讨人类对于自我的认识这个问题就从来没有停止过。古希腊大哲学家亚里士多德说过，"人天生是一种政治动物"，所以，"他要么是一位超人，要么是一个鄙夫"，或者，"要么只是禽兽，要么是个神"。近代科学和政治学的重要奠基人霍布斯说，人是自私的，是追求自己利益最大化的极端的个人主义的东西。法国思想家蒙田则说，人是一种奇妙的、无聊的、浮躁的、反复无常的东西。那么人到底是什么呢？

19世纪末和20世纪初的社会学家和社会心理学家库利认为，人事实上是无法在没有人的环境下认识自我的。库利提出，人对自己的了解实际上是通过他人对自己的看法来获得的。

库利是美国早期著名的社会学家和社会心理学家，他对传播与人的社会化问题进行了深入的研究，并提出了“初级群”和“镜中我”的概念。“镜中我”是社会角色和社会互动的经典概念，是库利在1909年出版的《社会组织》一书中提出的，源自库利对自我的反映特征的一个比喻：每个人都是另一个人的一面镜子，反映着另一个过路者。

库利认为，一个人的自我观念是在与其他人的交往中形成的，一个人对自己的认识是其他人关于自己看法的反映。人们总是在想别人对自己的评价之中形成了自我的观念。“一个人对于自我有了某种明确的想象——即他有了某种想法——涌现在自己心中，一个人所具有的这种自我感觉是由别人思想的、别人对于自己的态度所决定的。这种类型的社会我可以称作‘反射的自我’或曰‘镜中我’。”因此，认识自我是在与他人的联系中形成的，这种联系包括三方面：关于他人如何“认识”自己的想象、关于他人如何“评价”自己的想象、自己对他人的这些“认识”或“评价”的情感。

按照库利的说法，“自我”是社会的产物，其发展经历了三个阶段：设想自己在他人面前的行为方式；做出行为后，设想他人对自己行为的评价；根据自己对他人的评价的想象来评价自己的行为。简单地说，就是他人是一面映照自己的镜子，我们从他人那里感受到自己和理解自己，就像照镜子一样。

库利提出“镜中我”的概念，用以强调个人与社会之间有机的和稳定的联系。他认为问题不在于承认个人或社会哪一个处在优势，而是要考虑个人如何存在于群体之中，以及群体如何存在于个人之中。与他的群体论相一致，他假定：“一个单独的个体是未曾经历的抽象；同样，一个社会，当被视为与个体分离的事物时也是如此。真实的是，人的生活可以从个人方面去考察，也可以从社会的即总的方面去考察。”

在家庭中，孩子通过父母赞同或者反对形成自我意识；通过注意父母的手势和话语，并开始认识到父母的期望、评价和意见，并通过惩罚获得对父母反对意见的认知。由此，一个淘气的孩子渐渐地成长为社会可以接纳的人，成为一个有教养的人。

不要小看孩子的“过家家”——角色借用

每个人在小的时候都玩过“过家家”的游戏，四五个小孩在一起，一个演“爸爸”，一个演“妈妈”，剩下的分别演“兄弟姐妹”，这下家里的人员就组织齐全了，然后孩子们就模仿成人世界里的活动，比如，“妈妈”开始做饭了，“爸爸”出去买酱油了，“哥哥姐姐”带着“弟弟妹妹”出去玩……

“过家家”，是在不同文化背景下的孩子们所共同拥有的一种游戏。不要小看孩子们天真的“过家家”，因为这是小孩子们人格发展过程中自我意识的萌芽，是他们意识到自己与父母之间存在很大差异的开始，应该说是每一个孩子成长为具有独立人格的人的必经过程。社会学上把孩子们开始模仿自己之外的人的行为活动称为“角色借用”。

角色借用最初是由乔治·赫伯特·米德提出来的。乔治·赫伯特·米德是一个符号互动论发展中最重要的人物，他认为他自己主要是一个哲学家。他的著作为社会学家们所接受，主要是由于在他死后他的学生发表了他在芝加哥大学的讲学笔记。

米德认为，在孩子出生的最初几个月里，他们并未意识到自己与他人是有所区别的。随着语言的发展和符号的理解，自我概念开始发展。当孩子们在思维中把自己当作客体并与其他事物区分开来加以想象和思考的时候，自我就形成了。他们可以与自己的自我“交谈”，可以对自我做出反应，他们本身形成了自我的客体。

米德将自我分为两个部分：“主我”与“客我”。“主我”包括每个人自发的、独一无二的“自然”特征，如在每个正常婴儿和儿童身上都有的无约束的冲动和动力。“客我”是自我的社会部分——对社会要求的内化和对那些要求的个人意识。“主我”首先发展起来。由于婴儿必须首先领会社会对他们的期待，因此“客我”要经过很长时间才得以出现。米德认为自我的发展包含主我和客我之间的一系列连续交流，在这种交流过程中，主我不断地对变化着的客我做出反应。

从米德的观点看，客我在社会化过程中经历了三个极不相同的阶段，有三种形式：模仿、嬉戏与群体游戏。

模仿阶段包括人的一生中最初的两年时间。在这个阶段，儿童仅仅从事米德所说的与父母“手势交流”活动，模仿父母的动作。在这个时期，真正的“客我”尚未发展起来。

第二阶段或嬉戏阶段从两岁开始，大约持续几年的时间，这时孩子开始从事角色借用：他们把自己想象为处于他人的角色或地位，从而发展起从他人的角度看待自我与世界的能力。这一时间是最先使他们发现自己的思想和目标与父母未能满足他们某种或多种需求从而遭受挫折的时候。

起初，儿童开始借用的角色是重要他人的角色。重要他人即指与儿童相处十分密切、同时对他们自我发展影响最大的那些人。一般来说，第一个重要他人是父母或代理父母之职者；到后来，兄弟姐妹、家里的朋友以及其他一些非亲非故者陆续加入儿童的借用角色之中。在这个阶段，当儿童模仿他人角色的时候，他们实践着重要他人所期待的态度和行为。儿童也许首先演偷饼干的坏孩子，然后假装呵斥坏孩子的父母，最后扮演解决问题的警官。就是在这个阶段，儿童才开始第一次把自己看作社会客体：“我在做此事”“他要糖果”。虽然“客我”在这个阶段得以发展，但儿童还是不能理解角色借用的意义，他们只是在玩耍生活中的社会角色。

三四岁以后，一个人的群体游戏阶段就立即开始了。在这个阶段，儿童开始走出家庭，与更多的人和群体发生联系，同时他们也把家庭看作他们所隶属于的群体。儿童开始关心非家庭群体，包括作为整体的社会中所扮演的角色。他们发展起了一般意义上人们对他们的要求和期望的观念，即米德所说的一般他人。在游戏中，如玩垒球，儿童必须考虑许多人在同一时间扮演许多不同角色时的相似行为。他们必须知道周围的整个情势。这样做时，他们借用的是一般他人的角色。当能够这样做时，他们已将“社会”内化了，“客我”的形成过程已经完成。

白领出逃是社会进步还是认同危机——认同危机

生活在农村或城郊的人们，谁不渴望到大都市去生活，各种各样的人才如潮水般涌进大城市的现象已经不再新鲜。然而新鲜的是，在上海工作的白领们宁愿放弃当下令人艳羡的工作，而甘愿到其他相对较小的城市去生活。就像围城一样，外面的人想进去，进去的人想出来，这到底是怎么一回事呢？

在快节奏的工作与生活压力下，越来越多的上海白领觉得自己身心俱疲，却找不到目标。为了消除焦虑、减缓压力，一些白领索性辞去工作，移居到其他城市，寻找另一种相对轻松的生活方式。

白领的出逃并不仅仅是因为工作压力过大的问题，在身份认同上的强大危机才是白领出逃的最大原因。白领们有着一个光鲜的称谓，表面上有优厚的薪水，但巨大的生活压力和风险预期的不成比例，让白领阶层的焦虑有升无降。不断疯涨的房价、令人生畏的医疗费、居高不下的失业率，既可以让社会底层群体“买不起房、看不起病”，并成为阻遏他们向上流动的经济瓶颈，当然也会时刻威胁着中产者看似体面风光的生活，蚕食乃至吞噬他们所谓的高薪，使其备感生活的易碎。

与“上海部分白领欲移居外地”相联系的一个数字是，我国社会的中产阶层的认同意识正在下降，甚至比10年前的认同度还低，并且有关研究表明，很长一个时期以来，大约有5%的人不能保持中间收入位置，他们绝大部分遁入了社会收入的最底层。也有学者从统计学上验证了中等收入者的脆弱性、不稳定性。由此看来，正是认同危机的产生，导致了白领的“出逃”倾向。

认同危机使白领感受到了来自工作和内心的双重焦虑。自我身份无法得到社会的认同，使身处大都市的白领感觉到了空前的孤独感，于是他们选择了远离。

认同危机并不是只发生在人生的这一个阶段，其实在人生的各个阶段都会发生，并随着人一生不同时期的发展而变化。认同危机是著名社会学家艾里克森提出的一个重要概念，他认为人格发展的每一个阶段都由“认同危机”产生，通过对危机的解决，人获得了一个稳定的自我，他将自我的发展分为八个阶段。

（1）婴儿期的信任和不信任。在婴儿时期需要得到了满足，就会产生信任；反之，就会孕育一种基本的不信任。信任与不信任的危机会对人的一生产生重要影响，但随着世事的发展和认识的提高与改变，信任与不信任也会发生转换。

（2）儿童早期的自主与怀疑。随着儿童运动机能和大脑智力的发展，自主（独立的感觉意识）开始出现。如果父母能够让孩子做力所能及的事，就会让他们感受到自己有能力控制自己的肌肉、冲动、自我以及周围的环境。当然，在实践的过程中，儿童有时候会怀疑甚至害羞。此

时，如果父母没有耐心而代替儿童去做的话，就强化了儿童的怀疑意识。在儿童进入其他发展阶段后，就会感到更加害羞和怀疑，而不是自主，从而影响人的自主意识的获得。

（3）学龄前的主动与内疚。在差不多能够上学的时候，儿童已能控制自己的身体。在这个阶段，孩子开始尝试创造，不过孩子对自己创造的认同主要来源于父母的评价，如果父母否定孩子的行为，就可能使孩子产生一种强烈而持续的内疚感。

（4）学龄早期的勤奋与自卑感。在小学阶段，儿童希望能够对事物的道理获得了解，如果成年人鼓励儿童努力去探讨，譬如搭房子，就会加强儿童的勤奋感；但父母如果把孩子的努力看作是“捣乱”或“调皮”，或者要求儿童遵守成人的规则，就会使儿童产生自卑感。

（5）青春期的认同与角色混淆。进入青春期的时候，孩子的身体发生了变化，看待世界和思考问题的方式也有了重大的改变。这是因为他们的角色结构发生了较大的变化，特别是增加了一些新的角色，如男友、女友、运动员、学者及许多其他的角色。如果这些角色能够顺理成章地进入，而且在此之前已经形成了较强的信任感、自主感、主动性和勤奋感，那么，进入青春期后就比那些没有形成这些感觉意识的人有更好的机会获得强烈的自我认同感和避免角色混淆。

（6）青年时期的亲密与孤独。在艾里克森看来，亲密是指一个人在无须虑及自我认同丧失的情况下热爱另一个人和关心另一个人的能力，如果不能与他人亲近，就会生活在孤独之中。而亲近他人的能力在很大程度上又取决于自我认同的强度。

（7）中年期的代际关怀与自我沉浸。进入中年的人，已有了丰富的人生阅历，他们的关怀也因此超出了自己的家庭，更关心下一代的成长，关心下一代的生活状况。这就是艾里克森的“代际关怀”。如果这个年龄的人没有形成代际关怀，就会沉溺于自我，个人的需要和舒适就会成为他们的主要关怀。

（8）老年期的完美与绝望。这是人生的最后阶段，在这个时期的人已有了更多的时间来思考，如果人对自己的一生感到满足，就会产生完美的感觉；否则，如果后悔自己在一生中的过失和丢掉的机会，就会陷入绝望之中。

留守儿童为什么性格孤僻——社会环境的影响

什么是留守儿童？“留守儿童”，是指父母双方或一方流动到其他地区，孩子留在户籍所在地并因此不能和父母双方共同生活在一起的14周岁及以下的儿童。其前提条件是：

第一，他们是儿童（年龄在14岁以下）。

第二，他们的父母双方或一方常年流动到其他地区，不在自己身边。

第三，他们留在户籍所在地，被寄养在祖辈或父母的亲戚朋友家里，而他们的日常费用开支由父母提供。

留守儿童主要分布在农村地区，农村留守儿童是关注的重点对象。“有一个比较准确的数字，全国第五次人口普查结果显示，中国流动人口超过1.2亿，随父母亲进城的农民工子女则有近2000万，其中学龄儿童占44%，有800多万。”

他们的父母外出务工，他们被寄养在爷爷奶奶、外公外婆等祖辈家里或其他亲戚家中，而自己的家里则常年无人居住，这样的儿童长期处于一种亚家庭状况，得不到父母亲情，家庭教育也存在着严重的危机。

父母在外打工致使留守儿童的生活中缺乏亲情，而亲情关系会直接影响孩子的行为习惯、心理健康、人格与智力发展。研究表明，亲子抚养比隔代抚养和寄养能更好地促进儿童的身心健康发展。由于父母不在身边，留守儿童长期缺乏亲情的抚慰与关怀，往往焦虑紧张，缺乏安全感，人际交往能力较差。

亲情的缺乏和家庭教育的缺失，致使对于孩子的成长缺乏足够的关注和指导。而青少年正处于情感、性格变化的转折时期，长期与父母分离，极易使他们的性格变得内向、自卑、悲观、孤僻。

另外，通过调查发现，在留守儿童中，放纵溺爱型家长的比例比其他儿童中的比例要高得多。究其原因，主要是监护人管不了、不敢管、不会管，外出父母则管不够、舍不得管，留守孩子几乎生活在无限制状态下，无形中助长了其自私任性、霸道蛮横、逆反心理重、以自我为中心等极端性格。而且随着父母外出时间长短而发生变化，一般显示为时间越长，性格变化越快，且年龄越小，变化越大。

外出务工的父母，一般都从事体力劳动，收入微薄且工作也比较繁忙，没多少空闲的时间，他们往往常年在外，很少回家。一般一年以上回家一次，个别家长5年以上没有回过家。“留守儿童”主要是通过书信、电话与父母进行联系，但次数很少，一般要一个月左右才联系一次，有的半年以上联系一次，有的甚至一年到头几乎没有联系。

总体来说，外出务工的父母与子女之间的沟通较少，鉴于联系的方式多是电话，往往无暇顾及孩子的学业、品德和心理状态等问题。

由于父母不在身边，儿童和监护人之间的关系特殊，只要不犯大错，监护人对孩子的行为一般都采取认可态度。由于缺乏及时有效的约束管教，部分留守儿童纪律散漫，存在行为偏差。调查中发现，许多留守孩子在家里不听祖辈教导，在学校道德品行较差，不遵守规章制度，常有迟到、旷课、逃学、说谎打架、欺负同学、向小点的同学索要钱物等行为，有的迷恋桌球室、网吧和游戏厅，甚至与社会上一些有不良习气的成人混在一起。对留守孩子的种种行为问题，监护人、家长、学校等方面都感到难以控制。

由于父母不在身边，当孩子们有心事时，找不到一个合理的倾诉渠道，所以一些消极的情绪会慢慢郁结在心中，无法得到有效疏导。中小学生正处于身心迅速发展的时期，对自身变化、学业压力、人际交往等方面有独特的理解与认识，也产生了许多烦恼与冲突。这时，他们需要畅通的倾诉渠道，更需要正确的引导。但由于远离父母，缺少了起码的与父母交流的机会，而爷爷奶奶往往无暇顾及他们的情绪情感变化，常引发如感情脆弱、自暴自弃、焦虑自闭、缺乏自信、悲观消极等种种心理病症，这对他们的心理健康是极为不利的。据调查，留守子女宣泄烦恼的途径，占51.2%的人选择“憋在心里不说，写日记”，选择“和同学或朋友说”的占23.5%。由于缺乏或者不愿意采取与监护人或老师交流这些正式的宣泄方式，过半的孩子积压忧郁，必然产生自卑心理，所以，在留守儿童当中，极易形成这种畸形心理和孤僻的性格，心理问题的形成是一个长期的过程，其解决也是一个长期的过程。

据社会学家的有关调查显示：从留守儿童对家庭生活期望上看，54.5%的留守孩子希望“和爸爸妈妈在一起”，希望“和亲戚共同生活”占8.6%，希望

“一个出去一个在家”占36.9%，这表明孩子当前有严重的“亲情饥渴”。尽管如此，35.6%的留守子女却表示与在外打工的父母相处时感到生疏冷漠、交流困难，可见长期的分离和缺乏联系使得亲子关系会出现障碍，甚至出现“亲生后母现象”，这无论对父母还是孩子来说，都会造成一种心理上的巨大创伤，尤其是对孩子来说，可能会使他们将来出现性格冷漠等许多心理疾病，严重影响他们将来的健康发展。

在了解留守儿童心理感受时，发现回答“看到别的小孩和父母在一起感到难受”比例最高，占41.3%；“孤单无助，感到被遗弃”占27.7%。可见，亲子关系缺失对留守子女的心理健康、人格发育带来了严重后果。甚至还有6.6%的子女表示有过“有离家出走”等念头或行为。可见，亲子关系缺失给这一群体的心理健康发展蒙上了浓厚的阴影。

自有人类历史以来，最重要的社会化群体一直就是家庭。这种连续不断的重要性源于它在一个人一生中关键的头几年中所处的最初社会化主体的地位。社会化是从家庭开始的，在这里孩子们学会认识他们是谁，他们能够和应该从他们的社会期望些什么，这个社会对他们期望什么。

在完成社会化任务的许多方面，家庭都是理想的场所。因为家庭是一个初级群体，其成员之间有大量的面对面的接触，儿童行为能得到密切的注视，错误和不宜的行为可以在早期就被发现并得到纠正。由于留守儿童的父母不在身边，不完整的家庭不能担负起孩子最初社会化的责任，再加上其他的一些社会化机构对孩子们产生的不良影响，很容易导致留守儿童心理和性格上的问题。

是谁在教育你的孩子——大众传媒的影响

大众传媒指的是传播到广大人群之中并对你产生影响的传播方式，尤其是指报纸、杂志、电视和广播。在大众传媒出现之前，信息传递速度很慢，主要靠口头传达。现在的信息几秒钟之内就能一下传遍全世界。人们只要轻轻按一下按钮，就可以轻松地看到自己想看的新闻、电影、电视剧。因此，现代的儿童已经成为“电视的一代”或者“网络的一代”，因为电视、网络等传播的公开性，成人和儿童之间不再有秘密，儿童迷失在了如此强势的成人信息网络系统中。

在现代社会，大众传媒已经成为社会成员获取信息和社会生存资源的重要途径，报纸、电视、电影、杂志和互联网等传播媒介在给人们带来快捷和便利的同时，也表现出了诸多弊端。从20世纪早期学者们不断忧虑的电视问题开始，至今人们没有停止过对它的关注。如果那个时期有识之士担心的还仅仅是电视减少了家庭成员的交流、造成未成年人阅读时间减少和观众“傻瓜化”倾向等，那么现在这些问题非但没有减少，还暴露了更多的其他问题，并且日益显性化。

1. 向往超自然的魔幻力量，脱离现实社会

从“哈利·波特”现象的风靡全球，到《指环王》《午夜惊魂》的离奇惊悚，此种情节离奇、悬念跌宕的惊险刺激的故事片，一度为人们所津津乐道。这些电影的走俏使许许多多的儿童沉迷其中，脱离现实生活。

2. 影响孩子们价值观的形成

演员作为一种特殊符号，通过大众传媒传递一种新的审美标准，毫无辨识能力的孩子们盲目地模仿演员们怪异的神情举止和奇异的着装搭配。如果是女性，一般要有暧昧的眼神、扭动的腰身、奇异的装扮；歌词要有爱，最好是痛不欲生、欲罢不能的爱，歌声也可以不圆润优美，呼喊号哭、捶胸顿足皆可。现代社会，如果哪天打开电视、报纸、杂志或者互联网，想不看到上述那些新鲜的时尚都不行。多少父母在问：“电视里出现成年男女亲热的镜头时，我该不该把4岁孩子的眼睛蒙起来？”问题是，如果真要蒙的话，那只好让孩子成天戴着眼罩生活了，因为家里电视机可以不看，走在大街上广告牌是没法不看的。不论静态广告还是动态广告，动辄俊男靓女，很多内容在宣传产品的基础上迎合大众的口味，以媚俗的形式出现，深刻影响着孩子的价值观的形成。

3. 广告误导儿童的消费，损害儿童的身心健康

儿童广告会刺激儿童购买欲，并能通过儿童来影响父母的购买行为。有调查结果表明：孩子对家庭消费的平均影响力已超过25%；在与孩子的生活密切相关的消费品方面，孩子的平均影响力约达60%。他们太容易受广告的影响。电视广告轻易地操纵着儿童的信念和喜好。在传媒的误导下，他们只想通过消费满足自己的愿望，提高自己在伙伴中的地位、威信。大众传媒，尤其是广告，不仅刺激儿童消费，而且对他们产生不良影响。

4. 对暴力的崇拜，增加儿童暴力行为

影视文艺作品中常常拿黑社会、黑势力、流氓、打斗、施暴作为渲染的噱头，以吸引人们的眼球，成为媒体的卖点；网络游戏中风起的枪杀等都大大激起了儿童的暴力倾向。此外，大众传媒中的暴力，并非单是杀人、放火、流血等，任何有明显而具体的语言或行为的使人屈服而无论是否有伤亡的情景均属暴力。

口语暴力、武器暴力、物品暴力均为暴力的展示方式。传媒中渲染的暴力或“软暴力”，容易给儿童造成错觉，以为现实世界就是这样。另外儿童还有极强的模仿能力，容易模仿暴力节目中的情节、手段。

5. 对性题材的滥用

出于吸引观众的需要，大众传媒无一例外地在其文本中加入了越来越多的性题材，从原先的遮遮掩掩、欲说还休，到后来的大胆挑逗，再到现在许多时段加长或篇幅加大的亲吻、抚摩、器官展示。如果说在“欲说还休”阶段还讲究些许唯美色彩的话，现在对人体器官的夸张突出，已经将人的视觉和感官还原为蒙昧状态，但即使是这样，文本的设计者似乎还担心不能吸引观众持久的关注，连卖牙膏、汽水、奶糖的广告统统都用上了性暗示。这种情况不仅在以普通大众为定位对象的大众传媒中存在，而且还在向似乎更为理性和高雅的学术杂志中蔓延，其学术表述方式也充满另类特征。

生活条件的改善提前了人们生理的成熟期，再加上大众传媒有意无意地“性刺激”，强化了青少年的性幻想，但没有合适条件承载的性刺激是令人担忧的。

说到底，大众传媒无法避免商品规律的影响。为争取大众收视率而不可避免的媚俗倾向，使得大众传媒承载的信息难免鱼龙混杂、良莠难辨。电子传媒的形象性、直观化使今天的儿童习惯于“看”而怠惰于“想”，“眼球文化”带来的是思想的浅薄和思考力的下降。电视瘾、电子游戏瘾、网络瘾毁掉了孩子的学业前程和身心健康，色情黄毒、暴力犯罪使花季少年迷失本性、堕入深渊。

现在很多教育专家都承认，大众传媒已经成为影响儿童成长的与学校、家庭、同龄伙伴并列的第四大因素。据我们了解，凡是孩子受传媒负面影响而出问题的，其父母往往缺乏媒介指导的意识或缺乏有关传媒的知识。因而，应发挥各方力量，加强媒介指导，为儿童成长保驾护航。

（1）要加强对儿童的媒介指导，指导孩子科学合理地利用媒介，识别虚假信息，排除有害信息，选择科学、有效的信息。

（2）电视台应考虑电视节目的“时间分类”以及“内容分类”，为儿童专门设置频道或栏目；对街头广告进行清理。

（3）建议政府及相关部门鼓励和倡导作家、导演为儿童多创作高质量的知识性和文学性作品，大力发展儿童电视艺术。

（4）提高创作者的素养。媒体产品面世的背后是一群创作者，从编导、设计、策划到具体操作，直至最后成形，是许多人共同劳动的结果。精品创作需要有精品共识，在基本价值尺度上，首先需要在这个群体的合作上取得共识。在这个价值和意识形态日趋多样性的时代，如何获得这样的一致，尚需更高层面共同理念的建构和较长时间的消化。

（5）加强对儿童接触电视、录像和电子游戏机的引导和控制。向家长、教师介绍有关知识和技巧，不断提高儿童对电子媒介的分析能力。

婚丧嫁娶——成长各阶段的重要仪式

一个人在成长过程中要经历很多不同的人生阶段，比如儿童期、青春期、成年期等，每一个时期不论是人的生理还是心理都各有其特点，而最重要的是不同的时期人所处的社会地位和角色是不同的，他人对你的社会期待也是不同的。社会对一个人进入新的人生阶段的期待都反映在了某种仪式上面，这就是所谓的人生仪礼。

人生仪礼又称个人生活仪礼，在社会学及民俗学上称“通过仪礼”。每个人在一生中必须经历几个生活阶段，人的社会属性是通过这些重要阶段而不断确立的。进入各个阶段时，总有一些特定的礼仪作为标志，以便获得社会的承认和评价。我们以平遥古城的婚丧嫁娶习俗为例，来一一展现这些人生仪礼。

平遥古城是我国现存最为完整的一座古代县城，是中国汉民族城市生态在明清时期的杰出范例，在中国历史的发展中，为人们展示了一幅非同寻常的文化、社会、经济及宗教发展的完整画卷。平遥古城保留着很多具有民族特色和地方特色的传统节日，这些传统民俗节日，囊括时令节日、纪念节日、祭天地节日、祭祖节日、祭神鬼节日等。它反映了人们的传统习惯、道德风尚和宗教信仰。平遥保留着完整的人生仪礼，如婚、丧、寿、生日庆典等，为我们展现了传统文化中对个人成长的纪念。

1. 婚嫁礼仪

婚姻嫁娶，是人生的一件大事，自古以来备受重视，既是一桩值得庆贺的喜事，又是非常注重礼仪的过程，表现的形式和手段有着深刻的象征意义，形成了一道亮丽的文化现象。

平遥婚礼过程，实行“六礼”，即：纳采、问名、纳吉、纳征、请期、亲迎。纳采：当儿女婚嫁时，由男家家长请媒人向物色好的女家提亲。男家在纳采时，需将大约30种有象征吉祥意义的礼物送给女家；女家亦在此时向媒人打听男家的情况。问名：即在女方家长接纳提亲后，女家将女儿的年庚八字带返男家，以使男方为他们占卜吉凶。纳吉：收到庚帖后，男方便会将庚帖置于神前或祖先案上请示吉凶，以肯定双方年庚

八字没有相冲相克。当得知双方并没有相冲相克之征象后，婚事已初步议定。纳征：即男家把聘书和礼书送到女家。在大婚前一个月至两周，男家会请两位或四位女性亲戚约同媒人，带聘金、礼金及聘礼到女方家中；此时，女家需回礼。请期：即男家择定合婚的良辰吉日，并征求女家的同意。亲迎：在结婚吉日，穿着礼服的新郎会偕同媒人、亲友亲自往女家迎娶新娘。新郎在到女家前需到女家的祖庙行拜见礼，之后才用花轿将新娘接到男家。在男家完成拜天、地、祖先的仪式后，便送入洞房。

2. 丧葬

平遥县民故后历为土葬，在举行葬礼时，保留着很多传统仪式和传统用物。这些仪式及用物包括吹、拉、弹、唱、书法、刺绣、剪纸、折叠、板印、沾帖、绳结、纸艺、面艺、插艺、缝艺等几乎所有民间艺术。丧葬程序为停尸、报丧、入殓、烧纸、出殡、圆墓、过七等。一般于三、五天烧纸，五、七、九天出殡。犯忌不宜出殡者，则寄停他处，另择葬期。出殡之日，亲朋近友均参加。起灵抬柩有十六抬、二十四抬或三十二抬。

3. 庆满月

平遥居民以生孩子为喜事。旧时，生男孩称大喜，生女孩称小喜。第一胎孩子不论男女，都要庆满月。满月的日期，男为29天，女为30天。也有在半月庆满月的，意取绊住，希望孩子长命。庆满月以产妇娘家亲戚为主，姥姥家要送银镯首饰及衣服、小被褥等物。其他亲戚则送三尺布，叠成“山”字形状。主家回赠背心、枕巾之类以示感谢。

4. 贺十三

平遥庆贺生日之俗至今仍很普遍。特别是贺十三，亲戚朋友届时纷纷登门道贺，贺礼多为面蒸“括篮”，上系银锁，用红绳与铜钱串结而成、三尺喜幛。外婆家来戚为上宾。待午时面向娘娘庙方向设供桌于院内，摆放供品。点灯烧香、燃放鞭炮，由奶奶为孙子“折枷儿”——用粉红、黄、绿纸条缠绕四根谷草秆，三根扎成三角形，一只手拿着套在脖颈处，另一只手持一根谷草秆，边打三个角边口中念吉祥语，以祈祷孩儿健康成长。之后将枷儿与娘娘花、娘娘鞋一同点燃。之后，设席款待全体亲戚朋友。

5. 祝寿

老年人从60岁始，每10年庆贺一次。隆重者，亲朋好友要赠献寿桃（面制）、寿幛、寿联等，以祝长寿。午时，要在堂屋摆寿礼、烧佛香、点寿灯，寿星高坐，晚辈依次拜寿。拜毕，设丰盛喜宴款待众宾客，欢度一日。

6. 节庆

平遥县民保留着很多具有民族特色和地方特色的传统节日，这些传统民俗节日，囊括时令节日、纪念节日、祭天地节日、祭祖节日、祭神鬼节日、祭动物节日等，充分展现了古代劳动人民对天、地、人、神、鬼、动物等一切和谐的向往，反映了人们的传统习惯、道德风尚和宗教信仰。通过这些民间传统节日，可以探索到古城文化丰富的内涵和渊源。

7. 祭祀

平遥县民的祭祀活动，分为神祭和祖祭两大类。过去崇神者居多，有“无庙不成村”之说。一般家庭均设各种神龛，灶王、关公、家神、财神、门神、土地都是供奉对象。专业艺人将本业祖师或神供奉于家中突出位置，以示敬业。不少人家将佛像或观音菩萨像置于闲房，每逢初一、十五设供烧香，以示虔诚。祭祀反映出人们祈求平安、富裕、家业兴旺之美好愿望。祖祭是对先祖的怀念。一般于年夕、清明、七月十五、十月初一或祖祀日祭之。

8. 迁居

现在在农村多有沿用旧习者，择日开工，供奉土地神；开工期间讲究高挑红旗，以镇邪气。新房合顶时，要贴对联、放鞭炮，并宴请工匠，表示谢意。迁往新居时，要先“填宅”，杀一只银红公鸡，以鸡血喷洒房院。搬迁时，要先搬进玻璃瓶子、案板、筷子、蜡烛、发面等东西，表示“平平安安”“快快乐乐”和“发福”之意。

人生仪礼既是社会物质生活的反映，也表现了一个民族的心理状态。人生仪礼在实践时往往与信仰民俗发生极大的关联，仪式所包含的社会特征与信仰特征交织在一起，形成复杂、多样的民俗结构，这种情况在我国的人生仪礼习俗中表现得十分突出。文化社会学家及民俗学家把人生仪礼分为三种类型：一是“脱离前状况”的仪式，如从怀孕到诞生是人生异常重要的变化，婴儿脱离母体表明脱离了孕育状态，诞生礼就是脱离前状况的礼仪。同样，死亡标志着生的结束，因此丧葬礼也是脱离前状况的礼仪。二是过渡阶段的礼仪，如出生到成年之间、结婚到死亡之间所经历的各项有关仪式都属此类。第三是进入新状况的礼仪，如成年礼、结婚礼等都表明进入新的人生阶段。

礼仪是人们生活和社会交往中约定俗成的，人们可以根据各式各样的礼仪规范，正确把握社会互动的尺度，处理好社会关系。如果没有这些礼仪和规范，人们往往在交往中感到手足无措。礼仪是塑造形象的重要手段，尤其是人生仪礼，目的就是使接受了仪式的人有了一种进入人生新阶段的觉悟，同时也让其他人认同他将要扮演的新的社会角色。

每个人都不能离开社会和群体独立生活，人们在长期的交往活动中渐渐地产生了一些约定俗成的习惯，久而久之这些习惯成了人与人交际的规范，当这些交往习惯以文字的形式被记录并同时被人们自觉地遵守后，就逐渐成了人们交际交往固定的礼仪。礼仪是在人们的社会活动中，为了维护一种稳定的秩序、保持一种交际的和谐而应运产生的。时至今日，礼仪依然体现着这种社会功能。

PART 02

明天可以不上学吗
——看看我们的成长与教育

学校分快慢班并不是因材施教——能力分流

我是一名刚刚初中毕业的学生，我所就读的中学管理不是很严格，属于普通中学。初三总复习时，我们年级分了快慢班。开始时，我也怕分到慢班，就和同学们一样加紧学习，不再像以前那样放松，后来如愿以偿被分到快班。

分到快班感觉很不一样。分班前，我班许多不学习的同学上课总是捣乱，老师没法管，课都上不好，一些想学习的同学都没办法安心学习。不爱学习的同学又迫于老师和家长的压力，硬着头皮像“听天书”一样听课。这样，不同基础的学生都无法受到适合自己水平的教育。后来，学校决定分班，这给了许多和我一样的同学一个警示，迫使我们努力学习。分班后，在快班，老师不仅加大作业量，课堂容量也增大了，而且通常只讲难题，不像以前那样面面俱到地讲所有题目了，但是课堂纪律却很好，没有一个人捣乱。这样，同学们的学习积极性调动起来了，所学所练也是适合自己的拔高题，分数提高很快。慢班相对轻松，作业少，老师所讲所练多为基础题。基础分抓牢了，成绩自然也不差。

我是一个初三的学生，我们学校也分快慢班，而我就是快班的学生。可是，我并不觉得分快慢班是一件好事。有的同学因为几分之差与快班失之交臂，就开始怀疑自己的能力，否定自我，在以后的学习生活中产生思想障碍，导致成绩一落千丈，心态也变得不健康。我的一个好朋友就是这种情况。

自从以2分之差被分到慢班后，她变得沉默寡言，原来我们是最好的朋友，但分班后她却一直躲着我，路上见面都不打招呼。听说在他们班，她也总是自己戴着耳机坐在角落里，画着奇怪的图画，谁也不理，仅仅一年，成绩就已经掉到慢班中下等水平了。老师、家长都非常头疼，但是却没有办法。虽然她的心理素质不够好，分快慢班就对她产生了这么大影响，可是，如果不分快慢班呢？她也许就不会这样了。

这是两个中学生对于学校分快慢班后自己的一些真实体会。分快慢班现象在如今的中学里可谓比比皆是，并不是一个罕有的现象。这种现象对学生的成长发展并不能带来多大的好处。因为分快慢班之后，慢班学生认为木已成舟，不愿再学。慢班的教师认为反正是慢班，教差了也无所谓，学校也不能把他们怎么样。而快班的教学质量也不理想，因为快班的师生认为自己在快班，无论如何都比慢班强，缺少忧患意识和进取精神。

像这种单纯根据学生的学习成绩，而将不同的师资分配给不同的学生就是能力分流。快慢班的分班管理并不是真正意义上的因材施教，其实是一种能力分流的隐藏形式。这种能力上的分流可能从小学一年级就开始了，这无疑会使贫困的学生和学习差的学生的劣势情况雪上加霜。学习差的学生（尤其是来自贫困家庭的）由于家庭经济情况的原因，在入学之前家里一般不会为其提供适当的学前教育，比如阅读一些书籍和相关的计算机知识。另外，对于针对孩子们的补习班和一些特长班也只有家庭条件较好的家庭才能为孩子提供，而经济条件较差的家庭则不太可能为孩子提供这种教育条件。

因此，能力的分流与教育不平等息息相关。于是许多社会学家通过大量研究提出了对应原则的理论。这个理论认为，在那些学生来自不同阶级的学校中，学校对不同社会背景的学生都有不同的期望，也因为如此，社会阶级代代相传。

要鼓励还是要批评——教师期望效果

有这样一个美丽的传说：

塞浦路斯国王皮格马利翁善雕刻。他不喜欢塞浦路斯的凡间女子，决定永不结婚。他用神奇的技艺雕刻了一座美丽的象牙少女像，在夜以继日的工作中，皮格马利翁把全部的精力、全部的热情、全部的爱恋都赋予了这座雕像。他像对待自己的妻子那样抚爱她、装扮她，为她起名加拉泰亚，并向神乞求让她成为自己的妻子。爱神阿芙洛狄忒被他打动，赐予雕像生命，并让他们结为夫妻。

从此，“皮格马利翁效应”成为一个人只要对艺术对象有着执着的追求精神，便会发生艺术感应的代名词。后来被用在教育心理学上，也称“期待效应”“罗森塔尔效应”，比喻教师对学生的期待不同，对他们施加的方法不同，学生受到的影响也不一样。

在心理学领域，皮格马利翁效应也被译为“毕马龙效应”。“毕马龙效应”由美国著名心理学家罗森塔尔和雅各布森提出。他们在原神话的基础上，进行了一项有趣的研究。他们先找到了一个学校，然后从校方手中得到了一份全体学生的名单。在经过抽样后，他们向学校提供了一些学生名单，并告诉校方，他们通过一项测试发现，这些学生有很高的天赋，只不过尚未在学习中表现出来。其实，这是从学生的名单中随意抽取出来的几个人。有趣的是，在学年末的测试中，这些学生的学习成绩的确比其他学生高出很多。研究者认为，这就是由于教师期望的影响。由于教师认为这个学生是天才，因而寄予他更大的期望，在上课时给予他更多的关注，通过各种方式向他传达“你很优秀”的信息，学生感受到教师的关注，因而产生一种激励作用，学习时加倍努力，因而取得了好成绩。这种现象说明教师的期待不同，对儿童施加影响的方法也不同，儿童受到的影响也不同。借用希腊神话中出现的主人公的名字，罗森塔尔把它命名为皮格马利翁效应。亦称“罗森塔尔效应”或“期待效应”。这就是人们常用戏谑的口吻说的那句话：“说你行你就行，不行也行；说你不行你就不行，行也不行。”

皮格马利翁效应告诉我们，当我们怀着对某件事情非常强烈期望的时候，我们所期望的事物就会出现。对一个人传递积极的期望，就会使他进步得更快，发展得更好；反之，向一个人传递消极的期望，则会使人自暴自弃，放弃努力。

皮格马利翁效应是说人心中怎么想、怎么相信就会如此成就。你期望什么，你就会得到什么，你得到的不是你想要的，而是你期待的。只要充满自信地期待，只要真的相信事情会顺利进行，事情一定会顺利进行；相反，如果你相信事情不断地受到阻力，这些阻力就会产生。成功的人都会培养出充满自信的态度，相信好的事情一定会发生。这种称为积极期望的态度是赢家的态度——事前就期待你一定会赢，而且坚守这种看法。因此，只要你充满自信的期待，即使你期待时所把持的资料是不正确的，你仍然会得到你所期望的结果。在我们生活中，父母亲对我们的期望，老板对我们的期望，我们对别人的期望，特别是对儿女、配偶、同事、部属的期望，以及我们对自己的期望，都是对我们生活是否愉快有重大影响的期望。假如你对自己有极高且积极的期望，每天早上对自己说："我相信今天一定会有一些很棒的事情发生。"这个练习就会改变你的整个态度，使你在每一天的生活中都充满自信与期望。

皮格马利翁效应在学校教育中表现得非常明显。美国心理学家的研究显示，当老师在课堂上抽问学生问题时，老师会给那些成绩较好的同学较长时间来回答；而且回答错时，也会再给他们一次机会。在另一个实验中，老师对学生的期望甚至影响到学生在体育课上的表现。那些老师期望会有较好成绩的学生，在仰卧起坐和俯卧撑的项目里都获得了较好的成绩。另外，受老师喜爱或关注的学生，一段时间内学习成绩或其他方面都有很大进步，而受老师漠视甚至是歧视的学生就有可能从此一蹶不振。一些优秀的老师也在不知不觉中运用期待效应来帮助后进学生。在企业管理方面，一些精明的管理者也十分注重利用皮格马利翁效应来激发员工的斗志，从而创造出惊人的效益。

当然，皮格马利翁效应在职场员工身上同样适用，在现代企业里，皮格马利翁效应不仅传达了管理者对员工的信任度和期望值，还更加适用于团队精神的培养。即使是在强者生存的竞争性工作团队里，许多员工虽然已习惯于单兵突进，但我们仍能够发现皮格马利翁效应是其中最有效的灵丹妙药。有“经营之神”美誉的松下幸之助就是一个善用皮格马利翁效应的高手。他首创了电话管理术，经常给下属包括新招的员工打电话。每次他也没有什么特别的事，只是问一下员工的近况如何。当下属回答说还算顺利时，松下又会说：“很好，希望你好好加油。”这样使接到电话的下属每每感到总裁对自己的信任和看重，精神为之一振。许多人在皮格马利翁效应的作用下，勤奋工作，逐步成长为独当一面的高才。

从心所欲不逾矩——教育培养个人习惯

罗纳尔夫妇最近为儿子的坏脾气很头疼，虽然儿子保罗只有 6 岁，却脾气暴躁，稍不如意就大发雷霆、大喊大叫。为此，他们对自己的小叛逆者用尽了各种各样的方法。他们打他、罚他站墙角、逼他早点上床、责骂他、呵斥他，但这些都不起作用，小保罗的暴躁脾气依然如故。

这天晚上，一家人都在客厅里，保罗在看电视，罗纳尔夫妇在看报纸。保罗突然说想吃冰激凌，已经很晚了，商店都关门了，罗纳尔夫妇试图跟他解释，劝他明天再吃，然而，保罗的脾气又上来了，便倒在地上大哭大闹。他尖叫，用头撞地，挥手踢脚。这次，父母亲都被彻底激怒了，但却一时不知所措，于是他们便置之不理，他们一声不吭地继续读他们的报纸。

这恰恰是这个小叛逆最不期望的情形。他站了起来，看着他的父母亲，又倒下去把先前的“好戏”上演了第二遍。他的父母亲对此仍然没有任何反应。这一次，他们心照不宣地看着对方，然后惊讶地打量着保罗。保罗突然又倒在地上上演了第三遍，保罗的父母亲仍然不理睬他。最后，保罗大概也觉得自己趴在地上哭叫实在太傻了，于是自己爬了起来，回房间睡觉去了。从此保罗再也不朝别人乱发脾气了。

保罗的暴躁脾气之所以消失是因为没有得到强化。科学家曾做过这样一个有趣的实验：他们特制了一个大水槽，放进了一条鲸鱼和一些小鱼，很快，小鱼们被吃得精光，偌大的水槽里只剩鲸鱼在满足地游来游去。接下来，科学家们把一块特殊材料做成的玻璃板放进了水槽，鲸鱼和小鱼被分别放到了玻璃板的两边。看到食物就在眼前，鲸鱼凶狠地朝小鱼们游去，可是，鲸鱼结结实实地撞到了玻璃板上。莫名其妙的鲸鱼继续朝食物游去，每次都被撞得昏头昏脑，直到它终于意识到眼前这些小鱼是吃不到的，于是，鲸鱼放弃了继续进攻自己的猎物，它的猎食行为因为没有得到强化而消失了。后来，科学家们拿走了挡在鲸鱼和小鱼之间的玻璃板。小鱼看到鲸鱼就在眼前，于是纷纷逃避，鲸鱼却视眼前的食物如无物，再也没动过心思，多次的碰壁使鲸鱼认为：这些小鱼是吃不到的。最后，强大的鲸鱼居然饿死在水槽里。

这就是著名的强化—消失定律实验。它证明了人或动物的本能，如果没有得到强化，最后将会消失。强化—消失定律不仅仅是孩子和动物学习新行为的一种心理机制，也是成人通过肯定或否定的反馈信息来修正自己行为的手段。

对于成长期的孩子来说，日常生活中的好习惯和坏习惯同时存在，如何鼓励孩子保持好习惯，矫正不良习惯，一直是困扰父母的难题。如果适当运用强化—消失定律来做这项工作，事情就会变得容易很多。比如，父母如果在处理孩子的事情上奖惩分明，关注孩子正确的行为，使之强化；批评孩子的坏习惯，使之消失，孩子好习惯的培养一定会变得更为容易。

掌握强化—消失定律的关键是奖惩分明。如果孩子做错了事情，而且事先有声明他要对自己的行为负责任，那么父母绝对不可以姑息迁就，否则，言行不一致的父母无法在孩子面前建立威信，孩子也无法养成好的习惯。同时，如果孩子的行为值得表扬，父母绝对不要吝啬，也许只需要你说句话而已，但对孩子来说，那将是他们继续前进的动力。

对好行为、好习惯进行奖赏、进行强化，对错误的行为、坏习惯进行惩罚、让它消失是强化—消失定律的核心，因此，只有赏罚分明，强化—消失定律才能真正发挥作用。

但是我们很多家长在教育子女时虽然懂得有奖有罚，但却没有掌握好尺度。尤其是奖励行为缺乏目的性与引导性，导致过分的和不合时宜的奖励让孩子在规范的学习上陷入一种功利性的怪圈。

一位青年女教师正在上公开课。这位老师非常懂得赞美在教学中的作用，每当学生答对了问题，她都会毫不吝啬地说："啊，真聪明！""非常了不起！""棒极了！"

下课后，老师们来到会议室开始评课。听课老师普遍认为这位老师的课上得很成功，对她通过表扬来调动学生积极性的行为更是大为赞赏。

这时，一位专家不紧不慢地说："我发现这位老师在表扬学生的语言策略上还有需要改进的地方。""是吗？"所有在场的人都露出了疑惑的神情。

专家说："心理学家赫洛克曾做过一个试验。他以106名四五年级学生为被试者，要他们用5天的时间练习难度相等的加法，每天练15分钟。他把这些被试者分为4个组，每天做完加法作业后分别对各个组的同学施以表扬、训斥、忽视等不同的刺激，结果发现受表扬组的成绩最好。可见，赞扬确实是沟通的'法宝'，只要给予鼓励，就能加强他们的良好行为，这一点是不容置疑的。可是别忘了，任何事情都有两面性，奖励也是一样，虽然奖励在总体上能够达到激励的效果，但如果不注意讲究策略，不但效果不佳，还可能对人造成心理伤害。"

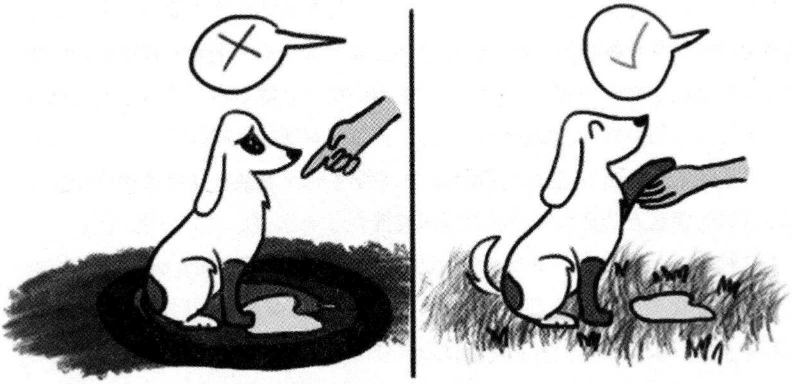

在教育子女的过程中，有的父母认为奖励就是给孩子买他想要的东西，给孩子的奖励越多，就越会让他们延续好的行为习惯。其实，这些想法都是片面的。

心理学家爱德华·德西于1971年做了一个实验。在实验中，他让大学生做被试者，在实验室里解有趣的智力难题。实验分三个阶段：第一阶段，所有的被试者都无奖励；第二阶段，将被试者分为两组，实验组的被试者每完成一个难题可得到1美元的报酬，而控制组的被试者跟第一阶段相同，无报酬；第三阶段，为休息时间，被试者可以在原地自由活动，并把他们是否继续去解题当作喜爱这项活动的程度指标。结果发现：实验组（奖励组）被试者在第二阶段确实十分努力，而在第三阶段继续解题的人数很少，表明兴趣与努力的程度在减弱；而控制组（无奖励组）被试者有更多人在休息时间继续解题，表明兴趣与努力的程度在增强。这个结果表明，进行一项愉快的活动（即内感报酬），如果提供外部的物质奖励（即外加报酬），反而会减少这项活动对参与者的吸引力。

这种现象在日常生活中也经常出现。有个孩子对画画感兴趣，自己在家很自觉、很认真地画画，画得很投入、很开心。这时父亲走进来，为了表示对孩子的关心，说："孩子你好好画，爸爸奖励你10元钱。"结果这孩子变成只为钱而画画，没有钱就不想再画画了。学校里，学生认真学习本来是天经地义的事，老师为了激发学生的积极性，经常发奖品，结果会发现没有奖品时，学生的学习积极性便大打折扣。

奖励如果不讲究策略，不但不会达到预期的效果，而且会适得其反。美国的一个学校采用发"代币券"的形式褒奖学生的做法就很可取。如果老师要褒奖学生的某种良好行为，就会给这个学生发一张价值若干元的代币券。这张代币券可以在学校的小卖部换取同样价值的小商品。如果学生不马上兑换代币券，或将自己的良好行为保持一段时间，抑或又有新的良好行为，他就可以到老师那里换取一张面值更大的代币券。如果学生仍不兑换，并持续保持良好行为，老师的褒奖方法则仍根据以上原则类推。

这种做法使学生的良好行为得到了持久强化。研究表明：人做某事的积极性等于成功概率和价值判断的乘积。也就是说，奖励的同时要给予人一定的期望，这样才会收到比当下良好行为更好的效果。一旦驱使你去做某件事的诱因消失，即使有再好的意向也难以实现，因为，谁都知道天下没有白吃的午餐，太早得到的葡萄一定不够甜。

培养良好的习惯是一个人成长过程中需要重视的一点，而家长与教师在教育过程中要注意赏罚分明，同时要注意奖励措施的合理性，把握好尺度，这样才能使激励的作用长久保持，才能让孩子们养成良好的习惯。

“说你行你就行，不行也行”——标签效应

在第二次世界大战期间，美国由于兵力不足，而战争又的确需要一批军人，于是，美国政府就决定组织关在监狱里的犯人上前线战斗。为此，美国政府特派了几个心理学专家对犯人进行了战前的训练和动员，并随他们一起到前线作战。训练期间心理学专家们对他们不过多地进行说教，而特别强调犯人们每周给自己最亲的人写一封信。信的内容由心理学家统一拟定，叙述的是犯人在狱中的表现是如何的好，如何的接受教育、改过自新等。专家们要求犯人们认真抄写后寄给自己最亲爱的人。3个月后，犯人们开赴前线，专家们要犯人给亲人的信中写自己是如何的服从指挥、如何的勇敢等。结果，这批犯人在战场上的表现比起正规军来毫不逊色，他们在战斗中正如他们信中所说的那样服从指挥，那样勇敢拼搏。后来，心理学家就把这一现象称为“标签效应”。

当一个人被一种词语名称贴上“标签”时，他就会做出自我印象管理，使自己的行为与所贴的标签内容相一致。这种现象是由于贴上“标签”后引起的，故称为“标签效应”。心理学认为，之所以会出现“标签效应”，主要是因为“标签”具有定性导向的作用，无论是“好”是“坏”，它对一个人的“个性意识的自我认同”都有强烈的影响作用。给一个人“贴标签”的结果，往往是使其向“标签”所喻示的方向发展。

心理学家斯弟尔的研究表明，如果贴的标签不是正面的、积极的，那么被贴标签的人就可能朝与所贴标签内容相反的方向行动。因此，在学校教育

中，教师应以此为戒，不可轻易地对学生做出评定，不要随便给学生贴标签，否则会影响师生的交往和学生对自己的认知。这就是标签效应给我们教育的启示。

“说你行你就行，不行也行；说你不行你就不行，行也不行。”这句俗话充分说明了标签效应对一个人的影响。一个人的成长尤其是在儿童时期，不但受制于先天的遗传因素，更脱离不开后天环境的复杂影响。在种种影响因素中，社会评价和心理暗示的作用非常之大。

学前部培训过近万名学龄前儿童，在组织课外活动以及课堂教学中，对他们的思想和行为特点、变化规律及影响因素，进行了跟踪观察和抽样调查，发现有一些现象值得研究分析。比如做游戏，有的孩子十分怯懦，有的孩子比较遵守规则，有的则特别顽皮霸道……不少孩子有一些古怪偏执的行为表现。

通过观察和访问家长，逐渐弄清了原委：原来，有些家长经常当着孩子和外人的面，或夸赞他们如何老实听话，或数落他们不爱吃这个、不愿吃那个，或无奈地感叹“这孩子越来越顽皮，真拿他没办法”等。讲得多了，孩子的性格和行为变得跟家长的评价越来越相像，这其中起作用的，就是“标签效应”。

儿童的心理发育、认知能力正处于起步阶段，对是非、善恶、美丑等界限的辨识能力较弱，外界的影响（无论有意识的还是无意识的）对他们的心理素质的形成起着决定性作用。当一个孩子意识到别人对自己的评价时，会下意识地产生一种认同感，并进而以此塑造自己的行为。而且，这种评价出现的次数越多，对人的心理和行为的塑造固化作用越强，甚至会左右终生。前面所讲的一些孩子的行为表现，就是由于一些家长无意中给孩子贴上了不正确的标签，使他们的不良心理和行为不断地得到强化。因此，正确运用“标签效应”，对儿童进行科学健康的心理和行为引导，具有特别重要的意义。

对于儿童的思想、品质、心理、知识、能力等内在素质的培育，学校教

育、社会教育和家庭教育各有其不可替代的作用。从时机上看，课外活动为儿童释放天性、张扬个性提供了时间和空间，也是对其进行引导的绝好时机。从教育者看，老师和家长（包括父母、祖父母、外祖父母等家庭成员）与儿童接触最多，在其心目中最具有权威性，这些人的评价对孩子的心理和行为也最具有影响力。由此，我们在教学管理中，始终要求老师不得随意给孩子的性格和行为特点下结论、贴标签，特别是不能做出可能产生负面影响的评价。同时，通过举办公开课、召开座谈会、发放征求意见书等形式，经常与家长探讨交流这方面的心得体会，共同担负起教育引导的责任。

在组织儿童课外活动的实践中我们欣喜地发现，巧用“标签效应”，不但使孩子们的特长和优点得到巩固发扬，而且帮助一些孩子矫正和克服了不良习惯。愿所有的老师和家长学会正确地“贴标签”，引导孩子健康快乐地成长。

为什么一定要考试——教育结果的评价

“考试”是我们每一个人学生时代抹不去的记忆，即使步入了职场，我们依然会面对各种各样的考试。一个人必须接受相应的教育才能完成社会化的过程，进而获得知识以及适应社会生活的能力。但是考试似乎成了对教育结果的唯一评价标准。考试内容的局限性不能够涵盖所受教育的全部内容，而且每个人都有自己的特点，而考试的评价方式并不能全面地反映一个人的实际能力。孔子就说过要“因材施教”，教育的目的就是把每个人特有的才能开发出来，并让他们找到适合自己的人生发展之路。然而用标准化的考试作为对教育结果的唯一评价标准，现在越来越显现出它的弊端。

我们通常所说的对某一事物或结果进行评价，指的是评价者依据一定的或客观的尺度，运用一定的技术手段，对被评价的事物的价值高低进行判断，这种评价包括对事物的质与量做出的描述和在此基础上做出的价值判断。评价行为从心理学角度来说是被评价事物的外部形象、内涵、容量以及功效在评价者的头脑中形成的主观价值判断。而所谓的教育评价是依据一定的教育目标，运用可行的科学手段，对教育活动进行的价值判断断并进而为教育决策提供依据的过程。

任何社会行为都承担着一定社会功能，而教育评价的功能主要有五个方面：

（1）诊断功能，为了保证教育过程顺利、有效地进行，教师或其他评价者往往在教育过程开始之前就对教育过程进行评价，根据评价结果制订教育计划、方案、教学手段等。

（2）反馈调节功能，及时获得教育结果和教育过程中的有关信息，并以此为依据及时调整教育活动，确保教育活动取得预定结果。

（3）鉴定总结功能，对某一教育过程所取得的教育成就和教育结果做出总结，进行价值判断。

（4）科学管理功能，促进教育管理科学化，加强对学校的科学管理，提高各级教育行政人员和教师的管理水平，改进管理思想和方法，加强管理效果和管理的科学性。

（5）激励导向功能，激励督促被评价者，促使他们看到自己的成就和不足，找到或发现成功或失败的原因，激发学习或工作的动机，调动主动性和积极性，增强工作、学习的热情和信心，最终保证教育过程顺利有效地进行。

教育评价本质上是一种价值判断，它的目的是通过对教育结果的合理的科学的评价来促进教育的进步。而教育价值观是教育评价的思想基础，对教育评价起着决定作用。现代教育价值观中，对于多角度的价值研究越来越受到人们的重视，人们对教育结果的认识越来越多地建立在现代教育学、心理学、管理学等多门科学的基础上，旧的教育价值观、学生观、人才观正在逐渐脱离人们的视野。现代教育评价越来越向着多元化的方向发展，而不是用单一标准来评价所有的人。

其实一直以来存在着两种教育评价的方法：第一种是实证评价，这种方法采用“指标—量化”的模式，预先设定一个目标，然后把教育的结果用数字表示出来进行评价；第二种是人文评价，这种方法采用“观察—理解”模式，能够对不同的教育结果进行合理的判断。

实证评价的方法有准确高效、适应性广泛、可移植性强、说服力强等优点，但同时也有重结果轻过程、忽视评价者与被评价者的交流、易造成评价信息的失真、缺乏灵活性等缺点。同样，人文化评价方法有着重视过程评价、强调评价过程中人与人的交流、方法灵活针对性强、重视评价中多种因素的交互作用等优点，同时也有总体效益较低、主观性强、对评价者个体依赖性较大、易受干扰等缺点。实证化评价方法和人文化评价方法都有各自的优点和局限性。过去我们更多的是采用实证的评价方法，而现在人们越来越重视个人特点的培养，所以对人文化的评价方法更看好。但如果要真正做到合理的教育评价，则应该集二者的优点于一身制定出合理且高效的教育评价法。

我国历史上的科举制度就属于比较一元化的教育评价方式和人才选拔方式。虽然在当时的历史条件下科举制度是有着优越性的，但是随着社会的发展和人们思想的进步，科举这种一元化的教育评价的弊端开始突显。

科举本来是作为政府选拔人才的一种方式，它相对于世袭、举荐等选材制度，无疑是一种公平的方法。从宋代开始，科举便做到了不论出身、贫富皆可参加。这样不但大为扩宽了政府选人才的基础，还让处于社会中下阶层的知识分子，有机会通过科考向社会上层流动。明清两朝的进士之中，接近一半是“寒门”——即祖上无做官之人——出身。但只要他们能考中，便能实现“朝为田舍郎，暮登天子堂”。科举自实行以来，为中国历朝发掘、培养了大量人才。1300年间科举产生的进士接近10万，举人、秀才数以百万。虽然其中并非全是有识之士，但能通过科考成进士者，多数都非等闲之辈。宋、明两代以及清朝汉人的名臣能相、国家栋梁之中，进士出身的占了绝大多数。

对于知识的普及和民间的读书风气的培养，科举亦起了相当大的推动作用。虽然这种推动带有功利性，但客观上由于科举入仕成了风尚，中国的文风普遍得到了提高。明清两朝时，秀才及以上的读书人数，大部分时间都不下50万人；把童生算在内则以百万计。其中除少数人能在仕途上更进一步外，多数人都成为在各地生活的基层知识分子，这样对知识的普及起了一定作用。

但是在考核的内容与考试形式上科举也有着重大弊端。由明代开始，科举的考试内容陷入僵化，变成只要求考生能造出合乎形式的文章，反而不重考生的实际学识。大部分读书人为应科考，思想被束缚，眼界、创力、独立思考能力被大大限制。科举一元化的教育评价方式限制了人才的出路。到了清朝，许多在文学创作及技术方面有杰出成就的名家，大多数都失意于科场。科举制度埋没了其他方面的杰出人物。

在我们传统的教育模式中，考试是一种选拔手段，考试强调的是分等功能，其目的是鉴别、选择适宜于更高一阶段学习的人。考试的这种分等功能的强化，使学生，特别是“学习困难学生”在学习上变得更加困难，在淘汰、挑选的过程中，“学习困难学生”一再失败，无法发现自己的潜能，无法激励自己，从而进一步使他们失去了发展过程中必不可少的内部动力。这种考试评价的方法让所谓的学习困难学生失去了进一步学习的机会，被无情地淘汰，这是一种教育不负责态度。学习困难学生其实只是在书本知识性教育或者与考试相关的科目上学习困难，而在其他方面却不一定是这样，教育的目的应该是让每一个人都能成为一个人格健全并且掌握社会生存技能的完全的人。因此我们的教育评价应该从单一的分等功能转变为开发个人潜能的发展性功能。

改变考试性的教育评价关键就在于放弃鉴别和选择的功能，不让考试成为教育评价的唯一标准，而应该让教育评价成为检查教育目标的达成水平、取得反馈信息、调整教育教学过程、及时针对缺陷和问题进行补救和矫正的一种手段。教育应该是为了帮助学生促进其发展，教育应该着眼于未来而不是着眼于过去。教育评价的方式反映的其实是一种教育价值观，因此我们应该从根本上转变我们的教育价值观，要认识到每一个都能够被教育成一个人格健全的人，教育的目的应该着眼于人的长远发展，而不是一个阶段是否能取得所谓的大的成就。

我们转变教育评价的观念与方法，应该把转变教育评价参与方式放在首位。我们过去的教育评价，教育者是评价的主体，受教育者是评价的客体。但是我们现在应该倡导多元化的教育评价，也就是让评价主体具有广泛的参与性：既包括教师、学校领导、教育行政机构，也包括学生及其家长。教师是教育活动的直接责任者，在整体教育教学活动中，教师能从多方面把握学生的发展状况，做出恰如其分的评价。学校领导是教育活动的领导者、管理者，理所当然地要对学校教育和学生身心发展状况做出及时评价，以调整教育措施或对策。教育行政机构应该对学校的办学方向、培养目标、教育教学工作进行调控、监督，也需要参与教育评价。学生家长自觉与不自觉地在评价自己的子女，家长作为评价主体是客观存在的事实。学生既是评价对象，也应成为评价的主体。

在这里特别要强调学生参与教育评价。通过学生的参与可以消除评价者与评价对象之间的紧张关系，可以提高他们自我完善、自我改进的积极性；学生参与评价，可以让学生深入了解教育评价的内容，促使他们主动地发现自己，主动地发展自己。学生通过参与教育评价，可以促进学生发展一种自我评估的能力，这种能力能够帮助学生在未来社会中不断选择适合自己的发展方向，进而对他的终身发展产生积极影响。

我们的教育应该是把每个人都培养成有素质且有专长的人，而不仅仅是选拔出少数的精英。我们现在提倡素质教育，就是要把教育评价的功能由选拔性转向发展性功能，使得受教育者都能得到充分发展，培养出现代社会职业所必需的品德、科学文化素质。现代的教育观念是承认个性差异，并因材施教，因势利导，所以教育评价也应该以改善教育手段为基本目标。

我们的教育评价不能是一种终结性的评价，即只针对每一个阶段的结果进行评价，而应该成为一种形成性评价，即通过实时地对教育中出现的各种信息进行反馈和调节，使教育始终保持在一个良好的运行过程中。这就好比是恒温器与温度计的差别，温度计只能显示现在的温度，而恒温器却能提醒人们如何进行温度的调节。只有在教育过程中不断地进行调整，才能把不良的结果控制在最小，进而为教育的整体进步打下基础。

考试是一种指标量化的教育结果评价方法，它有着它的优点。但我们应该明白，考试只是教育评价的方式之一，而不是全部。教育评价应该是多元化的、多角度的，只有这样，我们才能全面反映受教育者的个人特点，才能针对这些特点进行教育的规划，才能真正做到因材施教，才能让每一个受教育者都获得人生的发展。

PART 03

成年人的必玩游戏——职业与社会化

每一个人都是不可或缺的——分工、交换与人类社会的进化

社会生产分工是指人类从事各种劳动的社会划分及其独立化、专业化。现代社会就好比一台机器，这台机器上有许多的部件，承担着不同的功能，如果这些部件被我们看作成千上万个行业的话，那么在职场中生存的每一个人就是更加细小的一个一个零件。不同的人组成一个行业，不同的行业承担着不同的社会功能，只有这样社会才能良好地运转。这就是一般意义上的社会生产分工，不同的人从事不同的工作，每一项工作都能够满足一定的社会需要，这样全社会就在这种互相满足需要的过程中不断向前发展。社会生产分工能够提高整个社会的运行效率，就好比生产流水线的发明提高了生产效率一样，每一个人都只专注于一项特定的工作，就能够把这项工作做到极致，效率自然就提高了。

社会生产分工是人类文明的标志之一，也是社会不断向前发展的动力之一。从原始社会向现代工业社会的变迁也是一个社会生产分工由简单到复杂的过程。同时社会生产分工也是商品经济发展的基础。没有社会生产分工，就没有交换，市场经济也就无从谈起。社会生产分工的优势就是让擅长的人做自己擅长的事情，使平均社会劳动时间大大缩短，生产效率显著提高。能够提供优质高效劳动产品的人才能在市场竞争中获得高利润和高价值。社会生产分工最根本的体现就是“人尽其才，物尽其用”。

我们提到社会生产分工就要说到“三次社会大分工”。这一概念是恩格斯在《家庭、私有制和国家的起源》一书中提出的。这三次社会大分工发生在东大陆原始社会后期，即游牧部落从其余的野蛮人群中分离出来、手工业和农业的分离、商人阶级的出现。

第一次社会大分工是因为人类在早期的征服自然过程中，有些部落学会驯养动物以取得乳、肉等生活资料，随着较大规模畜群的形成，这些部落就主要从事畜牧业，使自己从其余的野蛮人群中分离出来，成为游牧部落。游牧部落生产的生活资料不同于其他部落，而且数量较多，从而促进了交换的发展，使经常的交换成为可能。放牧一群牲畜只需要少数人，于是，个体劳动代替了共同劳动，相应地出现了私有制，家庭也随之发生了变化。男子从事的畜牧业成为谋生的主要手段，男子在家庭中取得了统治地位。后来，农业和手工业也有所发展，谷物成为人类的食物，出现了织布机和青铜器，人们开始掌握矿石冶炼和金属加工。一切部门生产的增加，使人的劳动力能够生产出超过劳动力所必需的产品。于是战俘不再被杀掉，而被吸收为劳动力，成为奴隶。这样，就零散地出现了奴隶制。第一次社会大分工的结果产生了第一次社会大分裂，社会分裂为两个阶级：主人和奴隶、剥削者和被剥削者。

第二次社会大分工源于生产工具的进步。铁制工具的使用和生产技术的进步，促进了农业的发展和劳动生产率的提高，也使手工业向多样化发展。如此多样化的活动已经不能由一个人来进行了，于是发生了第二次社会大分工，手工业从农业中分离出来。随着第二次社会大分工，出现了直接以交换为目的的商品生产。交换的发展，使贵金属成为占优势的货币商品。在社会上一旦出现了货币财富，它便成为人们追求的对象和重要的生活目的，一些人会想方设法积累财富。在剩余产品逐渐增多的情况下，提高了人的劳动力的价值，在前一阶段还是零散现象的奴隶制，现在成为社会制度的本质组成部分。

第三次社会大分工是由于商品交换的发展，出现了一个不从事生产只从事交换的商人阶级，作为生产者之间的中间人。交换发展的需要产生了金属货币，货币借贷、利息和高利贷也相继出现。土地私有权被牢固地确立起来，土地完全成为私人财产，它可以世袭、抵押以至出卖。现在除了自由人和奴隶的差别以外，又出现了富人和穷人间的差别。这是随着新分工产生的新的阶级划分。财富更加集中，奴隶人数增多，奴隶的强制性劳动成为整个社会的经济基础。由于有了阶级对立，于是产生了国家。

经历了这三次社会大分工，人类社会终于走出了蒙昧野蛮的时代，开始进入文明社会。而后人类社会的发展就在这第三次大分工的基础上不断扩展，各种职业不断出现，使得全社会的分工越来越细，相应的社会生产效率也不断提高。在这里需要注意的是，在工业革命以前的几千年间，人类社会基本处于农业社会的自然经济状态，社会生产分工并不细致，而且变化非常缓慢。而在200年前工业革命以后，社会变迁加速导致了社会生产分工不断细化，直至今日新的职业依然不断出现。

对于社会生产分工很多学者都进行过研究，在恩格斯之后对于社会生产分工研究最重要的社会学家就是法国的涂尔干，涂尔干的名著《社会生产分工论》对社会生产分工与社会形成以及社会变迁做了深入的分析。涂尔干在书中重点回答了社会秩序何以成为可能，他强调劳动分工不止是一种经济现象，更是一种社会现象。涂尔干认为社会之所以能够形成，人与人之间之所以能够彼此依赖，关键就在于社会生产分工的存在；而且现代社会随着分工越来越细，这种依赖将更加深刻，表面上看现代社会个人更加自由，不像传统社会那样被家族或其他团体所束缚，但实际上细化的社会生产分工把每个人都拴在了一张大网上，每个人更加不能离开别人而独立存在。

社会生产分工

导致了生产者之间的相互依赖，每个人都要靠他人的工作来满足个人需求，这种需求隐藏在社会制度中，而这个制度化的过程提高了整个社会的凝聚力。不同的人之间形成相互依赖的关系也是交换产生的主要原因，而这种交换总是有赖于一定程度的劳动分工。劳动分工也使得相应的职业道德和职业规范能够有效地组成一个体系，这个体系最终形成了社会的规范，使得社会能够有秩序地存在下去。随着社会生产分工的不断发展，那么社会规范也同样会发展。

涂尔干说过："如果社会中所有的个体都能完全遵循私人利益并且依此制定合约，那么社会就能运行，如果共同利益将彼此拉近，但那只能维持很短的时间，个人利益是世界上最不可能持续不变的。"这种个人之间由于利益相关而制定的合约，不断扩大就会形成社会规范并推动社会向前发展。

涂尔干还将社会生产分工分为三种类型，即过快的分工、强制的分工、缺少协作的分工。

（1）过快的分工是指不同工作的职能越是朝着专业化的方向发展，可能会远远超出社会团结的发展水平，而导致冲突的加剧。

（2）当某种转变产生时，社会整体在个人能力及其被限定的活动方式之间的和谐状态被打乱了，只有一种强制力量还能把这些功能维系起来，这就是强制的分工。

（3）缺少协作的分工是因为分工并不能使每个人的活力都被激发出来，各种职业功能之间或多或少地缺少共同协作，这样就产生了一种松散和混乱的状态。只有分工增强活力，能使每个成员都忙忙碌碌的前提下，才能充分显示分工的整合作用。

社会生产分工在经济活动上的确提高了全社会的生产效率，使得物质财富能快速增加。但是社会生产分工在道德层面产生的影响要比它的经济作用更重要。分工在两人或者多人之间建立了一种团结感，这种团结感扩大成为社会团结的一种力量，这才是社会生产分工的意义所在。

我们可以说社会的凝聚是完全依靠或至少主要依靠社会生产分工来维持的，社会构成的本质特性也是由分工决定的。一个社会需要秩序和稳定就必须进行分工，特别是当这个社会人口众多而且物质财富非常丰富时，分工使每个人都成为不可缺少的社会组成部分，这种彼此依赖是社会和谐发展的基础。

人的成长没止境——职业生涯中的继续社会化和再社会化

社会化是一个人由自然人到社会人的转变过程，这个过程伴随着一个人的一生。社会化让一个人把社会价值标准、角色技能等事项内化为自己自觉的一种行为方式，只有经历了社会化，一个人才有了社会交往的基础。一个人从一出生就开始了社会化的过程，在家庭中的初始社会化、在学校中的预期社会化使一个人初步具备了社会生活的能力，那么在走出学校、走向社会、参加工作之后，继续社会化的过程就开始了，而这个过程将伴随一个人一生。

继续社会化指个体经历儿童社会化和青年社会化后，社会化还不完全，特别是在飞速发展的现代化社会面前，还须不间断地学习的过程。这个过程，贯穿于从青年期至生命的终结。当一个人走出学校进入职场，就标志着他正式进入成年人的世界，开始承担社会责任，成为正式的社会成员。

在整个成年期，一个人所经历的就是继续社会化。当在家庭和学校中接受的初级社会化完成后，一个人已经发展出关于自我的形象，但仍然有许多新的角色需要学习，每个人不但可以选择而且还可以重新定义或创造某种角色。在长达几十年的社会生活中，一个人所扮演的社会角色会不断发生变化，这种变化可能会出现自我认同的问题。比如常说的“中年危机”，就是因为角色失位导致的对自己成就的价值感到怀疑，如果一个人不能对自己产生自我认同，就会进入“中年危机”。如果不能通过继续社会化的调整顺利地渡过这一阶段，那么这个人今后的人生可能会陷入一片灰暗当中，而成功渡过这一时期的人会发现此后的生活是一生中最为快慰的时期。

继续社会化的原因在于，随着社会成员自身及环境的变化，他以往在基本社会化中所学到的知识已不够用，从而需要学习新的知识。这里又有两种情况：第一，在人的发展阶段中需要扮演新的角色，从而需要学习与这些角色相适应的技能、知识和规范。比如，人要结婚、组成家庭、为人父母、赡养父母、自己进入老年，对于这些人生发展不同阶段所需要的知识，基本社会化并未解决，因而需要不断地学习和继续社会化。第二，在扮演同一社会角色时需要不断学习。随着知识和技术的变化，社会对不同角色的要求也在发生变化，这也要求社会成员不断学习，适应这种变化，实际上这是角色内学习。比如，技术人员必须学习新技术、熟悉新的职业规范，以面对知识技术老化的问题；老年人要面对老年期所遇到的各种变化，包括生理上的变化、家庭结构方面的变化，学习新的知识，调整自己的生活方式，以适应现实生活。

我们可以通俗地认为继续社会化就是“活到老，学到老”。继续社会化所要学习的知识是多方面的，包括家庭生活方面的知识、职业活动方面的知识、社会生活方面的知识等。一般说来，社会学更加关注与人的角色转变相关的继续社会化，即当社会成员（社会群体）的角色发生重要变化时他们的学习和适应过程。比如，人到中年时他们怎样经营自己及家庭的生活，步入老年时人们又是怎样去适应生活、打发时间；体制变化了，人们的工作方式也要发生变化，他们怎样去应对；一个人换了工作岗位，他怎样去尽快适应新岗位的要求，做好工作。这些都是继续社会化所要解决的问题。可以发现，继续社会化是在基本社会化的基础上，人们为了适应生活的变化充实自己的过程，这是任何一个人都会经历的过程。

在职业生涯中除了需要不断地进行继续社会化外，很多人都会遇到再社会化的问题。所谓再社会化，是指个人原来的思想和生活方式以及行为模式与社会环境的要求不协调，甚至发生冲突，必须断然改变，形成对他本人来说是完全新的思想和生活方式以及行为模式。我们人格的形成、社会价值观和行为方式的形成，大部分是建立在初级社会化过程中所习得的未发生变化的价值观和那时确立的自我认同之上，但是在某些情况下，人们不得不有意忘掉以前的价值观和行为模式，接受或产生新价值观与行为。比如，人们从一个社会转移到另一个社会，如移民外国，被新的文化同化就会产生再社会化。再社会化一般有两种方式：

（1）主动的再社会化。通常称之为自觉改造，即个人主动地自觉地适应新的社会生活、生活方式和工作方式。

（2）强制的再社会化。通常称之为强迫改造，对违法犯罪者判刑或实施劳动教养，就属于这种方式。

我们在这里需要明确再社会化与继续社会化之间的区别：

（1）再社会化是抛弃原先形成的社会化，形成新的社会化；继续社会化则是在原先社会化的基础上进一步发展、提高，使之更加完善。

（2）再社会化的方向和内容与原先的不一致，而继续社会化的基本方向和内容则与原先的相一致。

（3）再社会化过程是一种思想和生活方式以及行为模式向另一种思想和生活方式以及行为模式的基本的、急剧的、迅速的改变，不适应感很强烈；而继续社会化过程是逐渐的、部分的变化，往往是在不知不觉中进行的。

对于成年人的继续社会化与再社会化有两个重要的途径：工作单位和大众传媒。

从事某种特定的职业是绝大多数成年人的主要生活内容，职场中人每天都有大量时间要在工作单位度过，因此工作单位是成人继续社会化或再社会化的重要影响因素。在工作单位中一个人的继续社会化或再社会化通常是以职业继续社会化或再社会化为主，其内容包括：进行认知学习，掌握从事该工作所需的知识与技能，并及时根据工作环境的变化进行知识和技能的补充与更新；学会处理工作单位中的种种人际关系，维持正常的社会交往等。一个人除了能在工作单位中潜移默化地接受他人的影响和自觉向有经验的同事请教学习这样的继续社会化或再社会化的方式外，另一个在工作单位中促进成人继续社会化或再社会化的有效的方式是各种教育培训。现在所倡导的终身学习主要就是指通过职业生涯中的各种培训来实现个人价值的不断提升，而这就是非常重要的继续社会化或再社会化途径。

除了工作单位对继续社会化的影响，大众传媒对继续社会化或再社会化同样起着非常重要的作用。大众传媒是指社会组织为在社会成员之间传送信息、互通情报所用的广播电视、报纸杂志和计算机网络等各种通信手段。

大众传媒主要通过新闻报道、舆论宣传和生活娱乐等方式作用于成人的继续社会化和再社会化。其特点主要体现在：它平等地向所有成人开放，而不受成人年龄、职业和性别等条件的制约；大众传媒突破了时空的限制，成人可以根据自己工作、生活和学习的安排，灵活选择合适的时间和地点成为大众传媒的受众；另外，大众传媒能使成人成为学习的主体，自主选择具体传媒方式和传媒内容等，从而真正实现成人自主学习。大众传媒具有的这种开放性、广泛性、灵活性和自主性，使其被认为是成人继续社会化或再社会化的有效方式。随着信息技术的发展，我们完全有理由相信，大众传媒必将为成人的发展提供更为广阔的空间。

无论我们愿意与否或主动与否，成年人都在进行着继续社会化或再社会化，只要我们还生活在社会中，这就是一个不可逆的过程。我们所要做的应该是掌握主动权，自觉地进行自己的继续社会化与再社会化过程，不断地提升自己，实现人生的价值。

寻找自己的梦想——职业流动

职业是成年人的游戏，每一个人除非由于不可抗力失去了劳动的能力或者主观上不愿意，都会在成年以后参与到整个社会分工的体系中，作为社会这台大机器的一个部件来工作。从事某种特定的职业不仅是一种谋生的必要手段，同时也是一个人自我实现的需要。一个人只有在职业场中接受洗礼，才能在不断完善自我的过程中实现自己生命的价值。但是一个人所从事的职业并非一成不变，不论是初入职场时为找到合适的职业而进行不断的尝试，还是从业多年后由于新的契机而对职业做出新的调整，我们所从事的职业都会随着自身条件和外界环境的变化而做出相应的调整。社会分工追求高效率，这种职业上的流动正是把每个人都放到最适合他、最能发挥他的能力的位置上。职业流动不论是对个人还是对整个社会，都是一个动态的调整过程，它所要达到的目的就是寻求一种平衡，让每个人都能最大限度地实现个人价值。

职业流动通常指的是劳动者在不同职业之间的变动，是劳动者放弃旧的职业角色而又获得新的职业角色的过程。职业流动是社会流动形式之一。职业流动不同于劳动者的区域流动和职务变动，但又与劳动者的区域流动和职务变动有着密切的关系，它们之间往往是相伴发生的。

首先，职业流动是劳动者在不同的职业群体之间的流动，在这一过程中发生的是职业角色的变动，这种变动会对劳动者的职业生涯的发展方向和性质发生影响。区域或单位流动是劳动者在不同地区或单位之间的流动，其结果是对不同地区或单位劳动者的人数比例产生影响。职业流动往往伴随着劳动者在区域间的流动，区域流动也往往伴随着职业流动。但职业流动并不一定引起区域流动，区域流动也不一定与职业流动相连。比如在同一公司内部的处在不同城市的子公司之间进行岗位调换，职业角色的性质并未发生改变，但区域上实现了流动。

其次，职务变动主要指管理职位层级的变动。职务变动可能带来职业流动，也可能不引起职业流动。职务变动能不能带来一次职业流动，最主要的是看劳动者的工作性质和工作内容是否发生了质的变化。例如，一个商场的营业员被任命为一个柜台的班组长，因工作性质和内容没有发生变化，就不是职业流动；如果他被任命为部门经理就可以说是一次职业流动，因为他从一线业务员的角色变为公司管理和经营者的角色。

人们往往把区域流动和职务变动与职业流动等同起来，所以我们应该弄清它们之间的区别与联系，这样才有助于人们正确认识职业流动的性质，把握职业流动的行为。

国内一项针对青年人职业流动的研究指出：跳槽对青年白领尤其是在企业工作的白领来说，是司空见惯的事情。研究发现，没有跳槽的青年白领占研究调查总数的40.8%，换过工作的为59.2%，而有跳槽经历的青年白领，平均工作时间9.75年，换过3.86份工作。在每一个工作单位最长的平均工作时间为3.3年，最短的为6.39个月。其中在单位工作5年以上才换工作的只有10.2%，而工作不到半年就换工作的占23.8%。调查时是第二份工作的占49.6%，第三份工作的占32.3%，第四份及以上的占了24.1%。

职业流动是指职业角色，即工作性质的变化。我们应该明白，在开放性的市场经济条件下，职业流动是一种正常的社会现象，它本身也是一种优化资源配置的方式，从社会学的角度来看，职业流动不仅仅是换工作那么简单，它有着很深刻的社会背景和个人因素。

第一，社会的进步以及生产力水平的提高是促成职业流动的根本原因。

第二，就业制度为职业流动的促进提供了保障条件。劳动力市场是市场经济的基本要素，在市场经济条件下，市场机制不仅配置和调节着社会的物质资源，而且配置和调节着人力资源。今天，双向选择意味着契约性的交换方式和交换过程。对于劳动者而言，他可以自由地寻找能够发挥自己的能力、专长、志趣的有发展前途的单位及劳动岗位；另一方面，对单位而言，则可以自由地按职业需要来选择合适的劳动者。如果任何一方甚至双方发现在双向选择中有了差错，经过彼此同意便可以解除契约，或期满后不再订约，从而使差错得以纠正。

第三，就业的社会心理因素对职业流动具有指导和约束的作用。就业主体受其主观意识、情感愿望、价值取向、伦理规范以及社会习俗沿袭和继承下来的就业观念的影响，对职业流动往往做出好与坏的评价。

第四，职业流动还受到利益的驱动。由于不同地区和不同单位给劳动者所支付的劳动报酬存在差别，促使劳动者从收入低、待遇低的职业单位，流向能够获取“高薪”的单位或岗位，从而导致职业流动。

第五，职场中的人际关系冲突也是促使个体职业流动的原因。

在日本曾有一项针对职业流动的社会调查，调查表明：在日本，因为别的公司薪俸丰厚而调动工作的极为罕见，大约仅占调转工作人数的4.8%。多数职业流动的发生是因为人际关系不好，情绪受到影响而辞职或被辞退。根据哈佛大学就业指导小组调查的结果，数千名被解雇的人员中，人际关系不好的比不称职的人高出两倍。

第六，职业能力水平对职业流动产生一定的影响。个人对职业有个适应过程，个人的职业能力展现也需要一定的过程。由于个人不适应或不称职，也会导致职业流动。

现在跳槽越来越普遍，而人们选择跳槽的原因大都是为了获得更高的工资和发展前景。一项调查显示：有29.6%的人通过跳槽薪资增长了10%～30%。薪资涨幅30%～50%的也不在少数，约占整个被调查对象的27.18%。值得注意的是，也有13.62%的人跳完后并未获得薪资的上升，反而是下跌了。显然，薪资尽管很重要，但并不是唯一引发跳槽的因素。

调查还发现，工作1年后，有26.4%的人称薪资小有上升，有23.89%的人称薪资上涨了至少50%。相对于刚毕业的学生来讲，工作1年的人在工作经验上从没有到有，他已不再是白纸，新公司在薪资上会有所考虑。毕业生在工作2～3年后，薪水幅度上升比较平稳，还是以10%～50%这个幅度为主。工作5年是一个分界岭，这个年龄段的跳槽者获得大幅加薪的可能性很大。调查数据显示，有38.36%这一年龄段的跳槽者表示此番跳槽薪水加了50%以上。从职业发展角度，大多数人在工作5年后，工作经验已经从“青涩”转为成熟，能在某一领域成为主管或是专业技术资深人士，显然这个时候跳槽正临职业生涯发展小有收获的阶段，薪资增长也是很自然的事。另一方面，工作5年也是一道坎，调查显示，有28.67%的5年工作者表示此番跳槽薪资没有升反而降了，这部分人跳槽的目的不在于薪资，而是要找到自己职业发展的突破口。

人们追求跳槽或职业流动的根本目的是获得更大的利益，因此职业流动主观上还是向上流动，但是由于引起职业流动的原因是多方面的，所以职业流动的形式也不止一种。上海市曾经对劳动力市场情况做过调查。2005年上海市劳动者的职业流动周期为46.4个月，与2004年相比，职业流动周期缩短了9.2个月。同时职业流动周期分别呈现出和劳动者的学历成反比，而和年龄成正比的发展态势。

上海市就业促进中心的专家认为，职业流动周期反映了劳动力市场的活跃程度，周期的缩短，表明劳动者流动频率加快，市场更趋活跃。不能简单以好坏来评价职业流动周期的长短。

研究表明，高学历劳动者的职业流动周期相对要短。本科学历职业流动周期最短，为21.1个月，研究生为22.8个月，大学专科学历为30.5个月，而初高中学历职业流动周期则明显增加，达到53.1个月。

职业指导专家分析认为，这种流动趋势比较正常：学历较高的知识型劳动者，市场就业竞争能力强，比较自信，岗位期望值较高，希望通过流动找寻自身价值，也相对容易找到新的更满意的工作；而学历较低的劳动者就业期望值较低，易满足现有岗位，跳槽也相对不容易，因此职业流动周期反而要长。

从年龄分析，30岁以下年轻人的职业流动周期大大低于平均周期，为17.5个月，与2004年相比，又缩短了半个月，年轻劳动力的流动频率进一步加快。

总之，职业流动作为社会流动的一种形式，对于提高社会活力、促进社会公平、优化资源配置都是有利的。同样，对于个人来说，合理的职业流动会使职业生涯不断向着好的方向发展，自我价值能够更好地得到实现。但我们也必须认识到，由于负面原因导致的职业流动，比如职业能力不足、职场人际关系恶劣导致的被迫职业流动，会给我们的职业发展带来危害。所以我们要正确地认识职业流动，发掘它积极的一面，为我们的职业生涯带来益处。

被分割了的人——工作与生活的对立与统一

我们的生活中充满了各种各样的矛盾，我们时时都会面临两难的选择。对于生活于现代社会的我们，最常见、最深刻同时也是最被我们习惯的就要数工作与生活之间的矛盾了。工作是我们谋生的手段，只有在生存得到保障的前提下我们才能谈论生活的品质。但是物质的富足并不一定就能带来生活的幸福，但生活的幸福也不能完全建立在没有物质的基础上，这种深刻的矛盾导致了现代社会人们心灵的苦闷。尤其是现在生活节奏越来越快，生活压力越来越大，人们不得不把更多的时间投入到工作中去，结果所谓的生活就变成了两点一线——公司——居所之间不断奔波，身心的疲惫与心灵的空虚让我们失去了快乐、失掉了幸福。现在那种传统的“男性挣钱养家”的家庭日渐减少，女性更多地投入到工作中去，这不仅使得家庭成员之间相处时间与交流减少，同时也因为男女两性地位的日趋平等，对家庭内部和家庭之间产生了复杂的影响。

我们日常生活中的这种转变与工作场所发生的巨大转变几乎是相伴而生的。公司出于提高生产效率、削减工作量或缩小规模的考虑，使得内部的竞争加剧，雇员因此对他们的工作的稳定性缺乏安全感进而导致焦虑。公司对工作成绩的过高期望也使得雇员必须更加努力地工作，并且工作更长的时间。人们在工作上投入的时间增多，必然导致用于日常生活和休闲的时间减少，而家庭生活受到工作的侵犯而显得危机四伏。对许多那些拥有“太多工作”的家庭来说，时间分配已经成为一个最重要的问题。

工作时间的延长一般被认为是导致工作与生活矛盾的基本原因。在英国，某个劳工基金会的调查研究发现，七成左右的雇员感到在过去的5年中他们对工作投入了更多的努力，而且比以前的工作速度快，他们平均一周工作46.7小时，而欧洲其他一些国家平均为42.3小时。另据英国的一项官方统计表明，将近20%的英国工人在他们的主要工作中每周工作超过了48小时。30%的男性声称每周要投入超过48小时的时间用于工作，而女性只有7%。对管理者和顾问工作模式的研究表明，通常情况下，每周工作50小时、60小时甚至更长时间正变得越来越普遍。这些用于工作的时间不一定全用在公司办公中，而是在看似休闲的状态下，也依然处于工作状态，这

种“不自觉”的精神状态同样会带到工作之外的生活时间里，使得生活空间被工作挤占。

面对这种情况我们不禁要问：“长时间工作”是否正在成为一种标准呢？很多人不得不承认这已经成为一种现实，但同时也承认这显然是一种不健康的趋势。这种“超负荷工作”会造成工作与个人生活之间明显的不平衡。试想一下，结束了繁重工作的父母或夫妻焦虑而疲惫地回到家里，他们很难与孩子和配偶一起度过一段愉快时光。这给婚姻和儿童发展都造成了紧张；同样他们也没多少时间从事闲暇活动。工作时间正在侵占人们为了保持健康所需要的宝贵的个人时间。

工作与生活的矛盾的另一个突出表现就是父母就业与子女发展之间的矛盾。现在大多数家庭夫妻都有自己的工作，母亲一般在儿童出生后最重要的几年里没有时间亲自照顾子女。这就造成了一个问题——这种趋势对儿童的健康和幸福有着长期影响。有工作的母亲会照顾好孩子吗？一般都认为在生命的早期阶段，父母双方都出去工作的儿童与有一方在家的儿童相比，前者可能会处于不利的处境。

英国的教育研究所曾经专门针对儿童发展进行过一项研究，目的是研究母亲在产后立即参加工作对1岁以下儿童的影响。研究发现了母亲就业与否同儿童以后的学业成绩之间存在密切关系：如果母亲在子女出生一年内重新工作，则当这些儿童成长到8～10岁的时候，会比其他儿童的阅读技能稍微低一些。但是该研究也表明，母亲出去工作的儿童的适应能力要强于其他儿童，并且很少感到焦虑，同时在今后的生活中显得更为成熟。

在英国的另一项调查中学者们研究了儿童教育成就同父母的就业模式之间的关系。研究机构调查了620名年龄在13～15岁之间的学生，观察他们的家庭生活与他们的教育经验之间的相互影响。

这些孩子除了要完成相应的调查问卷，还要记一个星期的日记，写下他们的日常生活，他们与父母双方有多少时间在一起。收集完相应数据的两年后，研究者又收集了有关他们教育结果的资料。通过调查研究取得的资料，学者们可以比较在不同类型的家庭中，儿童与他们的父母在一起的时间量。从总体结果来看，如果母亲从事兼职工作，则儿童与母亲在一起的时间最多。而令人意外的是，在父亲从事全职工作而母亲是全职主妇的那些家庭中，儿童与父母在一起的时间最少。

研究者通过对儿童口述的调查发现，不工作的母亲不一定与子女一起度过更多时间，尽管她们待在家里，尤其是周末。研究者们认为不工作的母亲可能并没有意识到周末有必要与孩子一起度过更多的时间，或者与有工作的母亲相比，可能没有从事闲暇活动所需要的费用。这项研究同时考察了父母与儿童关系的质量：有兼职工作的母亲的儿童要比有全职工作的母亲的儿童对亲子关系更满意一些，尽管这种差别并不明显。而对于儿童总的教育成就，研究发现几个影响教育结果的因素有：经济状况、教育志向、母亲的赞扬，还包括父母的职业类型。研究得出的结论是父母双方都有工作的儿童在学校里表现得更好，但如果父母双方都从事全职工作，那么儿童的教育结果表现得就不那么好。但是从总体情况来看，母亲从事相应的工作对子女的成长有着积极的影响。

当我们考察工作与生活之间的矛盾时，我们应该认识到职业母亲承受着更大的压力，工作与生活间的矛盾对她们的生活会造成更消极的影响。女性承担着照顾孩子的主要责任，尽管父亲在抚养孩子的过程中起到了更加积极的作用。这意味着有着年幼儿童的职业母亲每天都面临着没完没了的家庭和工作的问题。对于职业母亲来说，工作问题与生活事务都是不能舍弃的，日常生活让她们团团转：早上让孩子起来并准备好，把孩子送到托儿所；工作一整天，在一天结束时接孩子；回家还要准备全家的晚餐，在家里处理一些事情，并且还要为自己挤出一点时间。这对于单身母亲来说，完成这些事务的难度将成倍增加。很多职业母亲不得不时刻进行权衡：在家庭、社会生活和工作之间。对于夫妻双方都有自己的事业的家庭来说，职业母亲往往不得不选择放弃其中的一个部分。而大多数职业母亲选择的是放弃社会生活。这种情况往往导致职业母亲对于工作与生活的矛盾更加敏感，也更容易受到伤害。也许很多职业母亲就此选择了回家做全职主妇，但这不仅会对她们的精神生活造成消极影响，也会导致新的性别与社会的不平等。

虽然从表面上来看女性受到的工作与生活矛盾的影响更明显，但我们如果把这种矛盾看成是单纯的女性问题是非常危险的。我们在思考如何在工作与生活之间取得一种更健康的平衡时，也必须考虑到男性、父亲的重要作用。如果我们只考虑女性受到的影响，那么在我们追求这种平衡时，往往会因为忽略了男性的那一方面而导致新的矛盾的产生，而所谓的工作与生活的平衡将无法真正实现。

第三篇

一棵树与整个树林的奥秘——看人与社会的相容互浸

PART 01

站在什么舞台扮演什么角色
——社会地位和角色

为什么比尔·盖茨成了世界首富——自致地位

自致地位，又称“自获角色”或“成就角色”，指主要是通过个人的活动与努力而获得的社会角色。自致角色的获得是个人活动的结果。自工业化社会以来，许多原先属于先赋的角色变成了人们后天获得的自致角色，如职务、职称、学衔等不再是先天决定的，而是靠人们的后天努力获得。这种先赋角色向自致角色的转变体现了社会的进步。

当今的世界首富比尔·盖茨，曾经也是一个籍籍无名的大学生，但是他通过自己不懈的努力和奋斗，逐渐成就了自己的事业，并一步步壮大，最终成为人人称道的世界首富，这就是一个很好的例子。

比尔·盖茨，是全球个人计算机软件的领先供应商——微软公司的创始人、前任董事长和首席执行官，个人净资产高达580亿美元，是当之无愧的全球首富。

盖茨出生于1955年10月28日，他和两个姐妹一起在西雅图长大。他们的父亲是西雅图的一名律师。他们的已故母亲曾任中学教师、华盛顿大学的校务委员以及United Way International的女主席。

盖茨曾就读于西雅图的公立小学和私立湖滨中学，在那里，他开始了自己个人计算机软件的职业经历，13岁就开始编写计算机程序。

1973年，盖茨进入哈佛大学一年级，在那里他与史蒂夫·鲍尔默住在同一楼层，后者目前是微软公司总裁。在哈佛期间，盖茨为第一台微型计算机——MITS Altair开发了BASIC编程语言。BASIC语言是约翰·凯梅尼和托马斯·库尔兹于20世纪60年代中期在Dartmouth学院开发的一种计算机语言。

1975年，年仅19岁的盖茨预言："我们意识到软件时代到来了，并且对于芯片的长期潜能我们有足够的洞察力，这意味着什么？我现在不去抓住机会反而去完成我的哈佛学业，软件工业绝对不会原地踏步等着我。"于是正在读大学的盖茨离开了哈佛，并把全部精力投入到他与孩提时代的好友保罗·艾伦在1975年创建的微软公司中。

在计算机将成为每个家庭、每个办公室中最重要的工具这样信念的引导下，他们开始为个人计算机开发软件。盖茨的远见卓识以及他对个人计算机的先见之明成为微软和软件产业成功的关键。在盖茨的领导下，微软持续地发展改进软件技术，使软件更加易用、更省钱和更富于乐趣。公司致力于长期的发展，从目前每年超过50亿美元的研究开发经费就可看出这一点。

盖茨有关个人计算机的远见和洞察力一直是微软公司和软件业界成功的关键。盖茨积极地参与微软公司的关键管理和战略性决策，并在新产品的技术开发中发挥着重要的作用。他的相当一部分时间用于会见客户和通过电子邮件与微软公司的全球雇员保持接触。

1995年，盖茨编写了《未来之路》一书，在书中，他认为信息技术将带动社会的进步。该书的作者还包括微软公司首席技术官内森·梅尔沃德以及彼得·雷诺生，它在《纽约时报》的最畅销书排名中连续7周位列第一，并在榜上停留了18周之久。

《未来之路》在20多个国家出版，仅在中国就售出40多万册。1996年，为充分利用互联网所带来的新的商机，盖茨对微软进行了战略调整，同时，他又全面修订了《未来之路》，在新版本中，他认为交互式网络是人类通信历史上一个主要的里程碑。再版平装本同样荣登最畅销排行榜。盖茨将其稿费收入捐给了一个非盈利基金，用于支持全世界将计算机与教学相结合的教师。

除计算机情结之外，盖茨对生物技术也很感兴趣。他是ICOS公司的董事会成员以及英国Chiroscience集团及其位于华盛顿州的全资子公司的股东。他还创立了Corbis公司，该公司正在开发全球最大的可视化信息资源之一，提供全球公共与私人收藏的艺术和摄影作品的综合性数字文档。盖茨还与蜂窝电话的先驱者克雷格·麦考共同投资了Teledesic公司，该公司雄心勃勃地计划发射数百个近地轨道卫星，为全世界提供双向宽带电信服务。

在微软公司上市的12年时间里，盖茨已向慈善机构捐献了8亿多美元，包括向盖茨图书馆基金会捐赠2亿美元，以帮助北美的各大图书馆更好地利用信息时代带来的各种新技术。1994年，盖茨创立了盖茨基金会，该基金会赞助了一系列盖茨本人及其家庭感兴趣的活动。盖茨捐献的四个重点领域是：教育、世界公共卫生和人口问题、非营利的公众艺术机构以及一个地区性的投资计划——Puget Sound。

比尔·盖茨在2008年6月卸任微软执行董事，正式宣布退休。隐退后的盖茨将专心于比尔与梅琳达·盖茨基金会，盖茨将几百亿的家财捐献给这个慈善基金会，并表示将只留几百万美元给他的三个孩子。

“贫二代”VS“富二代”——先赋地位

“富二代”泛指改革开放以来成功民营企业家的子女，他们拥有过亿的身家。随着“富一代”的老去、“富二代”的成长，财富也顺其自然地由“富一代”交接给“富二代”。“富二代”是一种先赋角色，他们的财产来源于父辈的转让或者直接继承，丰厚的资本与良好的成长环境是他们优越于其他人的先赋条件。

与之相反，“贫二代”也是一种先赋角色，他们这群人也有一些共同的特征：没有显赫的家庭背景，也没有丰厚的家产可以继承，只能依靠自己的能力在社会上争取立足之地。中国青年报社的记者在北京、浙江、河南等地的7所高校进行了相关调查。500份样卷的统计结果显示：70%的被调查者认为，在就业应聘中，他们或多或少遭遇过来自家庭状况的压力。高达65%的应届毕业生表示，他们最看重的因素是求职应聘中家庭经济状况所占据的影响值。面对“贫二代”和“富二代”所享有的社会认同度和资源享有权无法对等这种情况，曾有“贫二代”自嘲道：“他们有的是背景，我有的是背影。”要更好地理解这种现象，或许可以在社会学中得到一些启发。

说起这两类人，就涉及社会中的一个概念——先赋地位。先赋地位又称“归属角色”，指建立在血缘、遗传等先天的或生理的因素基础上的社会角色，如种族、民族、家庭出身、性别、年龄等赋予的角色。在奴隶社会和封建社会，社会流动很少，人们的许多角色都是由血缘关系决定的，因而是先赋的，如职业角色、阶级角色等就属于先赋角色。自工业化社会以来，一些原先属于先赋的角色变成了自致的角色，从而体现了社会的进步。

先赋角色和自致角色是一个相对概念，这两者是矛盾的双方，没有先赋角色就没有自致角色。这两者是相互依存的，而且在一定的条件下自致角色可以转换成先赋角色，在现有的先赋角色下通过努力追求，我们又上升到一个更高的自致角色。每一个人在他一生的成长中总是伴随着先赋角色和自致角色。

根据先赋地位和自致地位的关系，我们还可以进一步地理解这种现象。个人的自主选择性影响着他们的自致角色。成功型的“富二代”，良好的教育锻炼了他们健全的人格，开阔了他们的眼界，他们珍惜父母的家业，勇于探索，敢于创新，最终选择了一条或异于父母选择但仍然有发展前景的道路，他们通过自身的努力，走向了成功之路，有些有志向的“贫二代”不甘于贫穷，努力追求上进，尽管刚踏入社会时并不具备太多的社会资源和财富，但是经过自己的艰苦努力和多年坚持不懈的努力拼搏，最终也能获得巨大的社会财富和社会地位，最终成功地突破自己的先赋地位而获取更有声誉的自致地位。而另外有一些“富二代”，挥金如土，不求上进，沉迷于优越的物质条件，自小吃不了苦，心理素质低下，最终不仅一事无成，反而对已有的资本肆无忌惮地挥霍，他们的社会地位也因此而走下坡路并最终丧失原本的先赋地位，而获得更为贫穷的自致地位。

听老婆的还是听老妈的——角色冲突

结婚一年半，宝宝10个月大。宝宝出生前我和老婆在市里过，一切挺好，10个月后宝宝出生，老妈来给我们带孩子，老爸星期六、星期天来，一切都自然、平静、和谐。可是没想到这只是表面现象，由于老婆和老爸都是中学老师，所以七月放暑假一家五口就我一个人上班，其他人都在一个房子里，问题也就来了。老婆说老爸老妈把她当外人看，平时都是老爸老妈在一起聊天，不理睬她，并且在宝宝的一些问题上有冲突，她没有权利决定宝宝的事情，都要听老爸老妈的。老爸老妈觉得老婆不干家务，还要嫌这嫌那，平时老是板着个脸，很难亲近，喜欢挑刺。上个月老婆和老爸老妈吵了一架后抱着宝宝回娘家了，后来

老爸老妈很不情愿地去老婆娘家把老婆接回来了，后来老婆告诉我，老爸跟丈母娘说希望老婆不要和我吵，不然后果会很不开心。不知道老婆是不是为了证明什么，上星期老婆和我吵架了，老爸老妈都在，我们吵架时，老爸老妈一声没有吭，吵完后老爸回镇上去了。老婆说没有哪家父母见儿子儿媳吵架不劝的，觉得更进一步证明老爸老妈没有把她当儿媳看，认为她可有可无；老爸老妈肯定又会说老婆喜欢挑刺。现在又要到周末了，老爸按照惯例是要来了，这回他还会来吗？他来了会感觉很尴尬。老妈现在还在带孩子，不过我也看得出她没有那么开心了。很烦恼，总感觉老婆和老爸老妈之间水火不容，有没有一个两全其美的解决办法？

这是一个男人的苦恼，同时也说出了许多男人的心声。一个男人一生中最重要的两个女人，一个是生养自己的母亲，一个是将要和自己共度一生的妻子，做这两个人之间的“夹心饼干”，实在不是一件易事。难就难在是要做一个好丈夫还是要做一个好儿子的角色的冲突上。

角色冲突是社会学上的概念。在社会中，人每天都扮演着某种特定的角色，而当一个人扮演一个角色或同时扮演几个不同的角色时，由于不能胜任，造成不合时宜而发生的矛盾和冲突等现象被称为角色冲突。角色冲突大体可以分为两类：角色间冲突和角色内冲突。角色间冲突是指一个人所担任的不同角色之间发生的冲突。角色内冲突，是指同一个角色，由于社会上人们对于他的期望与要求不一致，或者角色承担者对这个角色的理解不一致，而在角色承担者内心产生的一种矛盾与冲突。角色内冲突往往是由角色自身所包含的矛盾造成的。它的突出表现是，当一个人内心产生冲突时，思想上激烈斗争，这时，两种对立性质的规范、要求要通过行为者内心的冲突较量，决定遵从哪一种行为模式，扮演哪一种角色。

对于一个男人而言，婚前的角色：在外是心爱女友的“恋人”，在家是妈妈身边的“孝子”。婚后两个角色马上会变化，他必须是个爱太太而且有男人气概的“老公”，同时也应该是如同往昔般既听话又孝顺的“儿子”，这的确很难同时面面俱到。

人在社会上总是要扮演一定的角色，比如：一个人在父母面前是儿子，作为儿子的角色要求就是对父母要顺从、孝敬；在妻子面前是丈夫，作为丈夫就要勇于担当，保护自己的妻子；在儿子面前是父亲，父亲的角色要求是要给儿子正确的人生引导并且身体力行，给儿子树立良好的榜样，还要起到保护儿子的作用；在下属面前是领导，领导就要安排员工的工作并监督员工保质保量地按时完成任务；在朋友面前就是朋友，作为朋友就要平等相处、以礼相待。正因为一个人不会单一地担任一种社会角色，而往往是诸多社会角色，而这诸多的社会角色难免出现相互冲突不能兼容的局面。出现角色冲突时，一个人往往会觉得焦虑、不安或犹豫不决难以取舍，所以人们在遇到这样的情况时，要保持平和的心态，冷静地处理这些复杂的局面，才会拥有良好和谐的人际关系和幸福的家庭生活。

PART 02

人的所有行为都是在沟通
——“社会互动”

如何战胜面试官而赢得一份好工作——印象管理

因俗话有云：“人不可貌相，海水不可斗量。”意思是说不可以貌取人。因此从古至今，人们就一直都认为从外表去衡量一个人的好坏是肤浅而毫无道理的，但事实却是，社会上的所有人每时每刻都是在根据一个人的着装、发型、手势、声调、语言等自我表达方式对别人做出判断的。每个人在社会上活动都会给别人留下一个关于自己形象的印象，这个印象在工作时影响你的升迁，在商业上影响着你的交易，在生活中影响着你的人际关系和爱情关系。这种个人印象无时无刻不在影响着一个人的自尊和自信，甚至影响到这个人的前途命运。

美国著名形象设计师莫利先生曾对美国财富排名榜前300位中的100位执行总裁调查，97%的人认为懂得并能够展示外表魅力的人，在公司中会有更多的升迁机会；100%的人认为若有关于商务着装的课，他们会送子女去学习；93%的人相信在首次面试中，申请人会由于不合适的穿着而被拒绝录用；92%的人认为不会选用不懂穿着的人做自己的助手；100%的人认为应该有一本专门讲述职业形象的书以供职员们阅读。

英国著名的形象公司CMB对世界著名的300名金融公司的决策人调查发现，在公司中位置越高的人越认为形象是成功的关键，因而就越注重形象的塑造和管理，并且他们也愿意雇用和提拔那些有出色的外表并能向客户和顾客展示出良好形象的人。

由此可见，印象管理在事业前途上有着多么重大的意义。那么什么是印象管理呢？

印象管理，又称印象整饰。印象管理是社会学家库利、戈夫曼等人提出的一个重要的社会学概念，是指人们试图管理和控制他人对自己所形成的印象的过程。通常，人们总是倾向于以一种与当前的社会情境或人际背景相吻合的形象来展示自己，以确保他人对自己做出愉快的评价。印象管理是社会互动的一个根本方面。每种社会情境或人际背景都有一种合适的社会行为模式，这种行为模式表达了一种特别适合该情境的同一性，人们在交往中总是力求创造最适合自己的情境同一性。理解他人对自己的知觉与认知，并以此为依据创造出积极的有利于我们的形象，将有助于我们成功地与人交往。

印象管理是一种有效的人际交往手段，在求职面试中有效地运用印象管理能帮你成功地争取到一份好的工作。

首先，在跨进面试办公室之前，你应当对自己所陈述的观点胸有成竹。你应当特别清楚自己的专长和技能对所要申请的工作有何用处。同时，你也应当准备具体说明一系列职业目标以及自己所要申请的职位与职业目标之间的关联；再者，你必须清楚自己的兴趣所在；另外，你还要对自己所要访问的公司的一些情况进行了解，而不应该在面试时表现出对其一无所知。

其次，你应当充分地预想面试官

们可能会提的一些问题并设计答案。比如，你的技能以及它们怎样与你所申请的工作相关；你的专业知识；你主要的性格特征；有可能不适合于所申请职位的某些偏好或特征，以及你对公司或工作的有关疑问。再比如，所申请职位的职业前途、主要义务和责任等。值得注意的是，在你回答面试官所提的问题时，应当表明你的技能使你非常适合所申请的工作，也应当反映你对正在谈论的公司的了解。

再次，在面试之前应当给自己留出充分的时间做准备。一定要带好几份干净的简历和你的详细材料目录，同时，有必要的话最好带上一个公文包，把学期论文、自己的出版物、推荐信和荣誉证明一并放在里边。在把上述所有的东西都准备停当之后，要注意确认一下：自己的头发是刚洗过的，衣服也是干净的。男士应当穿上西服或休闲夹克；女士应当穿西服或者一套适合日常穿着的衣服，无论怎样切记不能太过暴露。应当尽量提前10分钟到达面试地点，以便使自己歇口气，并收拾一下自己。

最后，在面试过程中，一定要做一个好的听众。如果面试者想说话，就让他去说。听话就比较省事。并且面试官所说的话有可能提供某种线索，这样有助于你推测他想要什么样的人。另外就是，你应该在面试结束之前安排一下了解面试结果的方式。如果面试者表示他将很快给你打电话，但是后来并没有打，那么，你就应该往公司打电话，这种恒心被认为是值得称赞的，不管是否被录用，都同样要打电话到公司表示感谢，这样你会被认为是一个有礼貌、有素养的人。

总之，求职面试中的印象管理是一个较为复杂的策略性问题。良好的印象管理意味着求职者良好的人际交往技能和成熟，同时也体现了求职者在被动环境下的主动精神。如果求职者在面试的诸环节都能够充分准备，并对面谈的言语方面（内容和形式等）和非言语方面（表情、仪容、体态等）进行适当的管理，那么，求职者在面试者头脑中的印象肯定是不错的。

成功学大师戴尔·卡耐基说：“一个人的仪表反映一个人的内心世界。成功形象是装不出来的，只要把简单的细节做到精致，就会坐上成功的位置。”世界上所有伟大的成功人士无不注重自己的外在形象。他们个性化的外表及人格化的魅力也是他们能够呼唤、吸引千千万万的追随者的重要原因。形象是一种魅力，形象是一种价值，运用印象管理并保持自己的良好形象是成功者的智慧。

商家怎样让你“贪小便宜上大当”——登门槛效应

明代洪应明在《菜根谭》中说：“攻人之恶勿太严，要思其堪受；教人之善勿太高，当使人可从。”意思是说我们在教导别人时，应该掌握好尺度，循序渐进。只有当人们一开始接受了比较容易做到的事情，才能对更进一步的比较难做的事情心甘情愿地去接受。

美国心理学家曾做过这样一项实验，让两位学生访问郊区的家庭主妇。其中一位首先请家庭主妇们将一个小标签贴在窗户上或在一份关于安全驾驶的请愿书上签名。这是一个小的、无害的要求。两周后，另一位大学生再次访问这些家庭主妇，要求她们在今后的两周时间里在院内竖立一个呼吁安全驾驶的大招牌。这是一个大要求。结果答应了第一项请求的人中有55%的人接受了第二项要求，而那些第一次没被访问的家庭主妇中只有17%的人接受了该要求。心理学家把这种现象称为“登门槛效应”。

“登门槛效应”又被称为“得寸进尺效应”，是指当一个人先接受一个小的要求后，为了保持形象一致，他更可能接受一项重大的要求，犹如登门槛时要一级台阶一级台阶地登。因此人们在要求别人做某件对对方来说比较困难的事情时，应该利用“登门槛效应”的原理，一步一步引导对方，这样更容易顺利地实现自己真正想要的目的。

社会心理学的研究表明，当你一下子向别人提出一个较大的要求时，人们一般很难接受，而如果逐步提出要求，不断缩小差距，人们就比较容易接受。这主要是由于人们在不断满足小的要求的过程中已经逐渐适应，意识不到逐渐提高的要求已经大大偏离了自己的初衷。这是因为，人们都希望在别人面前保持一个比较一致的形象，不希望别人把自己看作反复无常的人，因而，在接受别人的要求，对别人提供帮助之后，再拒绝别人就变得更加困难了。如果这种要求给自己造成损失并不大的话，人们往往会有一种“反正已经帮过忙，再帮一次也无所谓”的心理，这样“登门槛效应”就发生作用了。

登门槛效应的原理就是把一个大的较难实现的目标分解成一些小的容易

实现的阶段性目标，通过这些小目标的逐步达成，最终实现大的目标。

1984年的日本东京国际马拉松邀请赛和1986年的意大利米兰国际马拉松邀请赛中，日本选手山田本一出人意料地两次夺冠，令许多人很不理解。在夺冠10年后，山田在自传中解开了自己的取胜之谜：“每次比赛之前，我都要乘车把比赛的线路仔细地看一遍，并把沿途比较醒目的标志画下来，比如第一个标志是银行；第二个标志是一棵大树；第三个标志是一座红房子……这样一直画到赛程的终点。比赛开始后，我就以百米的速度奋力向第一个目标冲去，等到达第一个目标后，我又以同样的速度向第二个目标冲去。40多公里的赛程，就被我分解成这么几个小目标轻松地跑完了。在我刚开始从事马拉松项目时我不懂这样的道理，我把目标定在40多公里外的终点上的那面旗帜上，结果我跑到十几公里就疲惫不堪了，我被前面那段遥远的路程给吓倒了。”

山田本一取胜的秘密就是运用了“目标分解法”，这是一个运用“登门槛效应”对自己产生促进作用的例子。

其实在我们的日常生活中有很多利用“登门槛效应”的例子。在商场中销售员经常使用的销售策略之一就是“登门槛效应”。我们不妨回想一下推销员在推销商品时的情景，他是直接向你提出要求“请买一件××牌子的衣服吗”？事实往往并不是这样。在推销开始的时候，你甚至都不知道推销员到底要向你推销什么产品，只是让你先试穿一下某种衣服，这时你想自己并不一定要买，所以也就感觉无所谓，如果你这样想，那你可能就落入了“圈套”。因为从你答应推销员的第一个要求开始，“登门槛效应”已经在你身上起作用了，随着推销活动的推进，你可能最后就会买下这件你本来并不想购买的商品。

除了在商业活动中“登门槛效应”被广泛应用，我们可以想象自己的整个恋爱过程，这里也有利用“登门槛效应”的例子。男士在追求自己心仪的女孩时，运用的也常常是

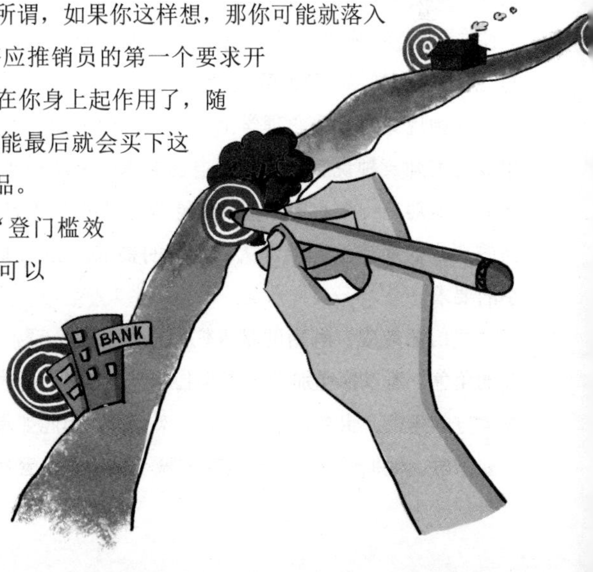

这种“登门槛效应”。如果一个男士在第一次见到自己心仪的女孩时就迫不及待地说“嫁给我吧！”，那么，这个女孩一定会以为他是神经病。男士追求女孩的目的确实是想让女孩做他的妻子，但要达到这个目的，不可能一步到位。男士一定是从一点一滴的小事做起，比如邀请女孩看场电影、吃顿饭、周末一起春游等等一系列小要求开始，循序渐进地发展为女朋友进而结婚。

在生活中应用“登门槛效应”其实很简单，其原理就是循序渐进、目标分解，而且要注意分解后的阶段性目标一定要在人们可以接受的范围内。“登门槛效应”不仅可以用来向他人提出要求，同样也可以用来进行自我的激励与提升。其实这种大事化小、以小搏大也是我们人生的一种智慧。

先提大要求，遭否再提小要求——门面效应

我们在商场买东西的时候经常会遇到这种情形：卖家可能会先喊出一个特别高的价位，然后在买家的砍价下，卖家会降低价格做出让步，使其合理化。其实这种让步正是卖家的一种策略，因为最终成交的价格虽然比卖家开始出的价低，但往往就是卖家本来期望卖出的价格。而对于买家来说，因为成交价低于最开始的出价，他会觉得心理上可以接受，其实这又是中了卖家的“圈套”。

这种现象在社会心理学上被称为“门面效应”，它是与“登门槛效应”相反的另外一种说服别人接受自己要求的方法：当你想让对方接受的是一个小的、但对方一般也不会答应的条件，那么你不妨先向他提出一个大的、更高的要求。对方会拒绝你大的更高的要求，但一般会接受你再次提出的那个小的要求。

“门面效应”利用的是人们的一种补偿心理，人们往往希望扮演慷慨大方的角色，所以拒绝别人在心理上是一件难事。因为拒绝会让人们无法扮演慷慨大方的角色，也会让人们产生负疚心理，因此如果人们不得不拒绝别人的某一要求时，他们通常会希望为对方做一件小的、容易的事来平衡心里的内疚，

以使自己能够继续扮演慷慨大方的角色。而“门面效应”就是利用了人们的这种心理来产生作用。

如果说“登门槛效应”是得寸进尺，那么“门面效应”就是弃尺得寸。

美国心理学家曾经做过一项实验，他要求20名大学生花两年时间担任一个少年管理所的义务辅导员，结果大家都拒绝了；随后，他又提出另一个要求，请他们带这些少年去动物园玩一次，其中50%的人接受了；而当他向另一组大学生直接提出这第二个要求时，只有16.7%的人同意。研究者就这种现象指出：如果对某个人提出一个很大而又被拒绝接受的要求，接着再向他提出一个小一点的要求，那么，他接受这个小要求的可能性就比向他直接提出小要求而被接受的可能性要大得多。许多人正是利用这种策略去影响他人，当他们想让别人为自己处理某件事情之前，往往会提出一个别人根本不太可能会接受的要求，待别人拒绝且怀有一定的歉意时，再提出自己真正要对方办的事情，由于前面的拒绝，人们往往会为了留住面子而接受随后而来的要求。

利用“门面效应”去影响他人，首先就是要提出一个大得别人根本不可能做到的要求，待别人拒绝且怀有一定的歉意后，他才亮出自己真正要对方办的事。我们可以对“门面效应”做一个直观的说明：比如我们要搬50斤重的货物，搬完后再搬一个20斤的，比较起来就觉得20斤的没有想象的那么重。

在日常生活的社会互动中，应用“门面效应”的机会很多。我们可以举个例子。

在商场中我们看中了一款衣服，价格是400元。你认为200元可以拿下来，所以就出价150元。但是卖家却并不同意。这样双方互相调整，最后200元成交了。200元的价格达到了你的心理预期，你会对此很满意。其实卖家早就已经应用了“门面效应”。因此这件衣服的价格可能

只有150元，而他们通过抬高价格来提高你的心理预期，这样虽然最后你砍下很多价，其实卖家还是赚了大头。这其实就是商家的打折策略。他们适时制造出各种名目，使出打折的手段——5折、7折，让你心动，也平衡了你的心理——只花了一半的钱就买了件名牌呢！而其实这个最终的折扣可能就是商品真正的价值，商家根本没有少赚一分钱。

在管理领域，身为领导者，掌握基本的沟通技巧和说服策略是必要的。比如，一位中学校长在开学之初想要调整教师的岗位分配，拟定让王老师任三年一班的语文老师兼班主任。在找来王老师后校长却告诉他，学校计划让他带三年一班和二班的语文，并接手一班班主任。王老师可能认为自己的精力不能胜任而拒绝这个要求，这时校长就会“宽容”地安排王老师不用教二班的语文。这样一来王老师很可能就会接受校长本来的安排。

“门面效应”在生活中的应用非常广泛，但是它却是一把双刃剑，善加利用可以使沟通、交流事半功倍；但使用不当会造成不良后果。在应用门面效应时应该牢记“己所不欲，勿施于人”的道理。不要为个人利益而去利用他人的心理。我们向别人提出的要求应该是合理而且对方预计可以接受的，而不是那些侵害对方利益的要求。

“距离产生美”背后的秘密——保持适当的空间和距离

梓丹曾在报上发表过一篇短文，题为《距离也是一种美》。他这样写道：

人与人的交往何妨拉开一段距离。由于有了距离，所以就有了主体和客体的存在。视线通透了，看对方也长远些；而且主体和客体的位置常常可以互换。朋友交往，不必短期全线出击，炙热烫人；也不必利益稍有冲突，霎时势成虎牛。只需闲时常记起对方，给一个电话，听听对方的声音；相约去看一场电影，打打网球；星期日茶聚，海阔天空，握杯清谈。淡淡然，时间会流成溪流。交友之道，宛如观荷，亭亭如盖，盈盈欲开，最宜远观。而香随风送，无语沁人，至臻妙境。太过近前，反见残枝枯叶，腐水困积，不免败兴。每个人都有自己的空间，都有一方荷塘。我观彼荷，彼观我荷。自悦与悦人，享受优游与宽阔。

著名诗人雷抒雁先生有一首极有哲理的诗《星星》，他是这样写的："仰望星空的人总以为星星是宝石，晶莹透亮，没有什么瑕疵。飞上星星的人知道，那儿有灰尘、石渣，和地球上一样复杂。"说的也是"距离产生美"这个道理。

事物和事物之间如此，人和人之间是怎么样呢？叔本华曾说过这样一段话："社交的起因在于人们生活的单调和空虚。社交的需要驱使他们聚到一起，但各自具有的许多令人憎恶的品行又驱使他们分开。终于他们找到了能彼此容忍的适当距离，那就是：礼貌。"曾有人以豪猪做比喻，豪猪浑身长满了刺，在天冷时为了避寒都想互相利用体温，于是就尽可能地靠近，但又不能太近，因为身上都有刺，结果豪猪们就在谁也刺不到谁的前提下尽可能地靠在了一起。人与人之间的交往也应保持一种"豪猪的距离"。

这里就涉及社会学中的个人空间，社会学中的个人空间是指环绕一个人四周的直接区域。事实上，人与人之间的关系通常用身体之间的空间距离来测量。人类学家爱德华·T.霍尔做了大量的实验之后，提出了一种理论，认为个人距离有四种基本类型，每种类型的距离又都有自己的活动和关系特征。人们选择特定的距离进行互动，不仅反映着而且有时还塑造着人们之间的关系。

四种个人距离分别是亲密距离、个人距离、社交距离和公众距离。亲密距离是一个人与最亲近的人相处的距离，在0～45厘米之间。陌生人进入这个领域时，会使人在心理上产生强烈的排斥反应。我们看到，在拥挤的公共汽车里，互不相识的人通常保持着僵直的身躯，尽量避免身体的接触，另外，尽管可以经常看到一些孩子在各种公共场合保持这种距离，但对于成人而言，在公共场合保持这种距离是很不合适的。专家们认为，亲密距离是人际交往中最

为重要也最为敏感的距离，每个人都必须谨慎地把握这个距离。

个人距离的范围是0.45～1米。人们可以在这个范围内亲切交谈，又不致触犯对方的近身空间。一般朋友和熟人在街上相遇，往往在这个距离内问候和交谈；社交距离一般在1～3.5米。其中1～2米通常是人们在社会交往中处理私人事务的距离。例如在银行取款时要输入密码，为了保护客户的机密，银行要求其他客户必须站在“一米线”之外。

2～3.5米是远一些的社交距离。商务会谈通常是在这个距离内，相互之间除了语言交流，适当的目光接触也是不可少的，否则会被认为是不尊重对方。在屏幕上，电视节目主持人大多是中近景，这是为了缩短与观众的距离。因为这个景别的视觉效果是主持人与观众的距离只有两米左右。

公众距离一般在3.5～7米左右，往往是公众集会、知名人士给别人做演讲时保持的距离。超过这个距离人们就无法以正常的音量进行语言交流了。

霍尔指出，在不同的文化背景下，人际距离的准则会有所差异，但基本规律是相同的。和喜欢的人交谈要靠得近，熟人要比生人靠得近，性格外向的要比内向的人靠得近，女人之间比男人之间靠得近。仔细想来，在生活中人与人之间的和谐都建立在恰当的交往距离之上，而人与人之间的某些冲突却往往是从不恰当的距离开始的。因此，在交往时恰当地运用“距离语言”，我们才能在越来越拥挤的地球上找到合适的位置，在越来越频繁的人际交往中科学地把握好距离。

很要好的朋友关系被人们称作“亲密无间”，而人与人之间真正到了亲密无间的程度之后，又往往会自动滋生出许多矛盾。因此朋友之间保持一定的距离是很有必要的。

江山易改，本性难移——人格与交往

俗话说：江山易改，本性难移。这里的“本性”是就人格而言的。人格类似于我们平常说的个性，是指一个人与社会环境相互作用表现出的一种独特的行为模式、思维模式和情绪反应的特征，也是一个人区别于他人的特征之一。因此人格就表现在思维能力、认识能力、行为能力、情绪反应、人际关系、态度、信仰、道德价值观念等方面。人格的形成与生物遗传因素有关，但是人格是在一定的社会文化背景下产生的，所以也是社会文化的产物。

人格很复杂，它是由身心的多方面特征综合组成。人格就像一个多面的立方体，每一方面均为人格的一部分，但又各自独立。人格还具有持久性。人格特质的构成是一个相互联系的、稳定的有机系统。人格具有稳定性。在行为中偶然发生的、一时性的心理特征，不能称为人格。例如，一个性格内向的大学生，在各种不同的场合都会表现出沉默寡言的特点，这种特点从入学到毕业不会有很大的变化。这就是人格的稳定性。

人格的稳定性并不意味着人格是一成不变的。人格变化有两种情况：第一种情况，人格特征随着年龄增长其表现方式也有所不同。同是焦虑特质，在少年时代表现为对即将参加的考试或即将考入的新学校心神不定，忧心忡忡；在成年时表现为对即将从事的一项新工作忧虑烦恼，缺乏信心；在老年时则表现为对死亡的极度恐惧。也就是说，人格特性以不同行为方式表现出来的内在秉性的持续性是有其年龄特点的。第二种情况，对个人有重大影响的环境因素和机体因素，例如移民异地、严重疾病等，都有可能造成人格的某些特征如自我观念、价值观、信仰等的改变。

但是我们应该明确一点：人格改变与行为改变是有区别的。行为改变往往是表面的变化，是由不同情境引起的，不一定都是人格改变的表现；人格的改变则是比行为更深层的内在特质的改变。一个人如果想改造另一个人，应该明白，这种改变是有限的，因为一个人的人格具有稳定性。

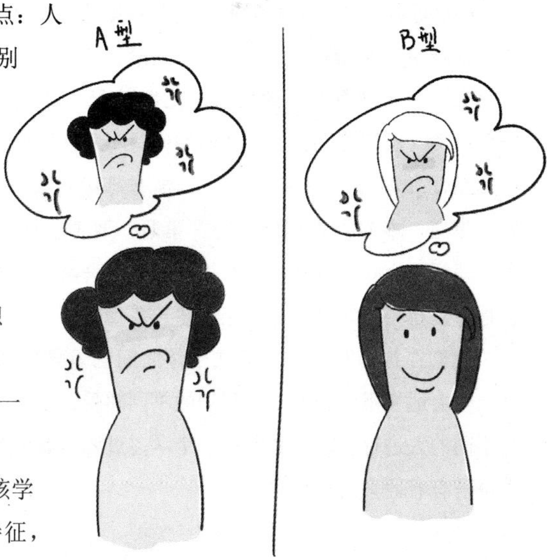

在社会互动中我们应该学会尽量把握他人的人格特征，

并且学会如何与不同的人交往。

小张和小李性情爱好各不相同，但他们同处一室，因而常常为一些事情争论不休。一天，小张从外面回来，由于在外面赶路觉得燥热，一进门便嚷着屋里太闷太热，随手将门窗全都打开。小李在家待了一天，哪里也没去，正觉浑身发冷，便责怪小张不该打开门窗。两个人互不相让，一个要开，一个要关，一个说闷，一个说冷，为一点小事闹了好半天，都认为只有自己才是对的。又有一次，小张从地摊上买了几件廉价的衣服，被小李看见了，小李说小张没眼光，他认为地摊上的衣服样式不好，而且质量很差，根本比不上专卖店、大商场里的衣服。小张则认为地摊上的衣服便宜，穿几次不喜欢了可以丢掉，专卖店、商场的衣服都太贵了。小李说专卖店的衣服虽然贵但质量好、耐穿。为这件事双方争得面红耳赤。

这个世界上的人形形色色，没有任何两个人的性格特征完全相同。比如在日常生活中我们常看到，有的人谦虚好学，有的人狂妄自大；有的人公而忘私，有的人自私自利；有的人喜怒形于色，有的人则遇事不动声色；有的人和蔼可亲，有的人蛮横无理。而故事中的小张和小李，不过是性格不同的两个人凑到了一起。但是性格不同是不是一定意味着矛盾和争执呢？这也未必。我们既然理解了人和人本来就不同，就应该放开心胸，不必强求别人和自己一样。在一些非原则性的小事上强求别人，其实是在自寻烦恼。和不同性格的人求同存异、和睦共处，其实是一种处世艺术。

每一个人都有自己的性格，在生活中，我们经常会因为性格问题与他人产生冲突、误解等，那么，我们如何与不同性格的人相处呢？

第一，要能够平等待人，不要有等级观念。第二，要学会对对方感兴趣。第三，要对人表现出宽容。第四，要善于尊重和理解对方。在人际交往中，理解是交际的基础，只有相互间充分理解，才能彼此情投意合。当然，理解是建立在相互尊重的基础上，缺乏尊重就谈不上理解，甚至会产生曲解。

我们在社会互动中要承认个体之间的差异性，并在承认这一差异性的基础上学会适应不同的人带给我们的不同感受，以及学会选择不同的互动策略来与不同的人进行互动。其实这一个学习过程对我们开阔视野、拓展社会行为能力也是有着巨大的帮助的。

PART 03

怎样相见、喜欢、成为熟人
——人际吸引

阿根廷政坛伉俪为何可以比翼双飞——互补性原则

2003年5月，内斯托尔·基什内尔就任阿根廷总统。2007年12月，克里斯蒂娜·费尔南德斯就任阿根廷总统。正如5年前，阿根廷的基什内尔总统刚刚戴上绶带，开始执政生涯一样，2007年12月10日，在隆重的权力交接仪式上，基什内尔将象征总统权力的绶带和权杖交给了他的妻子克里斯蒂娜·费尔南德斯。从此，阿根廷迈入了第一位民选女总统执政的时代。

人们不禁感叹，总统权力在夫妻之间移交，这样的例子在现代国际政治舞台上可谓罕见。人们也充满好奇：这是怎样的一对夫妻，能够在阿根廷的历史上浓墨重彩地书写一段比翼双飞的佳话？

克里斯蒂娜与基什内尔都是阿根廷正义党成员，他们早年一同参加过学生运动、遭遇过军事政变，在动荡的岁月里饱经历练，并逐步在政坛崭露头角。克里斯蒂娜曾经表示，她与丈夫的关系不仅是配偶，还是在政治上有着相近观点的伙伴。她接受美国《时代》周刊采访时说：“我们对彼此充满了尊重，我们一起商量问题。”

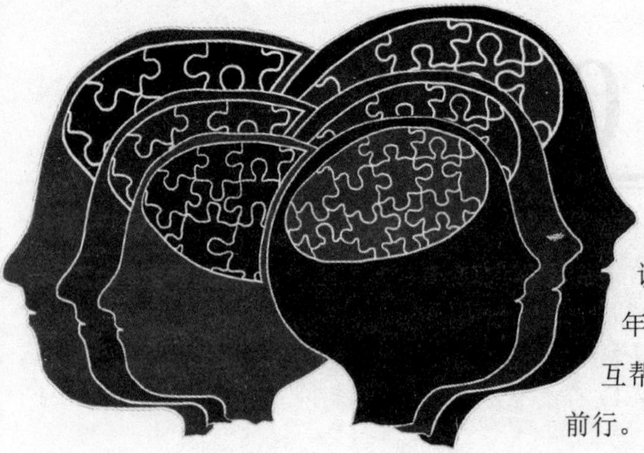

在丈夫登上总统宝座前，克里斯蒂娜已经拥有丰富的从政经历。她1989年当选圣克鲁斯省众议员时，丈夫基什内尔是市长；她当选国家参议员时，丈夫当上了省长。多年以来，夫妻二人各自努力又互帮互助，在从政的道路上不断前行。

基什内尔和克里斯蒂娜堪称政坛“绝配”，他们之间的长处具有很强互补性：基什内尔长于经济，善理内政；克里斯蒂娜长袖善舞，精通外交。

基什内尔当政时阿根廷在外交上缺乏作为，基什内尔本人最讨厌出国访问和接待外国领导人。他对于国际事务并不关心，有时会见外国领导人时甚至出现不知所云的尴尬场面。一些尖刻的西方媒体讥讽基什内尔穿着和谈吐十分“土气”，甚至用“乡巴佬”来形容他。

克里斯蒂娜在这方面则优势明显。她不仅穿着时髦，谈吐优雅，而且非常喜欢出国访问，对于外交事务也十分在行。美国《纽约时报》评论认为，她有望成为拉美领导人中的“外交明星”。

这一对阿根廷政坛伉俪的佳话正是互补性原则的最好体现。

当两个人的角色作用不同时，互补性原则起着重要作用。互补性指人们喜欢那些与自己个性品质相反的人。一个主动的支配型男性和一个被动的顺从型女性彼此间有吸引力。选择与自己个性品质相反的人可以起到互补的作用，相互满足需要。互补性原则看起来似乎与相似性原则是矛盾的，但从角色作用的观点看却是一致的。支配型男性和顺从型女性在对男女关系中男女角色的看法上是一致的，他们认为男性应起支配作用，女性应当顺从。

互补性的吸引在生活中很常见，依赖性强的人会被喜欢照顾别人的人所吸引；害羞的人会喜欢外向而好交际的人；健谈的人会迷上相对安静的倾听者。男女双方要多看对方的优点，正确看待对方的弱点，扬长避短，达到优势互补。

你为什么会喜欢那些喜欢你的人——相互性原则

春秋战国是我国百家争鸣的辉煌时期，在此期间出现了许许多多能言善辩的关心天下大事的有识之士，他们毕生游说列国，以实现自己的政治理想。其中苏秦被誉为战国时期的说客之冠，他以非凡的才智游说六国合纵联盟，尤其是在游说韩宣王时，他的不亢不卑的言辞赢得了韩宣王的信任。苏秦见到韩宣王后说道："韩国北面有巩邑、成皋这样坚固的城池，西面有宜阳、商阪这样的要塞，土地纵横九百余里，拥有好几十万军队，普天下的强弓劲弩都从韩国出产，韩国的兵士又都能征善战。凭着韩国兵力的强大和大王的贤明，却侍奉秦国、拱手臣服，使国家蒙受耻辱以致被天下人耻笑，实在是不应该呀！"苏秦为了激发起韩宣王的信心和勇气，对韩国的军事实力进行了具体的分析并大加赞扬，具体、真实，毕竟韩国是当时七雄之一，其实力是相当强大的。

在这里且不论苏秦过人的智慧和策略，他在说服韩宣王的过程中，把韩国赞美得如此富足强大这一点，是着实说到了韩宣王的心坎里。在一个外人眼里，自己的国家竟是如此的强大，韩宣王怎能不暗自欣喜呢？因此，苏秦的赞美不仅使得韩宣王满心喜欢，并且还使韩宣王欣然接受了合纵抗秦。

世上谁都喜欢听赞扬的话，任何人都不例外。古语说得好：美言一句三冬暖，恶语伤人六月寒。在社会心理学人际吸引中有一个相互喜欢，即人们更容易喜欢那些喜欢自己的人。"相互性原则"指我们喜欢那些也喜欢我们的人，不喜欢那些不喜欢我们的人。一种满意的关系是双方的自我都受到支持的关系。在人际交往中，每个人都应该适当表达他们的喜欢和对他人的积极评价。因为我们中的所有人都喜欢得到积极的反馈，而不喜欢得到消极的评价。即使是相对温和或者善意的消极评价仍让人难以接受。

还有另外一种情况是，即使明知是不正确的消极评价或者并不适当的曲意奉承仍然非常受人欢迎。对于一个人来说，奉承可能看起来是十分的不真诚，但是那个被奉承的人会觉得别人对自己如此的评价是诚实而准确的。当一个下级非常明显地对组织中的高层表示友好而对下属又并不友好时，这个下级就会被认为是特别令人讨厌的，但是这种对上级的积极行为却是非常有效的个人策略。

明代才子解缙有次陪同朱元璋在金水河钓鱼，整整一上午一无所获。朱元璋十分懊丧，便命解缙写首诗。解缙犯了难：皇上没钓到鱼，已经够扫兴了，如再来一首扫兴的诗，那岂不会令龙颜大怒？但解缙毕竟不同凡响，他略加思索，一首诗便脱口而出：

数尺纶丝入水中，
金钩抛去永无踪。
凡鱼不敢朝天子，
万岁君王只钓龙。

朱元璋听了，笑逐颜开，刚才的烦恼烟消云散。

解缙的诗起了奇妙的效果。他强调了皇上的高贵地位，与平常百姓是有所反差的：普通人钓鱼，天子则是钓龙的，这金水河里没有龙，而凡鱼没有资格朝见帝王，所以你什么也没有钓上。这回答多么在“理”，多么乖巧！毫无疑问，解缙肯定得到了朱元璋更深的信任。

一项对于150名私企和国有企业管理人员的研究表明，那些在工作中运用讨好技巧的人薪水增加最快而且在5年内获得了最大的提拔。

“一回生，二回熟，三回见了是朋友”是怎么回事——交往频率原则

8月30日，离大学开学还有3天时间，来自天山脚下的女孩雪就迫不及待地来到了她梦寐以求的大学，雪对未来充满了憧憬。由于9月2日才正式开学，所以现在到学校的新生还很少。萌来自东北，由于家离学校较远，所以也提前几天来了。雪到学校的当天下午在学校招待所下看见了这个性格开朗的东北女孩。第二天，雪去找自己所属的学院，于是在新闻传播学院门前又一次遇见了萌。雪和萌对彼此都有了一定的印象。后来，她们在学校餐厅、咖啡屋都遇见过几次。等到9月2日正式开学时，她们发现她俩竟然是同班同寝室的同学，所以，她俩水到渠成地成了好朋友。并且雪一直对别人谈起，觉得和萌特别有缘分。

一再地遇见一个人，这种偶然的没有事先安排的接触迅速地使两个人认识，并且见到熟悉的面孔总是让人觉得身心愉悦，为什么会这样呢？

事实证明，对一个新鲜事物刺激的重复通常会迅速提高这种刺激的正面评价。这也就是社会心理学上说的“曝光效应”。曝光效应是指人们对于其他人或事物的态度随着接触次数的增加变得积极的一种现象。例如，也许你会发现，你和你的邻居从来没有说过话，但你对他的态度却非常积极；歌曲或广告词越是重复，越有可能招人喜欢，为人接受，这是广播和电视经常利用的一种现象。

我们遇到面熟的人就会有亲切感，与外表、人品无关，人们容易对经常见到的人或离自己近的人抱有好感。

我们上学、上班的时间基本上是固定的。如果经常在同一时刻、在同一地点的话，总会有几个面熟的人。对这些面熟的人，即使没有说过话，也会有一种亲切感，就像对朋友、伙伴的感情一样。看到他们的身影，我们会缓解慌乱的情绪。

我们对人产生好感甚至喜欢上别人，是出于什么原因呢？其实，上下学、上下班时，从不相识到面熟的这一过程，都会成为喜欢别人的契机。

当我们被问到为什么会喜欢这个人，是什么魅力吸引了你时，一般我们都会列举这个人的相貌、人品为理由。但是，当我们不太了解一个人时，也可能会对他抱有好感。我们一般不会注意上下学、上下班时那些面熟的人的相貌和衣着，也看不出他们的行动中有什么醒目的特征，只是看着他们沉默站立的身影。但随着每天的重复，看到对方的次数的增多，我们对对方的好感也会增强。即仅仅因为与对象人或对象物接触的次数增多，对这个人或者事物的好感也会增强。

社会心理学家扎琼克在1968年曾经进行了一个交往频率与人际吸引的实验研究。他将被试者不认识的12张照片随机分成6组，每组两张，按不同的次序展示给被试者：第一组2张只看1次，第二组2张看2次，第三组2张看5次，第四组2张看10次，第五组2张看25次，第六组2张被试者从未看过。在被试者们看完全部的照片之后，实验者再出示全部照片，另加从未看过的第六组照片，要求所有被试者按自己喜欢的程度将照片排成顺序。实验结果发现，照片被看到的次数越多，被试者选择将其排在最前面的机会也越多。

社会心理学家莫尔兰等人通过在一个学院大教室安插助手以考察这种呈现频率的效应。女助手们并不与教授或学生进行交谈，她们只是进去坐在第一排让所有人都能看见。她们对上课的次数有意地进行不同的安排。在学期末，研究者向班上的学生展示这些女助手的照片，让学生们就对她们的喜爱程度进行评价。结果表明，出现频率越高的女性，越得到学生的喜欢，熟悉程度确实能增强人们之间的吸引力。

实际上，曝光效应只用于人们认为中性或积极的刺激。如果频频曝光于令人不快的刺激，那就可能加深而不是消除负面看法。并且这种交往频率效应的积极作用只适合于初见面的两个人之间，因为两个人当下的基本了解仅仅是从对方出现的次数进行信息考察的，并没有进行真正意义上的相互交流。当我们彼此交往机会增多时，自我暴露和相互了解的程度才会随之增加，两个人才能做到真正了解，误解和偏见才会慢慢得到消除，形成共同的见解和经验，相互间的吸引自然得到加强。在人际关系中，我们强调多沟通的必要性也正在于此，特别是对于素不相识的人来说，交往频率在人际关系建立的初期起着特别重要的作用。

为什么说“你对了，整个世界都对了”——情绪和吸引

公司要裁员了，张莉和卓莉都上了解雇名单，被通知一个月之后离职。两个人都在公司待了近10年。张莉在得知要被裁之后，逢人就大吐冤情：“我在公司待了这么多年，没有功劳也有苦劳，凭什么解雇我呢？”开始的时候，别人还会安慰她几句，可后来她竟然含沙射影，仿佛自己被人陷害了似的，对谁都没有好脸色，闹得大家都怕碰到她。张莉还把气发泄在工作上，最后一个月，她把工作做得相当糟糕。

卓莉在得知要被裁之后，也很难过，但她的态度和张莉截然不同：“既然只有一个月时间了，不如给大家留下个好印象。”于是，她逢人就道别：“再过些日子我就要走了，不能再与你们共事了，请多保重。”大家见到她这么重感情，反而更亲近她了，这让她的心情好多了。在工作上，卓莉的想法是：在岗一天就应该负责一天，给公司、老板和同事留下美好的回忆，即使我走了，也会有人夸我、想念我。一个月很快到了，张莉如期离职，卓莉却被老板留了下来。老板说：“像卓莉这样对工作认真负责的员工，正是我们需要的，我们怎么舍得她离开呢？”

大量截然不同的实验已经不断地发现积极情感可以导致对他人的积极评价——喜欢，而消极情感导致消极的评价——厌恶。

王红是某公司的前台秘书，工

作比较琐碎。同事几乎每天都会听到这样的话："哎呀，这又是谁啊，拿了抹布也不洗干净？""每天累死累活的，老板居然对我还是不满意！""要不是我，那么多事谁来做呀？"……

起初大家还会附和一两句，渐渐地所有人都开始对她的抱怨与诉苦感到头疼，有时真想提醒她一句："别说了。"但话到嘴边，碍于情面只好作罢。王红对此也不是没有知觉，只是她会回家继续向她的丈夫诉苦："没有人理解我。公司里的人都太坏了，没人体会到我的辛苦付出！"

当抱怨成为一种可怕的习惯时，它的力量是巨大的，几乎可以摧毁一个人的前程！当然，在此之前，它首先摧毁的是抱怨者的人际关系。没有人喜欢和一个满腹牢骚的人相处，再说，太多的牢骚只能证明你缺乏能力，无法解决问题，才会将一切不顺利归于种种客观因素。若是你的上司见你整日抱怨不停，他恐怕会认为你做事太被动，不足以托付重任。就像上面的王红一样，其实她每次都能把事情做得很好，但就是这个爱抱怨的习惯，让她的名字一次次地从经理助理的名单上被删除！一个人的情绪总会影响别人对自己的评价和看法，而消极的情绪则会使人产生厌恶和反感的情绪。这是情绪影响人际吸引的一个方面，其实情绪影响人际吸引还有另一种情况。

在日常的生活中我们经常无法意识到我们的情感源，我们仅仅知道有时候我们会伤心，有时候会非常沮丧。在这种情况下，我们的好恶很容易受我们心情的控制。一个人最近的经历、他的身体状况或者他某一时刻的心情，不仅会影响自己的感觉，还会影响别人的评价。当一人的感觉处于积极状态时另一个人正好出现，他就会喜欢这个人；相反，当人的感觉处于低落时，遇到另一个人，这个人很可能会对另一个人产生厌恶感。

在我们生活中时常发生这样的事情，同样也是因为这个原因的影响。一个叫A的人抱着愉快的心情去旅行，在同一个美丽的风景区会遇到一些人，在这所遇到的众多人之中有一个叫B的人和他是同路的，这时A很有可能会和B攀谈起来，并对B产生积极的印象和评价。

折磨A多年的胃病犯了，正打算去医院，由于饮食无规律A的消化系统出现了问题，而这病已经使A心力交瘁。在医院就诊时遇到了等待就诊的病人B坐在自己旁边，这时，A一般不会对B产生喜欢的情感，A对B的反应就是不喜欢。

小C身体上有一些残疾并且体形偏胖，在学校里不受其他学生喜欢，他常常很少参加班上的集体活动，因此，班里其他学生认为他集体意识淡漠，性格有问题，背地里总是对他指指点点，觉得小C一定是个哪里出了问题的人。这样小C就很少和班里的人交流了，因为班上的人对他都有一种偏见。所以，小C平时一般就和隔壁班的小D玩，小D是小C的老乡，他不像其他人那样看不起小C。但是小C班里的人平日里对小D也是窃窃私语的，他们也怀疑小D不正常，因为按他们的逻辑来说，和一个有问题的人（指小C）在一起也应该不怎么正常。事实上，小C和小D都是正常人，其他人对他们的认识只是一种片面的认识和受到消极情绪影响的结果。这种现象在我们日常生活中经常存在。这种现象就是情绪和人际吸引的第三种表现形式，当一个人对A产生一种消极的情绪反应时，那么人们看到和A有接触的B，就会对B产生消极的反应，尽管我们并不认识B。这是消极情绪的转移。

总而言之，人和人之间的吸引和厌恶是一个很奇妙的过程，并不像我们想象中那么简单，而是受到许多我们自己不知道和没有意识到的因素的影响。

“知己”是怎么回事——态度相似

在春秋时期，楚国有一位著名的音乐家，他的名字叫俞伯牙。俞伯牙从小非常聪明，天赋极高，又很喜欢音乐，他拜当时很有名气的琴师成连为老师。

学习了三年，俞伯牙琴艺大长，成了当地有名气的琴师。但是俞伯牙常常感到苦恼，因为在艺术上还达不到更高的境界。俞伯牙的老师成连知道了他的心思后，便对他说，我已经把自己的全部技艺都教给了你，而且你学习得很好。至于音乐的感受力、悟性方面，我自己也没学好。我的老师方子春是一代宗师，他琴艺高超，对音乐有独特的感受力。他现住在东海的一个岛上，我带你去拜见他，跟他继续深造，你看好吗？俞伯牙闻听大喜，连声说好。

他们准备了充足的食品，乘船往东海进发。一天，船行至东海的蓬莱山，成连对俞伯牙说：“你先在蓬莱山稍候，我去接老师，马上就回来。”说完，成连划船离开了。过了许多天，成连没回来，俞伯牙很伤心。他抬头望大海，大海波涛汹涌，回首望岛内，山林一片寂静，只有鸟儿在啼鸣，像在唱忧伤的歌。俞伯牙不禁触景生情，有感而发，仰天长叹，即兴弹了一首曲子，曲中充满了忧伤之情。从这时起，俞伯牙的琴艺大长。其实，成连老师是让俞伯牙独自在大自然中寻求一种感受。

俞伯牙身处孤岛，整日与海为伴，与树林飞鸟为伍，感情很自然地发生了变化，陶冶了心灵，真正体会到了艺术的本质，才能创作出真正的传世之作。后来，俞伯牙成了一代杰出的琴师，但真正能听懂他的曲子的人却不多。

有一次，俞伯牙乘船沿江旅游。船行到一座高山旁时，突然下起了大雨，船停在山边避雨。俞伯牙耳听淅沥的雨声，眼望雨打江面的生动景象，琴兴大发。俞伯牙正弹到兴头上，突然感到琴弦上有异样的颤抖，这是琴师的心灵感应，说明附近有人在听琴。俞伯牙走出船外，果然看见岸上树林边坐着一个打柴人。

这个打柴人就是钟子期。俞伯牙把钟子期请到船上，两人互通了姓名。俞伯牙说："我为你弹一首曲子听好吗？"钟子期立即表示洗耳恭听。俞伯牙即兴弹了一曲《高山》，钟子期赞叹道："多么巍峨的高山啊！"俞伯牙又弹了一曲《流水》，钟子期称赞："多么浩荡的江水啊！"俞伯牙又佩服又激动，对钟子期说："这个世界上只有你才懂得我的心声，你真是我的知音啊！"于是两个人结拜为生死之交。

俞伯牙与钟子期约定，待周游完毕要前往他家去拜访他。一日，俞伯牙如约前来钟子期家拜访他，但是钟子期已经不幸因病去世了。俞伯牙闻听悲痛欲绝，奔到钟子期墓前为他弹奏了一首充满怀念和悲伤的曲子，然后站立起来，将自己珍贵的琴摔碎于钟子期的墓前。从此，俞伯牙与琴绝缘，再也没有弹过琴。

这就是我国古代著名的俞伯牙摔琴谢知音的故事。这个故事在中国广为流传，成为佳话。

俞伯牙、钟子期在江边匆匆相遇便成为知音，以至于在钟子期死后，俞伯牙要将自己的琴摔烂，并发誓以后再也不弹琴。

相似性原则认为人们往往喜欢那些与自己相似的人。这里所说的相似性不是指客观上的相似性，而是人们感知到的相似性。实际的相似性与感知到的相似性是有联系的，而且前者往往决定后者，但二者不是完全对应的。感知到的相似性包括信念、价值观、态度和个性品质的相似性，貌吸引力的相似性，年龄的相似性，社会地位以及兴趣爱好的相似性等。许多研究表明，相似性与喜欢之间有直接联系。

对相似性原则的一种解释是，相似的人肯定了我们自己的信念、价值观和个性品质，起着正强化作用，而不相似的信念、价值观和个性品质起着负强化的作用。这种正负强化作用通过条件反射过程与具有这些特点的人联系起来，结果造成人们喜欢相似的人，不喜欢不相似的人。

另一种解释认为，相似性影响吸引是由于它提供了关于他人的信息。人们通常重视自己的信念、价值观和个性品质，所以对拥有同样特点的人容易产生好感。

社会心理学家研究表明，他人越是与自己相似，便越是喜欢这个人。T.M.纽科姆的现场研究证明，在研究开始时，那些在信念、价值观和个性品质上相似的人，在研究结束时成了好朋友。婚姻介绍所的工作也往往以双方的相似性作为参考依据。

但是，人们在早期交往中，信念、价值观和个性品质的相似性往往显示不出来，此时年龄、社会地位、貌吸引力往往起着重要作用。随着交往的加深，信念、价值观、个性品质等因素的作用便逐渐突出，甚至超过其他因素。

从古至今，流传着多少知音的千古佳话。于千万人之中，于千万年之间，不仅遇见了那个想要遇见的人，那个与自己情志相投、兴趣一致的人，那么怎能不产生如获至宝的感觉？相同的态度、相同的价值观，最终使他们成了志同道合甚至同生共死的至交好友。

第四篇

男人来自火星，女人来自金星——两性关系与心理差异

PART 01

大相径庭的男人和女人——不一样的两性

男人靠说，女人靠感受——男女不同的表达方式

科学家曾做过一个实验，对几小时大至几个月大的男女婴儿给以同样的玩具，稍后再重复一次看他们的反应。结果发现，女孩的大脑对人和人的脸部做出了反应，如芭比娃娃；男孩则对事物与它们的形状做出了反应，如飞机、变形金刚。据此，科学家得出了一个结论：男孩喜欢事物，女孩喜欢人物。

科学测试表明两性之间通过他们不同的大脑结构感知同一个世界。人的脸部更容易吸引女婴，她们对视的时间比男婴长3倍。男婴对移动的没有规则形状和模糊的东西感兴趣。12周大的女婴能辨认出家人，并表现出对家人的信任与好感，但男婴却不能够。然而男婴更容易识别曾经玩过的玩具。这个不同点是非常明显的。

对学龄前儿童进行测试，测试表明女孩能记起与她一起玩耍过的小朋友及他们的表情，而男孩记起更多的是所看到的事物及它们的形状。如果在学校，几个女孩不论是坐着聊天还是玩耍，旁人观察每个人的身体语言后，很快就能看出谁是她们中的领头人。

如果一个女孩建一个什么东西，它往往是一个长的、低轮廓的建筑，中间有人，且重点在人物的塑造上；如果男孩建造一个建筑物，他往往是与其他人比谁的更大、更高。在幼儿园，女孩子们会对新来的女生表现出热情，并且她们很快地就能知道彼此的名字；但一个新来的男孩受到的待遇就完全不同，只有当他被认为对这个集体有用时他才能被接纳。

这种男女不同的感知方式直接决定了男女不同的表达方式，比如，有一对夫妇正在驾车行驶，妻子问丈夫道："想停下来喝点什么吗？"丈夫实话实说："不想。"他们继续行驶。结果呢，确实想停下来喝一杯水的妻子十分懊恼，因为丈夫没有理解她的愿望；丈夫看到妻子在生气也气得很，心里嘀咕："她干吗不直接说啊？"男女的表达方式的不同，从亚当和夏娃时期就开始了。男人总认为有什么想法和不满就直接说出来，对方才能知道，才能想办法去解决，不必猜来猜去；而如果不把不满说出来，对方便无法了解到你的真实想法和目的。女人则不习惯把什么不满都直接说出来，而是希望凡事都能保持良好和谐的关系，所以她们多半采取宽容的态度。女人也不习惯用清晰明白的言语来表达情绪，女人认为如果男人真的在乎自己的话，就不会一点也察觉不出自己的不满情绪，女人认为即使自己什么也没有说出来男人也应该知道。说到底，女人的沟通是先感知再进行语言沟通的；男人则是先说出来再去感受。

硬汉VS典雅——性别角色认同

在男人戏中，“硬汉”最受人欢迎。之所以这么说，是因为不论是男性观众还是女性观众都喜欢，女性观众喜欢硬汉形象，是因为硬汉形象符合了女性对男性的期望和认同；男性观众喜欢硬汉形象也是基于一种对性别角色的认同和肯定。

从电视剧《像雾像雨又像风》《背叛》《浮华背后》《征服》，到《军歌嘹亮》《半路夫妻》《我非英雄》《落地，请开手机》等电视剧，可以说孙红雷留给观众的印象一直都是铁铮铮的硬汉。孙红雷的每一次出镜都是让大家印象深刻的男子汉。在电影方面，孙红雷也仍然塑造着自己的硬汉形象，包括《七剑》《铁三角》《天堂口》等影片，都已经成为孙红雷的代表之作，更让孙红雷的硬汉形象在观众心中根深蒂固。在2009年各个电视台播放的电视剧《潜伏》中，孙红雷精湛的演技又一次为他赢得了良好的口碑。

在演艺界这个纷繁变幻的舞台上，无数的演员就像流星划过天际一样陨落，能在演艺圈屹立数十年已属不易。但赵雅芝在演艺界艺龄已逾30年，并且从香港红到东南亚，号召力仍不减当年，我们不能不说这是一个奇迹。

1978年，一部《倚天屠龙记》让年轻的赵雅芝在香港电影界崭露头角，接着就是《楚留香》，她因饰演苏蓉蓉一角，一炮而红遍港台、东南亚。她以荧屏上那温柔美丽的形象、亲切甜美的笑容、轻巧灵活的身姿，一跃而成为出演古典美女的第一人选。而后，就是红遍中国的《上海滩》《新白娘子传奇》，赵雅芝曾饰演了无数温柔善良的角色，她用她的美丽婉约感动着一代代的观众。

赵雅芝就像她所饰演的众多角色一样，端庄典雅，大方得体，为无数女性树立了一根标杆，也赢得了不计其数的女人的艳羡和追捧。从社会学的角度看，观众们喜爱孙红雷和赵雅芝的原因在于，在人们的潜意识里，他们符合了人们理想中的男人和女人的样子。

在社会学上，性别角色就是个体一生所扮演的最基本也是最重要的角色。“男人就该像个男人，女人就该像个女人”就是最通俗的说法。

“认同”的含义包括以下两方面：

一是认为跟自己有共同之处而感到亲切，承认、认可和赞同；

二是自觉地以所认可的对象的规范要求自己，按所认可对象的规范行事。

认同是在与他者发生关系的过程中产生的。因此顾名思义，认同有“认识同化”的意思，有“对某一现象承认认可并且自愿地按其规范行事”的含义。

社会认同是指“个人的行为思想与社会规范或社会期待趋一致”，社会认同表现为三个层面，即价值认同、工作或职业认同和角色认同。其中角色认同是指人们在社会中必须在不同的时间和空间扮演不同的角色，各种角色都有一种约定俗成的行为标准，一个人如果能够赞同社会对某个角色的行为标准，并按这个行为标准行事，就是角色认同。

性别有“性别”和“社会性别”之分。前者指男性和女性的生理差别，后者指男女两性在社会文化的建构下形成的性别特征和差异，即由社会文化形成的对男女差异的理解，以及在社会文化中形成的属于男性或女性的群体特征和行为方式。

性别角色认同指获得真正的性别角色，即根据社会文化对男性、女性的期望而形成相应的动机、态度、价值观和行为，并发展为性格方面的男女特征，即所谓的男子气和女子气。

下面介绍一下儿童性别认同发展的三个阶梯，让我们对性别认同的发展有所了解。

从呱呱坠地的那一刻起，婴儿就有了性别的烙印，从姓名、服饰、玩具，到以后的行为要求、生活方式、父母对他们的期望，婴幼儿正是从爸爸妈妈对待他们的态度和行为要求中逐渐地理解性别。

两岁半到3岁期间，孩子对“我是谁”开始有初步的概念，他们会用“我”或“我的”来表示自己或属于自己的，而对自己的性别的认同，则是孩子建立自我概念很重要的一环。这个阶段的孩子，从在幼儿园上厕所时男生、女生必须分开以及男生不能穿裙子等方面，开始意识到男女有别。孩子会很好奇地想知道自己究竟是男生还是女生，究竟是和妈妈一样还是和爸爸一样。不过，这时他们还不大能真正明白男女的不同。

第一阶梯：3岁前对性别的理解只是外部特征层面。

3岁前的幼儿就能够很响亮地说出自己的性别，但他们对性别的理解只是外部特征层面的。开始时，幼儿会好奇地问妈妈，自己是男生还是女生，是和妈妈一样，还是和爸爸一样。逐渐地，他们学会从发型、衣着上来辨别男性或女性，不过，这时他们还不大能真正明白男女的不同，同时他们也不能理解性别是恒定不变的。

第二阶梯：4岁时对性别的意识开始丰富。

到了4岁，幼儿的性别意识开始丰富许多。他们对性别的差异也比3岁时更好奇。比如，当幼儿发现男女上厕所的方式不同时，通常会好奇地问“为什么男生要站着尿尿，而女生要蹲着尿尿”。

同样，他们对自己的生殖器也产生了好奇，想看看自己的和别人的有什么不一样，并在此基础上感受到男性和女性在生殖器上的差异。有时，听到有人提起“小鸡鸡”等字眼，会觉得神秘而咯咯地偷笑。甚至有的幼儿会因为实在太好奇，玩起脱裤子之类的游戏。这时，幼儿的性别刻板印象也在加强。他们会坚定地认为，男孩子玩洋娃娃是不正确的，女孩子也不能玩那些打仗游戏。

建议父母尽量以最自然的态度处理，也借机教导孩子如何保护自己的隐私。如果发现孩子喜欢玩这类游戏，不妨将孩子的注意力转移到其他事物上，或避免让会一起玩这种游戏的孩子聚在一起。

第三阶梯：5岁以后真正开始了解两性的差异。

幼儿5岁以后真正开始了解两性的差异，他们知道除了外表的不同外，还包括生殖器官的不同。如果你问他们，男生和女生有什么不一样，最常听到的答案可能是“男生不可以穿裙子”“女生可以留长发”等。但如果你一直追问，他们会有些不好意思地告诉你：“男生有小鸡鸡，女生没有。”由于对性别的理解，这时的幼儿对性别也开始敏感起来，开始懂得不好意思和回避。他们也真正理解性别不会随时间、外部特征、愿望的变化而变化。

同样，当大人提到与性有关的东西时，5岁的孩子已经会表现得不好意思，对自己的身体也开始变得矜持，这个年龄段的孩子在换衣服或上厕所时可能会要求关门。不过，大部分的时候，男孩女孩还是可以愉快地在一起玩耍相处，并不在意性别的差别。

在性别角色理解方面，学龄前的儿童会将许多玩具、衣着用品、工具、游戏、职业甚至是颜色与一种性别联系起来，而与另一种性别严格隔离，形成非常刻板的性别角色印象，这种现象直到儿童中期才会得以缓解。

性别差异除了男女生理上的不同之外，强大的社会压力从婴儿一出生便不断地影响他们，要求他们去扮演符合社会文化认同的性别角色。幼儿时期，受父母及家庭影响最深，随着孩子年龄的增长，同学、老师、学校以至整个社会，都在慢慢地使孩子扮演适合他性别的行为模式。

女人属于家庭VS男人属于事业——性别认同

人们普遍认为：男人比较重事业，女人则比较重家庭，男主外女主内早已成为不言而明的社会认同。在人们普遍的价值认同里，事业是一个男人成功的标志，一个男人要想获得一定的社会地位和声望，就必须拥有一定的成就。这也与我国经历的数千年的封建社会有关。古代男人通常都是家庭的顶梁柱，没有事业，就很难承担家庭的经济负担。另外，一个男人不能放弃事业，很多的时候男人的魅力展现在他专注的工作中，也显示在其认真负责的态度中，一个男人的价值很大一部分也体现在其事业上，所以男人不能没有事业。男人拥有事业，更像个男人，是证明男人能力的一种方式。一个没有事业没有能力的男人，就会显得自卑；而女人通常都喜欢事业有成的男人，感觉这样才有安全感，没有事业的男人会被女人认为窝囊、没有出息。对于男人来说，感情是易变的、捉摸不定，而事业，一旦拥有，就是一种资本。所以，长久以来，男人们都被认为是属于事业的，是需要到外边奋斗搏杀的。

与男人不同，社会对女人的认同是回归家庭。家是女人一生的事业，也是

女人婚姻的归宿。作为女性，天性里就有对婚姻、对完美的追求。在女性的心灵深处，婚姻能够使女性灵魂得到真正慰藉。查尔斯·卓别林说过："对我而言，我的母亲似乎是我认识的最了不起的女人……我遇见太多太多的世人，可是从未遇上像我母亲那般优雅的女人。如果我有所成就的话，这要归功于她。"

一直以来，在人们的意识里都是男人属于事业，女人更多地回归家庭，这在社会学上属于一种社会对性别的认同。很久以来，人们普遍认为在男性和女性间观察到的大多数差异是以生物因素为基础的，不同类型的研究已颇具说服力地表明许多典型的男性和女性的特征事实上是后天习得的，换句话说，就是社会赋予的。既然是社会赋予的，也便会随着社会形势的变化而发生变化，随着社会的更加开放，越来越多的女性走向了社会并获得了经济上的独立地位，因此男人属于事业、女人只属于家庭的观念也相应发生了变化。

妇女们，你们为什么要学跆拳道——家庭暴力

尼加拉瓜妇女玛丽亚幼年就生活在家庭暴力的阴影下。结婚后，她又陷入了另一个家庭暴力的怪圈中，时常遭到丈夫对自己使用暴力。通过学习跆拳道，她重新获得了自信。玛丽亚说："现在我不怕任何人的攻击了，因为我完全可以保护自己了。"目前已经有200多名尼加拉瓜妇女参加跆拳道学习课程。教练说，除了学习防身术，学生们还在学习的过程中建立了自信。

家庭暴力一直是困扰尼加拉瓜社会的一个问题。据尼加拉瓜警方的统计，仅2009年前三个月，就有6名妇女因家庭暴力死亡。据尼加拉瓜一个妇女权益组织的统计，每三名尼加拉瓜妇女中就有一人生活在家庭暴力的阴影下。面对越来越严重的家庭暴力问题，尼加拉瓜的妇女权益组织建议女性学习跆拳道，以保护自身的安全。

家庭暴力，是指发生在家庭成员之间的，以殴打、捆绑、禁闭、残害或者其他手段对家庭成员从身体、精神、性等方面进行伤害和摧残的行为。家庭暴力直接作用于受害者身体，使受害者身体上或精神上感到痛苦，损害其身体健康和人格尊严。家庭暴力发生于有血缘、婚姻、收养关系生活在一起的家庭成员间，如丈夫对妻子、父母对子女、成年子女对父母等，妇女和儿童是家庭暴力的主要受害者，有些中老年人、男性和残疾人也会成为家庭暴力的受害者。家庭暴力会造成死亡、重伤、轻伤、身体疼痛或精神痛苦。

家庭暴力是一个全球性的问题。在世界各国，家庭中虐待妻子的现象都十分常见。据调查统计，20世纪全世界有25%～50%的妇女都曾受到过与其关系密切者的身体虐待。全国妇联的一项最新抽样调查表明，在被调查的公众中，有16%的女性承认被配偶打过，14.4%的男性承认打过自己的配偶。每年约40万个解体的家庭中，25%缘于家庭暴力。特别是在离异者中，暴力事件比例则高达47.1%。据资料统计，目前，全国2.7亿个家庭中，遭受过家庭暴力的妇女已高达30%。家庭暴力引起的后果是严重而且是多方面的，因为发生在家庭中而得不到及时有效的制止和处理，很容易导致婚姻的破裂和家庭的离散，同时使加害人有恃无恐。并且，发生家庭暴力的家庭中的孩子通过耳濡目染、潜移默化，在他们长后大大增加了使用暴力的可能性。

30%中国家庭存在家庭暴力，从调查分析情况看，产生家庭暴力的原因有诸多方面，主要体现在：

（1）观念错位——贪恋婚外情导致家庭暴力。调查中，由婚外情引起的家庭暴力占30%。

（2）一些男性性格扭曲、品行不端，直接引发家庭暴力。此类情况占总数的22.5%。

（3）严重的大男子主义思想作祟引发家庭暴力。一些男性大男子主义思想根深蒂固，总是以居高临下的心态任意摆布和欺侮妻子，以威逼打骂妻子为能事，常常因一点点生活小事，对妻子大打出手，以此来满足自己“男子汉大丈夫”的自尊心。这种情况占23%。

（4）历史原因和社会原因。从历史发展来看，我国长期以来“男尊女卑”传统的夫权思想，在当前市场经济形势下有所抬头；从社会角度来看，一是我国妇女的地位存在事实上的不平等，二是社会上多数人认为“家庭暴力是家庭内部的事”“清官难断家务事”。劳动社会化程度不高、生育风险还基本上由女性自身承担等诸多因素的影响，使女性处于下岗、失业率高、再就业难的境地。在农村，特别是边远贫困地区的妇女，大部分妇女还没有独立的经济来源和家庭经济支配权，这就造成了其在经济上过于依赖丈夫的事实，一些女性甚至被丈夫视为生活上的累赘，常因向丈夫索要生活费遭到家庭暴力。

（5）在法律宣传和教育方面开展得不够广泛和深入。许多公民没有意识到家庭暴力是侵权行为，是违法行为，而社会舆论对此采取宽容态度，而未能给予及时的、大张旗鼓的谴责，对施暴者没有威慑作用。

家庭暴力的后果严重，危害性极大。不仅严重影响、破坏了社会组成细胞——家庭，还影响子女的正常生活和成长。家庭暴力侵害了妇女的人格尊严和身心健康，甚至威胁生命。同时，家庭暴力给社会带来了不稳定因素。不及时有效遏止家庭暴力，受害者本人又不知用法律保护自己，在忍气吞声、长期遭受暴力的扭曲心态下，采取了法律禁止的手段——故意杀人，酿成恶性事件，给社会带来恶劣的后果，极大地危害了社会安定的局面。

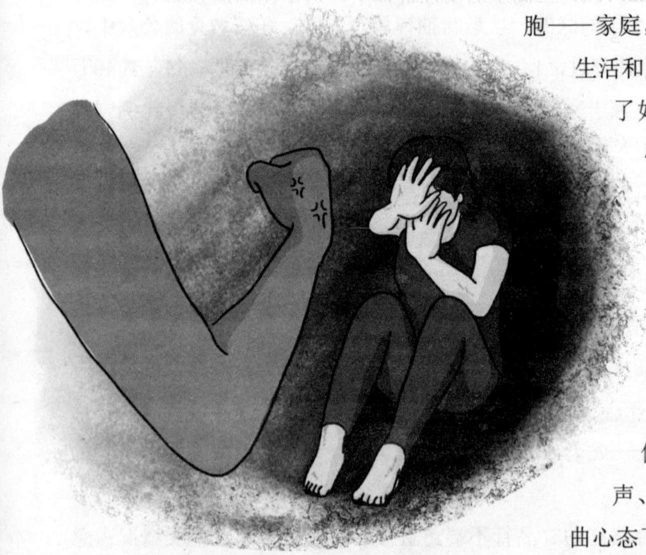

“我想我会一直孤单”——单身

我想我会一直孤单，这一辈子都这么孤单，有越多的时间就越觉得伤感。喜欢的人不出现，出现的人不喜欢。想过要将就一点，却发现将就更难。自由和落寞之间怎么换算？我独自走在街上看着天空，找不到答案，我没有答案……

刘若英的这首歌唱出了不少人的心声。这也正说明了当下的一个现实，单身的人越来越多。统计数据显示，1990年，北京30～50岁单身人数在10万左右；2002年，北京、上海等地这个年龄段的单身人数达到50万，其中女性超过六成。

单身，是指一个人成年以后仍然是一个人生活而没有配偶，可以是从没结婚的，也可是已经离异的，还可以指丧偶的。

零点调查公司2002年的一项关于城市婚恋观的调查显示，上海等城市女性认同独身观念的有82.79%，在高学历女性群体中，这个比例达到89.94%。而这一比例还将进一步扩大。

都市单身女性大都存在“三高”特点：学历高，基本上都具有本科以上学历，部分还有“海归”背景；收入高，年薪在5万元以上，一部分甚至已经超过50万元；社会层次高，要么在热门行业任职，要么在单位任中层干部以上职务。她们经济独立，生活自由，敢于投资，无压力的消费和物质化的生存，使单身女性成为拉动时尚消费的绝对主力。

有社会学者提出，大量单身女性的出现，一方面表明女性社会独立性越来越强，尤其是经济独立的女性已经越来越多，同时也标志着青年人获得成人感的标志在悄无声息地发生变化。

过去，年轻人获得成人感的两个标志是，有工作并且已经结婚。但现在的状况是，这两方面都越来越滞后。日本《东京新闻》公布的一项关于日中青年就业观比较的调查显示，中国青年在事业和家庭中，愿意选择事业成功而对家庭可以有一定的牺牲的人，比日本青年在面临同样的问题的人要高出3倍。因为中国正处在从机会匮乏到机会剧增的时代，最容易激发人的社会成就动机。

中国社会科学院社会学所副研究员沈杰认为，单身作为一种生活方式，被越来越多的年轻人所接受和选择，这正是个体主义取向增强的表现。但是，“人本是群体的动物，单身只是现代化进程当中的一个独特的现象，也可能是一个过渡阶段的现象”。

社会学家认为，单身不可能成为社会的主流，现代化程度很高的国家，单身的比例也只有20%左右，这种现象的出现是受经济、社会、文化、心理的影响，更多的是一种进步的表象，但在某种意义上实际又是远离人本的悖论的消极的影响。

现代化一个很重要的价值观变化就是个体化的自我取向很强，因为人们在寻求自我潜能和价值实现的过程当中，对于个人空间尤其是心理上的空间需求越来越大，同时私域的要求也在扩大，这些都促使现代人的个性增强，导致社会的多元。

单身状态的人要用幸福量表来测定的话，他们一定不会有很强烈的幸福感。沈杰说，人本是群体的动物，单身不会是人类发展过程中一个永不变化的现象，当人类向高级阶段发展时，回归家庭是肯定的趋势，但那个时代的家庭与今天的家庭可能很不一样。

PART 02

婚姻是爱情的坟墓？
——爱情和婚姻

问世间情为何物——爱和爱情

社会心理学家认为，爱是一个较广泛的概念，包括对人民、对父母、对师长等的爱，而爱情则一般专指男女之间的亲昵关系。社会心理学家E.C.哈特菲尔德和G.W.沃尔斯特在1981年把爱区分为恋爱和友爱。恋爱是一种用不同爱情术语解释的强烈生理状态，一种混合的情感，包括温柔和性感、兴奋和苦恼、焦虑和欣慰、利他和嫉妒等。恋爱被定义为一种与他人结合的强烈愿望。相互的恋爱伴随着满足和狂喜，单恋则伴随着空虚、焦虑或失望。恋爱往往包含把对方理想化的倾向，往往是盲目的不可控制的情绪状态。友爱则是不那么强烈的情绪，包括友好感情和深刻理解，其特点是友好、谅解、关心对方。它是比较现实的，把对方视为现实的人，不像恋爱那样把对方理想化。友爱被定义为人们对与其生活密切相关的人的情感。

Z.鲁宾把喜欢与爱区别开来。他认为，爱的因素是对对方负责、温柔体贴、自我揭示、排他性。喜欢则指为他人所吸引，尊重对方，认为对方与自己相似。他制定了测量喜欢和爱的量表，以把二者区别开来。在预测男女爱情的发展上，爱的量表比喜欢的量表更有预测力。

恋爱社会心理学家D.T.肯德里克等人认为，可用强化原则去解释恋爱。从某人那里接受的强化越大，人们便越可能爱这个人。这意味着，恋爱是由强烈积极的体验所激起，由强烈消极的体验所扑灭。但少数人持相反的观点。如R.斯托勒认为，对立、神秘、风险等引起性兴奋。多数心理学家认为，愉快和痛苦都能点燃爱情。从生理上看，愉快和痛苦都是强烈的唤起，喜悦、热情、兴奋与愤怒、嫉妒、憎恶等都会引起神经系统的交感反应，如脸红、出汗，心跳、呼吸加速等。因此理论家们认为，愉快和痛苦都可能点燃爱的体验，D.达顿等人1974年的研究证明了恐惧和性吸引之间的联系。他们让年轻男性测试者分别走过两座桥，一座是危险的吊桥，一座是安全的正常桥。当每个测试者过桥时让一位年轻美丽的女大学生迎面走来，要求测试者填一份问卷。填写后女大学生把自己的电话告诉测试者，告诉他如需了解问卷详情，可以打电话找她。结果表明，在危桥上遇到女大学生的33名测试者中有9人打了电话，在正常桥上遇到女大学生的测试者则只有两人打了电话。

按照S.沙赫特提出的情感二因素论看，情绪体验依赖于生理唤起和认知标记。人们莫名其妙地感到害怕时，往往以环境来解释。沙赫特把这个理论应用到爱情上，认为爱情是生理唤起和适当认知标记的结合。你在思念恋人时，此时任何情景引起的生理唤起的加强都可能被解释为爱情的增强。如一对暴风雨中的恋人比在一般条件下更易于增强爱情，因为暴风雨引起的唤起被解释为爱情了。当然，如果其他解释很明显，便不会解释为爱情。爱情和喜欢是不同的，但喜欢是爱情的基础。社会心理学研究表明，影响喜欢的因素也影响爱情，影响喜欢的因素，如相似性、满足性、接触频率、外貌吸引力、互补

性等也是决定一个人最终选择什么人做恋人或伴侣的重要条件。所以，相似的人、住得邻近的人、交往频率高的人、外貌吸引力大的人、角色作用互补的人之间容易发生爱情。

美国的研究结果显示，男性比女性更易于产生爱情，女性比男性更易于中断爱情。而且男性中断爱情后双方还可以保持一般朋友关系；如果女性中断爱情，就难以保持这种关系；女性比男性更易于体验爱的激情，男性对爱情的看法更具浪漫色彩。

为什么结婚时没想到会离婚——假想相似

以下是两个苦恼的年轻人的痛苦和困惑。

小米和相恋了7年的男友终于结婚了，两人从大学一路走到现在，虽然中间也有吵吵闹闹，但他们的感情还是好得让人羡慕。他们之间不是没有经过考验，但不论是多么大的考验他们都一起过来了，他们俩始终觉得对方是最适合自己的，自己一直在寻找的和自己共度一生的人就是眼前的人。于是他们的感情十分稳定，真的是羡煞旁人。有情人终成眷属，两个真心相爱的人终于走进了婚姻的殿堂，开始了人生新的生活。结婚后的两人应该是恩恩爱爱、比翼双飞的，但小米却向朋友说出了一些并不如愿的婚后生活。

小米说："结婚前我和我老公的感情很好，哪怕就是吵架，在我看来也是甜蜜的，我们对待事物的看法也很有默契，想做什么、要做什么都是心有灵犀的，诸多方面的相同态度足够我们保持生活的和谐美满了。但是我发现结婚后一切都看起来不一样了，尽管他还是一样。面对生活中许多的小事大事，我们都没有办法达成一致意见，有时甚至相互和解都要做出很大的一番努力。所以，现在我总觉得开心不起来了，干什么事情都没有兴趣了，原来我恨不得每分每秒都和他黏着，现在我更喜欢自己独处，并且变得异常敏感，他一句不经意的话、做一件不经意的事情，我都觉得无法忍受。

“说实在的，我感觉现在一天更像混日子地过，像是履行夫妻的义务。有时候，我怀疑是不是我自己变了，但我却不知道我因为什么变了，感觉自己好像没有婚前那么爱他了，一切看来都感觉无所谓了。但是应该声明的是，我并不是因为喜欢上了别人而对他这样，我俩之间倒是很忠诚专一的。

“我现在感觉以后的路很迷茫，我甚至想想都觉得烦。我很想回到过去，可是我知道这是不可能的。我这到底是怎么了？我不想这样下去了，时间长了，我们的感情肯定就完蛋了。”

小奇也是和妻子结婚后，婚姻生活出现了一些小矛盾。

“结婚后自己就变成了宅男，天天就爱待在家里！我觉得出去没什么好转的，我周围的朋友都基本没结婚！他们也是乱玩疯玩！我总觉得我要和他们在一起我会变得很坏，所以下班回来就在家里休息休息，看看电视、上上网！

“但是我老婆就不同了！朋友多得不行，基本每天都有活动，想和她一起逛还要约时间！她和她那些朋友也就是逛逛街、聊聊天，时不时地在酒吧里喝酒，但是喝到很晚，基本到半夜1点左右才回来，我们就吵得很凶！我不是多心，她不是那样的人，只是觉得结婚后不应该这样，但是这也不是经常性的！反正我和她吵架基本是吵完了该什么样还是什么样，一点效果都没有，所以我很伤心！

“基本什么好话说了也白说，吵了也白吵，说得多了又嫌烦，比我还有理，说我不让她出去，回来晚了我就是这烂样子！还说不想回来！我现在非常苦恼，以前我们不是这样的，以前无论什么事我们总能找到双方都能接受的解决方法，都尽量让对方高兴，现在结婚了，不同的地方反而更多了，多得让人应接不暇。达不成和解反而更加伤害了我们之间的感情，真不知道该怎么办。”

以上小米和小奇的亲身经历也是许多年轻人在婚后都会遇到的问题。在谈恋爱时，两人都爱得如胶似漆，当时觉得对方是最适合自己的，因此愿意为彼此做出让步和改变。可当真正步入婚姻的殿堂，夫妻日日朝夕相处，在烦琐的日常生活中慢慢发现两个人其实有太多不同的地方，有时甚至怀疑对方是否是最适合自己的，因此在遇到问题双方意见不同时，就很可能会引起争执，一直吵吵闹闹伤害了感情。

这种现象在社会心理学中被称为假想相似。假想相似是指两人所认为的某些方面彼此之间的相似程度，与他们的实际相似程度不符。相似的人会结婚，并且关系相处得好，其假想相似也很高。夫妻之间假想出来的相似往往比实际情况要高，并且婚姻满意度也与相似及假想相似有正相关。

社会心理学家比较了夫妻、恋人和朋友之间的“五大人格”，研究发现：任何关系中两人的相似性都要高于随机组，但夫妻的相似性比恋人和朋友要高。然而，假想相似在恋人之间最高，这大概就是前面提到的浪漫幻觉。朋友和夫妻在这方面则要现实得多。夫妻比恋人有更多实际相似、更少假想相似，这表明许多恋人确定关系后，会改变自己的某些态度，使其具有更多相似。

在沉迷于恋爱时，浪漫的幻觉使得双方的眼里就只能看见对方的好，也不自觉地看到对方和自己相似的地方，回避和自己不同的地方；当走入婚姻后，恋爱时的浪漫幻觉渐渐退去，有的只是每日柴米油盐的现实生活，此时人们更客观、更理性，因此就能更加清醒地认识到互相的不同，矛盾就由此产生。

但是，结为夫妇的年轻人不能因此就草草结束自己的婚姻，因为和自己结了婚的人曾经也是自己在茫茫人海中选中的和自己最合适的，虽然婚后发现双方有诸多不同，两个人毕竟是两个独立的个体，观点、意见不同也很正常，在生活中慢慢磨合就会好起来。我们的父辈也是这样慢慢过来的；而如果另换一个人和自己结合结果也会是这样，很有可能还不如现在好，这样的例子在社会上不是没有。

总而言之，在婚姻中假想相似是很正常的想象，我们只要端正态度，以一颗平常心对待，在痛苦的磨合之后就会渐渐尝到婚姻的蜜果。

为什么总有些人不能获得幸福婚姻——自恋

在古希腊神话传说中，有一个美少年叫纳西司，他不为美丽钟情的姑娘的爱情所打动，却常常因欣赏自己倒映在水中的影子而陶醉。弗洛伊德把这种自我欣赏、自我迷恋叫作“自恋”。

在社会心理学中，自恋是指一种过于自我接受的人格类型。自恋者总感觉自己优于他人，追求的是爱人的钦佩与爱慕，对批评很敏感，对他人缺乏同情心，并有一定剥削性。这种人很少能获得幸福的婚姻，因为他追求的是钦慕自己的理想恋人，而不是与自己相似的人，也不是能给自己提供情感支持的人。实际上，自恋者想要的只是赞美，而不是另一个自恋者，也不是亲密感。

对于婚姻中的自恋者，不一定需要一个能够满足其特殊要求的人与自己相似，而是想让自己像王一样，受到对方的全面关注、欣赏甚至恭维。这种人总比其他人更难以拥有和谐的关系，而这种人格倾向也是导致婚姻失败的一个重要因素。

在现代社会中，女人的地位越来越高，并且在有的家庭里，女人的收入远远高于男人。在这种情况下，很容易形成一种女人越来越自以为是，男人为了宠爱娇妻，常常是心甘情愿地任劳任怨的情形。发展到后来就形成了一种习惯，在家庭中，逐渐形成了妻子掌权的局面。妻子发号施令，俨然一派“女皇”风范；丈夫则唯唯诺诺，典型的“男佣”作为。在这样的情况下，相处日久，危机迟早会爆发。

其实，这是一种错位，女人地位的提高，并不意味着要凌驾于男人之上，而是要与男人平等相待、互商互谅，在家务上更是要公平互助，各尽所能。

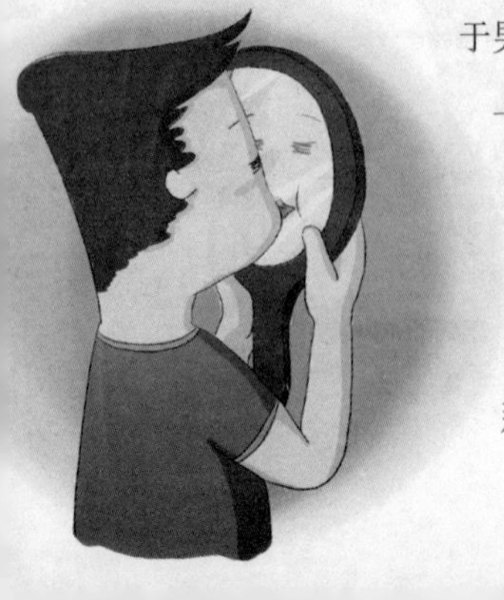

婚姻是一本收支平衡的账簿，无论在行动还是情感上，只有夫妻双方的支出和获得、奉献和牺牲达到基本均衡，才有心灵的平和与快乐。在每一天的平凡中主动奉献，给予对方尊重，他也会从对方那里获得同样的回报，因为爱意味着互相给予。

“执子之手，与子偕老”的秘诀——公利行为

“死生契阔，与子成说；执子之手，与子偕老。”这是《诗经》里描写爱情的著名诗句。意思是说，生死相依，我与你已经发过誓了；牵着你的手，就和你一起白头到老。这是一个征战在外不能归的士兵，对妻子分别时誓言的怀念，两情缱绻，海誓山盟，痛彻心扉。从此，“执子之手，与子偕老”成了生死不渝的爱情的代名词。在今天浮躁功利的时代，见过了太多“不求天长地久，但求曾经拥有”或“过把瘾就死”的速食爱情，“执子之手，与子偕老”的爱情也就成了人们心中最浪漫的事。

可人间事常难遂人愿。人们步入婚姻时，通常都带着很高的期望，他们对婚姻成功的概率看得很乐观。尽管美国有超过一半的婚姻以离婚告终，但尚未结婚和结婚10年以上的人对自己将来离婚的可能性估计都不高，分别为10%、11%。而实际上，目前的离婚率在64%左右。这不单是美国的问题，在日本，1990年到2000年之间离婚率上升了55%。

那么，夫妻之间到底发生了什么问题，使原本充满甜蜜爱意的恋情，一点点消磨变淡，甚至让彼此都对对方充满怨恨？

爱情是理想的，婚姻则是充满了世俗的现实因素的。也就是说，每一个人都需要用现实而客观的眼光来解读和看待婚姻中出现的一切问题。首先，你应该明白，没有一个爱人（包括自己）是完美的。无论对方看上去有多完美，终有一天会被发现有些缺点。例如，人们会失望地发现夫妻之间实际上的相似没有想象的那么多。随着时间的推移，那些个性中不好的一面会变得让人无法忍受。甚至那些曾经看上去可爱、与众不同的个性也会慢慢地不再受欢迎，甚至变得令人讨厌。有社会学家在研究中指出，如果当初是被另一个人的独特所吸引的话，那么最终导致这种不欣赏的机会会很高。

有些婚姻问题具有普遍性，因为任何亲密关系中总会遵循一定的共同规律。如果只是一个人，他想做什么就可以做什么，但当两个人一起生活，他们就必须共同来决定吃什么饭、由谁来做、什么时候开饭。同样，还要决定是不

是要看电视、看哪个节目，现在洗碗还是等到明天，哪里放自动调温器，现在做爱还是换个时间——这样成千上万、大大小小的决定，必须同时考虑两个人的需要，这也意味着在独立与亲密之间会存在不可避免的冲突。一个必然的结果是，98.8%的夫妻会意见不合，每月至少发生一次或更多冲突。

借助代价与收益的概念，也可以建立一个反映婚姻交往方式的概念体系。收益与代价数相比，所得数值越大，关系的质量越好。社会学家区分出了几种不同类型的代价与收益，在正负维度之外，还加上了有意和无意这一维度。此外还有一类，其代价包括主动承担困难、迎合爱人需要而委屈自己等行为，也就是公利行为——付出“代价”使爱人和关系受益。

公利行为，是指在一个关系中的奉献行为，表现出这种行为的人付出代价而有利于伙伴或关系本身。比如说，丈夫对妻子的衣着打扮表示赞许和欣赏、妻子认真听取丈夫在工作上遇到的困难和苦恼、妻子为了丈夫事业的发展而主动找了一份自己并不喜欢但却对丈夫的生意有帮助的工作等，这样的行为都是一些有积极意义的公利行为。

要经营一个美满的婚姻，除了要客观对待彼此的不相似性、意见不合以及代价和收益之外，一方的生病、出事故、失业以及情绪或生理上的疾病，甚至婚外恋等也需理智对待。婚姻成败的关键便是，有没有能力去避免所有这类困难。“嫁给我吧，我会爱你一生一世。”海誓山盟再迷人，也抵不过漫长琐碎的现实生活。

明星富豪的结合是帕累托最优——婚姻关系

婚姻关系是一种交换关系，人为什么要结婚？抛开异性相吸、感情需要等不谈，单从经济学的角度考虑，人们很容易会想到资源的优化配置——帕累托最优。

帕累托最优是指资源分配的一种状态，在不使任何人境况变坏的情况下，不可能再使某些人的处境变好。如果一场婚姻能够在不使任何人处境变坏的情况下，至少有一个人处境变得更好，就可以被称为帕累托改进。当没有任何帕累托改进余地，就意味着现状已经达到了帕累托最优。很多生意上成功的男人选择与漂亮妩媚的女人结婚就是这个道理。

漂亮女人与富豪的婚姻是典型的“交换”案例。富豪一方支付物质成本，另一方付出的是青春和美貌。然而青春、美貌是短暂易逝的资本，一旦容颜老去，不能再满足对方需求，而对方满足你的需求的质量却没有相应下降，对方很容易会因为付出和得到的不对等而心理失衡，这种交易也就很容易“破裂”。

一对新婚夫妇到郊外游玩，途中经过一片湖沼。妻子看到湖中悠游的一对白鹅，便对丈夫说：“亲爱的，你看它们生活得多么美好，但愿我们也跟它们一样。”

丈夫一言不发。傍晚，他们在回家途中，又经过那片湖沼，又看到一对白鹅。妻子又说：“你看它们仍然相处在一起，一直不分离。”

这时，丈夫开口了：“亲爱的，你再仔细看看，那只母鹅已经不是早上那只了。”

从经济学的角度看，富翁属于增值资产，美女则是贬值资产，不但贬值，而且是加速贬值。美女也许在未来5年时间内，仍能够保持窈窕的身材、俏丽的容貌，但每年都在减退。美貌消逝的速度会越来越快，如果外貌是美女仅有的资产，那10年后她的价值显然会贬值太多。

中国的婚姻历来讲究门当户对，所谓门当户对，主要就是指婚姻双方的

婚前财产、家庭地位要对称，不可差异太大。豪门婚姻多不稳定，破裂的原因就在于门户的不对等。经济地位的悬殊可以导致各种各样的问题，经济上依赖于富豪，美女自然也就无法阻止富豪日后的出轨。地位悬殊和其他美女的替代效应是豪门婚姻破裂的两大诱因。

美女与富豪的结合看似是帕累托最优，其实他们之间并非资源的最优组合，一是他们的经济地位不对等，二是富豪的财富随着时间增值，而美女却随着时间贬值。

为什么金龟婿并不靠谱——婚姻倾度

社会学家曾做过一个实验：把男女划分成甲、乙、丙、丁若干等，实验者发现，甲等的男人一般找乙等的女人，乙等男人找丙等女人，而甲等即最优秀的女人可能因为“曲高和寡”而根本找不到能与之相配的男士，相反丁等的女人可以选择的男人范围最大。这就是社会学上所指的婚姻倾度。婚姻倾度，就是指男人、女人在寻找配偶时候认为，男人比女人在收入、年龄、教育程度等方面高一些的倾向。说白了，就是男人向下找，女人向上找。其实找对象应该是找跟自己般配的。

一个年轻漂亮的美国女孩在美国一家大型网上论坛金融版上发表了这样一个问题帖：“我怎样才能嫁给有钱人？”

我下面要说的都是心里话。本人25岁，非常漂亮，是那种让人惊艳的漂亮，谈吐文雅，有品位，想嫁给年薪50万美元的人。你也许会说我贪心，但在纽约年薪100万才算是中产，本人的要求其实不高。

这个版上有没有年薪超过50万的人？你们都结婚了吗？我想请教各位一个问题——怎样才能嫁给你们这样的有钱人？我约会过的人中，最有钱的年薪25万，这似乎是我的上限。要住进纽约中心公园以西的高尚住宅区，年薪25万远远不够。我是来诚心诚意请教的。有几个具体的问题：一、有钱的单身汉一般都在哪里消磨时光？（请列出酒吧、饭店、健身房的名字和详细地址。）二、我应该把目标定在哪个年龄段？三、为什么有些富豪的妻子看起来相貌平平？我见过有些女孩，长相如同白开水，毫无吸引人的地方，但她们却能嫁入豪门。而单身酒吧里那些迷死人的美女却运气不佳。四、你们怎么决定谁能做妻子，谁只能做女朋友？（我现在的目标是结婚。）

——波尔斯女士

下面是华尔街一个金融家的回帖：

亲爱的波尔斯：我怀着极大的兴趣看完了贵帖，相信不少女士也有跟你类似的疑问。让我以一个投资专家的身份，对你的处境做一分析。我年薪超过 50 万，符合你的择偶标准，所以请相信我并不是在浪费大家的时间。

从生意人的角度来看，跟你结婚是个糟糕的经营决策，道理再明白不过，请听我解释。抛开细枝末节，你所说的其实是一笔简单的“财”“貌”交易：甲方提供迷人的外表，乙方出钱，公平交易，童叟无欺。但是，这里有个致命的问题，你的美貌会消逝，但我的钱却不会无缘无故减少。事实上，我的收入很可能会逐年递增，而你不可能一年比一年漂亮。

因此，从经济学的角度讲，我是增值资产，你是贬值资产，不但贬值，而且是加速贬值！你现在 25 岁，在未来的 5 年里，你仍可以保持窈窕的身段，俏丽的容貌，虽然每年略有退步。但美貌消逝的速度会越来越快，如果它是你仅有的资产，10 年以后你的价值堪忧。

用华尔街术语说，每笔交易都有一个仓位，跟你交往属于“交易仓位”，一旦价值下跌就要立即抛售，而不宜长期持有——也就是你想要的婚姻。听起来很残忍，但对一件会加速贬值的物资，明智的选择是租赁，而不是购入。年薪能超过 50 万的人，当然都不是傻瓜，因此我们只会跟你交往，但不会跟你结婚。所以我劝你不要苦苦寻找嫁给有钱人的秘方。顺便说一句，你倒可以想办法把自己变成年薪 50 万的人，这比碰到一个有钱的傻瓜的胜算要大。

这就是社会学上所说的婚姻倾度。婚姻倾度是指男人倾向于和比他们年轻、文化水平比他们低、职业声望不如他们的女性结婚。这样，丈夫拥有相对较高的地位。妻子们希望能够“仰视”她们的丈夫，丈夫们也希望她们是如此。这种婚姻模式带来的现象叫作“婚姻倾度”。

第一，婚姻倾度是一种自然现象，全世界都存在。其规律是，越是发达的社会，婚姻倾度越低；落后保守的地区，婚姻倾度大，这是因为落后地区男女更不平等，生活更容易仅仅依赖男人一个。另外，社会阶层越高，婚姻倾度越小。中上层的夫妻更加般配，夫妻比翼齐飞是比较常见的模式。

第二，婚姻倾度大，男方可能不得不承受较差的家庭收入状况。我们发现，大凡一个单位的男女同事之间（该男女二人属于同一水平），一般女的都比男同事过得好，为什么？因为女的另一半比这个女的强，而男的另一半比这个男的弱，两个家庭的总能量就会有较大差别。更有甚者，女的没有工作，或者收入很少，在今天欲望极高、压力极大的城市里生活，不如你的邻居的感觉是肯定不舒服的。另外，婚姻倾度大，容易导致家庭生活一方主导，夫妻双方平等交流就成为奢望。

第三，婚姻倾度大，男方心理优势明显，女方被背叛和被抛弃的风险大增。很多破裂的婚姻，都与女人婚后停步不前有关系，这使寻求平等伴侣的男性觉得孤独而出轨。

第四，婚姻倾度不是一成不变的，变化过大肯定影响婚姻生活的幸福程度，如果女方大大高于男方（婚姻倾度倒置），这对于寻求正常婚姻倾度的男性来说是不能忍受的，由此会导致婚姻解体。主要由年龄构成的婚姻倾度，随着男人的年老体衰，受气是必然的。一个男人的母亲，坚决反对其儿子找一个年龄小的老婆，理由就是，那样他老了会受气。

第五，偏好年龄倾度的男人值得怀疑。男人喜欢年轻女人，并非意味着他们喜欢娶年轻女人为妻，那种一定要找年轻女人为妻的，可能是心理年龄偏低的男人，这种男人不够成熟，而且很可能这种男人没有其他优势，试图利用年龄积累的优势，可是这个优势会很快地消磨殆尽。男人的成就高低，跟年龄可没有太大关系。

离婚不是怪物——离婚

伍兹“偷腥门”曝光后，虽然他公开发表了道歉声明并且无限期退出高尔夫球运动，但其形象一落千丈。据美国媒体报道，伍兹离婚案，将改写全球运动员最贵的离婚费用数字。

“飞人”迈克尔·乔丹一度接近完美，但功成名就的他还是没能抵挡住诱惑，不断爆出私生子、出入夜总会等丑闻，最终妻子胡安妮塔对于这桩单方面维系的婚姻失去了信心。2006年年初，乔丹被一个陌生女子告上法庭，原因是他把该女子骗上了床。胡安妮塔终于愤而结束了这段17年的婚姻，并分得了乔丹4亿美元家产中的近一半，还包括她与乔丹在芝加哥的一处房产和对3个孩子的监护权。

几个人在聊天，谈到西方国家离婚率比中国高的问题，一位学者戏言道：“西方的爱神是个小孩子，嘴上无毛办事不牢，所以离婚率高；而中国的婚姻主要靠月下老人，自然牢靠多了。”

不过，现在月下老人也办事不牢了。如今，我国已一跃成为“离婚大国”，每年都有100多万对夫妻劳燕分飞。换句话说，每两分多钟就有一宗离婚案。离婚者的婚龄在缩短。

根据在中国婚姻法学研究会举办的“婚姻法修改研讨会”上披露的资料，20世纪80年代以来，中国人的离婚数量迅速上升，如果用结婚与离婚之比来表示，1980年结婚的有716.6万对，离婚的有34.1万对，大约为21∶1；1995年，结婚的有929.7万对，离婚的为105.5万对，大约为8.8∶1。从人民法院受理的一审离婚案件数量来看，1990年是81万多件，1991年86万多件，1994年103万多件，1997年达124万多件。尽管我们尚不掌握确切离婚率，但是，从这些数据中，我们仍然能够判断，中国的离婚率在上升。

其中最重要的原因正如最高人民法院在一次报告中提到过的：一是越来越多的人反对封建婚姻的束缚，为追求幸福的婚姻和充实的精神生活，要求离婚，这种要求是合理的，从这点来看，离婚率升高也是一种社会进步的表现；二是少数的暴发户喜新厌旧，或喜新不厌旧，利用金钱玩弄异性，这是一种丑恶的社会现象，受伤害的一方，更应该通过离婚和法律手段来捍卫自己的权益。

以上是现实生活中导致离婚的一些具体原因，其实离婚也是有其理论依据的：从现代婚姻理论观点看，男女走向婚姻，是因为婚姻能给其带来某种满足。婚姻给男女双方的需求带来的满足的程度，称为婚姻效用。根据这一理论，离婚从逻辑上可以划分为“效用放弃”和“效用代替”两种形式。

所谓效用放弃，即由于婚姻中的双方或一方无法忍受婚姻障碍，而“主动地”选择放弃婚姻以及由婚姻带来的效用。效用代替，是指人们自觉或不自觉地将现有的婚姻关系与可能的选择进行对比。如果外在的选择优于现在的婚姻，那么婚姻很有可能破裂。也就是说，婚姻中的一方主体因为有了新的关系——可以提供新的效用，进而选择离婚。比如，某一方有了第三者，从而提出离婚。

社会学研究调查表明，女人越富有，离婚的概率就越高。即女性经济独立也是影响离婚率的一大因素。婚姻的崩溃不仅是因为女人的收入增加了，而且因为她开始变得比丈夫更成功，女人在经济上的成就已成为离婚案增加的一个重要因素。

导致这种现象的原因可能是因为家中权力的转移致使女人不再满足只被埋没于繁杂细碎的家务中，转而期待在家中拥有更多的发言权，令丈夫在家中的地位发生了动摇。

另一个原因可能是随着女人赚钱能力的提高，她的自信也在一步步建立，即使离开丈夫她也有足够的能力养活自己。

凯瑟琳是美国阿肯色州立大学的经济学教授，通过对112740位女性经济状况进行调查后发现，这些妇女之中，有95980位女性已婚，16760位离婚。

而导致离婚率提高的一个重要原因，即是女人经济财政的独立。英国离婚的人数已经持续4年不断增多，仅2004年一年，其离婚人数就增加了0.2%，共计167116人选择结束自己的婚姻。凯瑟琳还发现了一个规律：与家庭总收入对比，家庭中女方的收入每增加1万英镑，婚姻破裂的概率就相应提高1%。

凯瑟琳说："财政独立使得女性更易做出离婚的决定。此外，似乎女性的经济成就真的会导致家庭内的摩擦。"

此外，成功女性更易离婚还有其他原因。伦敦一家律师行的家庭律师古里特说："同20～30年前比较，离婚法例的诠释对妇女更有利，因此她们更有信心可以摆脱一段婚姻。"社会学家认为，社会财富分配状况的变迁一方面改变了婚姻与资产获得之间的关联，另一方面也使女性有更多的机会获得经济上的独立。因此，婚姻不再承担曾经是必需的经济功能。也有人解释说，妇女地位的独立使她们更少把离婚与羞耻联系在一起，更多地追求自己的满足，离婚成了一种正常的生活选择，就像买东西一样。

由此可见，爱情并不是构成婚姻的唯一条件，影响婚姻稳定的因素有很多，造成离婚的因素也就远非上面所提及的几个。除了前面提到的几个因素之外，还有其他一些。对中国离婚状况的初步研究表明，离婚的原因多种多样，更多的是因为女性因不堪忍受丈夫的暴力、遗弃、虐待、不尽义务、酗酒、赌博、吸毒、犯罪和嫖娼等恶习或与丈夫性格不合而急于逃离不幸婚姻。不过这并不是主流的意见，对上海的一项调查表明，"性生活不和谐"是导致离婚的主要因素；也有更加现实的解释，认为现代人对婚姻品质的期望值远远高于上一辈。一旦婚后的现实与婚前的期望产生矛盾且不可调和，离婚就是必然的选择。

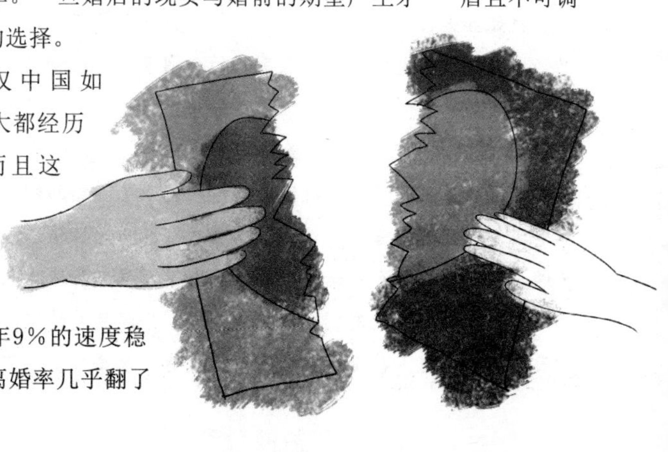

事实上，不仅中国如此，工业化国家也大都经历了同样的过程，而且这个过程尚在继续中。举例来说，1960～1970年，英国的离婚率以每年9%的速度稳步增长，10年中，离婚率几乎翻了

一倍；在美国，1970年的离婚率为4.7%，1980年涨到了10%，1989年涨到了13.8%；根据《今日美国》2001年3月的资料，在过去的15年中，有43%的初婚者已经离婚。

尽管绝大多数人都希望自己的婚姻美满长久，但婚姻以外普遍存在的两性关系事实告诉我们，结婚只是向社会公开了一桩婚姻，却并没有承诺两人之间一定要长相厮守。就像结婚一样，离婚也是重要的社会事实。

婚姻为什么会有“七年之痒”——厌倦心理

七年之痒，是指人们的婚姻到了第七年可能会因婚姻生活的平淡规律，感到无聊乏味，要经历一次危机的考验。“痒”即不舒服之意。这个考验是感情中的转折点，一旦成功，感情便能朝向良性健康的方向发展；反之，则可能二人分道扬镳、分崩离析，最终可能导致感情解体、劳燕分飞。

结婚久了，新鲜感丧失。从充满浪漫的恋爱到实实在在的婚姻，在平淡的朝夕相处中，彼此太熟悉了，恋爱时掩饰的缺点或双方在理念上的不同此时都已经充分地暴露出来。于是，情感的“疲惫”或厌倦使婚姻进入了“瓶颈”，如果无法选择有效的方法通过这一“瓶颈”，婚姻就会终结。

桂姐和老公的爱情是平淡的，起码在别人眼里是这样的。桂姐是一名高中老师，他是一名大学老师，在别人的介绍下，两人相亲了。相亲的过程也是那么的普通，同去的熟人都叽叽喳喳讲个不停，他们俩低着头坐着，等待对方先开口说话，一直等了10多分钟，饮料都喝完了还是没有说一句话。后来，他们就这样分头回家了，不过还是给彼此留下了不错的印象。在桂姐眼里，他憨厚老实，人也算本分。他认为桂姐够文静，与他性格应该合得来。后来，他们又约会了几次，两个人话都很少，就在校园里安静地走来走去。

恋爱半年左右的时间，他们结婚了。平淡的爱情里，没有花前月下，没有铺天盖地的玫瑰，甚至连甜言蜜语都没有。求婚算是他们恋爱中最浪漫的情节了，他第一次给桂姐送了一束玫瑰。桂姐被感动哭了，就这样，婚姻生活开始了。应该说，桂姐是结婚后才真正了解老公。尽管他不爱说话，人却非常体贴，很会照顾女孩子。和他在一起，很有安全感。再加上他教授中文，身上散发着一种文人特有的忧郁气质。婚后，他们生下一个儿子，生活一直都过得非常平静。

当走过第七个年头的时候，传说中的“七年之痒”真的不期而至了。那段时间，他们都特别忙碌，他忙着评职称，辅导学生写论文；桂姐既要照顾高三毕业班，又要接送儿子，每天忙得像个陀螺，危机便是在这种疲惫中悄悄产生的。不可否认，步入中年的老公比以前更有魅力，他幽默的讲课方式更是赢得了不少女学生的青睐。某天，桂姐偶然在他的手机上发现几条学生发来的信息，语气暧昧，发送者是青青。凭着桂姐对老公的了解，桂姐知道，这个信息很可疑，因为老公一般不会在自己的手机上随便存别人的号码。

聪明的桂姐并没有大吵大闹，也没有兴师问罪。而是从那以后特地抽出时间来陪老公散步。散步时桂姐假装漫不经心地与他谈起某个同事因为出轨而离婚、离婚后孩子没人照顾等事情，趁机挽着他的手臂说：“很多同事都羡慕我们的家庭，我也觉得很幸福，感谢你和孩子！”听完桂姐一番感性的话语后，她老公挽紧了她的手臂。从那以后，即使再忙，桂姐也会抽出时间和他交流。在特殊的日子，桂姐还会给老公写信，常常让他感动得一塌糊涂。经过桂姐的一番努力，他们夫妻不仅平安地度过了“七年之痒”，而且感情比以前更加深厚了。

爱情和婚姻就像温室里的花朵，是娇艳美丽的，但同时也是脆弱的，需要我们每个人去努力经营。经营得当，你就能够尽享婚姻爱情之花的甜蜜；如果疏于管理，就会自然败落。

PART 03

亚当和夏娃的对话
——两性沟通与相处

女人的唠叨是一剂慢性毒药——两性迥异的谈话方式

有些女人结婚后便认为：只要自己看紧一点，只要自己不厌其烦地对丈夫说，就能够管住丈夫，使他不至于背叛自己，并且听自己的话。其实这种想法是非常愚蠢的。

很多年以前，法国的拿破仑三世，也就是拿破仑的侄子，爱上了全世界最漂亮的女人欧仁尼，并且和她结了婚。拿破仑三世和他的新婚妻子拥有财富、健康、权力、名声、美丽、爱情、尊敬——所有都符合十全十美的罗曼史的条件。从来就没有婚姻之圣火会燃烧得那么热烈。但不幸的是，这堆火很快就变得摇曳不定，热度也很快就冷却了——只留下了余烬。拿破仑三世能够使欧仁尼成为皇后，但无论是他爱的力量也好，他帝王的权力也好，都无法使这个法兰西妇人中止她的唠叨。因为她中了忌妒的蛊惑，竟然藐视他的命令，以至不给他一点私人的时间。当他处理国家大事的时候，她竟然冲入他的办公室里；当他讨论最重要的事情时，她也干扰不休。她不让他独自一个人待着，总是担心他会跟其他的女人亲热。她还经常跑到她姐姐那里数落她丈夫的不好，又说又哭，又唠叨又威胁。她会不顾一切地冲进他的书房，不住地大声辱骂他。拿破仑三世身为法国皇帝，拥有十几处华丽的皇宫，却找不到一处不受干扰的地方。

欧仁尼这么做，可以得到些什么呢？我们可以引用莱哈特的巨著《拿破仑三世与欧仁尼：一个帝国的悲喜剧》里的一段话来证明："于是拿破仑三世经常在夜间，从一处小侧门溜出去，用头上的软帽盖着眼睛，在他的一位亲信陪同之下，真的去找一位等待着他的漂亮女人，再不然就出去欣赏巴黎这个古城，在神仙故事中的皇帝所不常到的街道上溜达溜达，呼吸着原本应该拥有自由的空气。"

这就是欧仁尼唠叨所获得的结果。不错，她是坐在法国皇后的宝座上，她是世界上最漂亮的女人，但在唠叨的毒害之下，她的尊贵和美丽并不能保持住爱情。欧仁尼只能够提高她的声音，哭叫着说："我所最怕的事情，终于降临在我的身上。"这个可怜的女人，一切都是由于她的忌妒和唠叨。

在地狱中，魔鬼为了破坏爱情而发明的肯定会成功且恶毒的办法中，唠叨算是最厉害的了。它总是不会失败，就像眼镜蛇咬人一样，总是具有破坏性，总是置人于死地。

女人和男人的谈话方式是完全不同的，你往往会看见一个唠叨的女人和一个缄默的男人。戴尔·斯潘德（《人类语言》的作者）认为许多人本能地认为，女性与小孩一样应该是用来看而不是用来听的，所以她们所说的话就显得太多了。许多研究表明，如果女人们在一个群体中说得和男人们一样多，人们就会认为她们说多了。斯潘德的观点有一定的真实性。

男人认为女人说得多的另一种解释是因为女人总是在男人不说话的场合说话：电话里、在和朋友聚会的社交场合，她们不讨论那些男人认为有趣的话题；像在群体中或独自在家的夫妇——换句话说，就是在私人谈话的场合中。典型的美国家庭的现象就是一个缄默的男人和一个唠叨的女人，这种模式

的家来源于我们所描述的不同的目标和习惯，这就是为什么女人们总抱怨男人“他不和我说话”——然后就是“他不听我说话”的原因。

如果某个人或某种关系确实值得谴责，就不会出现这么多不同的人遇到相同的问题的情况了。真正的问题是谈话的方式。男人和女人的谈话方式不同，如果在谈话方式上出了问题，即使愿望再美好，想通过对话的方式来解决，都只能使问题更糟糕。

为什么“情人眼里出西施”——晕轮效应

晕轮效应，又称“光环效应”，属于心理学范畴。晕轮效应指人们对他人的认知判断首先是根据个人的好恶得出的，然后从这个判断推论出认知对象的其他品质的现象。如果认知对象被标明是“好”的，他就会被“好”的光圈笼罩着，并被赋予一切好的品质；如果认知对象被标明是“坏”的，他就会被“坏”的光圈笼罩着，他所有的品质都会被认为是坏的。这种强烈知觉的品质或特点，就像月亮形成的光环一样，向周围弥漫、扩散，从而掩盖其他品质或特点，所以就形象地称之为光环效应。

晕轮效应最早是由美国著名心理学家爱德华·桑戴克于20世纪20年代提出的。他认为，人们对人的认知和判断往往只从局部出发，扩散而得出整体印象，也即常常以偏概全。一个人如果被标明是好的，他就会被一种积极肯定的光环笼罩，并被赋予一切都好的品质；如果一个人被标明是坏的，他就被一种消极否定的光环所笼罩，并被认为具有各种坏品质。这就好像刮风天气前夜月亮周围出现的圆环（月晕），其实呢，圆环不过是月亮光的扩大化而已。

据此，桑戴克为这一心理现象起了一个恰如其分的名称——“晕轮效应”，也称作“光环效应”。

心理学家戴恩做过这样一个实验：他让被试者看一些照片，照片上的人有的很有魅力，有的无魅力，有的中等，然后让被试者在与魅力无关的特点方面评定这些人。结果表明，被试者对有魅力的人比对无魅力的人赋予更多理想的人格特征，如和蔼、沉着、好交际等。

一般来说，热恋中的男女，在很大程度上往往会因为对方的某一外在原因，把对方视为自己心目中的完美恋人，“情人眼里出西施”讲的就是这么一种感觉。这种审美错觉在客观上好像是失真的，但是在主观上却是真实的一种心理体验。

在19世纪40年代初，英国有一个著名女诗人，名叫伊丽莎白·芭蕾特。她原来是个百病缠身的人，而且已经年近40，却还独守闺中。但她却写得一手好诗，拥有众多的诗迷。其中一个叫勃朗宁的诗迷比她小6岁，向她求爱。但她鉴于自己的身体状况，觉得两人并不合适，坚决地拒绝了他。但勃朗宁坚持不懈，终于打动了她那颗已关闭许久的心。两人第一次见面的时候，勃朗宁拉着芭蕾特的手说：“你真美，比我想象的美得多。”爱的魔力是无穷的，一段时间之后，芭蕾特的身体竟然奇迹般地有了很大的好转。在众人看来，她相貌平平，而且身体还不健康，何美之有？可勃朗宁却在她的诗里发现了她的内在美，由内向外扩散，芭蕾特成了他眼里最美丽、可爱的女人。

从心理学的角度看，晕轮效应的形成原因，与我们知觉特征之一——整体性有关。我们在知觉客观事物时，并不是对知觉对象的个别属性或部分孤立地进行感知的，而总是倾向于把具有不同属性、不同部分的对象知觉为一个统一的整体，这是因为知觉对象的各种属性和部分是有机地联系成一个复合刺激物的。譬如，我们闭着眼睛，只闻到苹果的气味，或只摸到苹果的形状，我们头脑中就形成了有关苹果的完整印象，因为经验为我们弥补了苹果的其他特征，如颜色（绿中透红）、滋味（甜的）、触摸感（光滑的），等等。由于知觉整体性作用，我们知觉客观事物就能迅速而明了，用不着逐一地知觉每个个别

属性了。

对人知觉时的晕轮效应，还在于内隐人格理论的作用。人的有些品质之间是有其内在联系的。比如，热情的人往往对人比较亲切友好，富于幽默感，肯帮助别人，容易相处；而冷漠的人较为孤独、古板，不愿求人，比较难相处。这样，对某人只要有了“热情”或“冷漠”的一个核心特征，我们就会自然而然地去补足其他有关联的特征。另外，就人的性格结构而言，各种性格特征在每个具体的人身上总是相互联系、相互制约的。例如，具有勇敢正直、不畏强暴性格特征的人，往往还表现在处世待人上襟怀坦白、敢作敢为，在外表上端庄大方、恳切自然。而一个具有自私自利、欺软怕硬性格特征的人，则会在其他方面表现出虚伪阴险、心口不一，或阿谀奉承，或骄横跋扈。这些特征也会在举止表情上反映出来。于是，人们既可从外表知觉内心，又可从内在性格特征泛化到对外表的评价上。这样就产生了晕轮效应。

晕轮效应的最大弊端就在于以偏概全。因此，为了正确认识和避免发生恋爱中的晕轮效应，我们应该保持理智，积极听取家人和朋友的建议，不能只能看到对方好的一面，而自动忽略对方不好的方面。而自己的亲戚朋友是对自己最好的人，同时他们也是保持清醒的人，他们会给出一些相对比较中肯的建议。

婚外恋——婚姻越轨

国外某著名研究机构调查显示，20世纪90年代，女性有婚外性行为的比例约是30%～36%，男性有婚外性行为比例约是40%～50%；在英格兰、苏格兰、威尔士，男性有婚外性行为的为45%，女性有婚外性行为的为42%；在芬兰，男性有婚外性行为的为44%，女性为19%。

根据1998年对全国初中以上文化程度人口的一项调查，接近30%的受访者认为，妻子有外遇是可以接受的，30%以上的人认为丈夫有外遇是可以接受的，而且将近一半的人认为男人更喜欢有外遇。这个结果也可以从另一项调查中得到佐证。

某大学曾经做过一项调查：33%的人认为“只要有感情，就允许婚外性行为”；12.4%的人认为，“只要配偶不反对，就可能”；只有28.9%的人认为，婚外性行为“不利于家庭的稳定，应反对”；总体而言，大约60%的受访者对婚外性行为是持肯定或有条件肯定或宽容态度的，其中大学生对有婚外性行为持肯定或宽容态度的也高达55.5%。

我国某城市曾对500对离婚案例的抽样调查显示，有40%的离婚人士表明配偶有婚外性行为，而且在发生婚外性行为的人士中女性多于男性，且大多数是普通市民。甚至对中国一些城市的离婚调查显示，女性因丈夫有第三者而要求离婚的占64.8%，男性因妻子有外遇要求离婚的占48.6%。我国另一城市对1000对离婚夫妇所做的“对婚姻不满的原因”调查中，羡慕他人家庭或注意他人配偶的比例为：男性为53%，女性为37%；与异性接触频繁的男性为32%，女性为41%；与他人有暧昧关系的男性为11%，女性为29%。

婚外恋及婚外性行为其实一直是婚姻中挥之不去的阴影，古往今来，它一直是一种重要的社会现象。当然，人们对它的认识与态度在不同的时代是不同的。

婚外恋是指已婚者与法定配偶之外的人发生恋情。人们对婚外恋的态度是不断变化的，从对这种行为的称谓变化上我们可以看出人们对待它的态度：通奸—第三者—婚外情。“通奸”这个词带有明显的贬义色彩，在人类历史上的特定时期还被当作犯罪行为。但是“婚外情”是个中性词，人们可能还会对其津津乐道。婚外恋是一个客观的事实，是一件不容回避的事情。通常婚外恋的结果只能有两种：一是打破当前的组合转向新的组合；二是夫妻双方在经过一段“战争”之后回归到原来的婚姻关系中。

婚外恋作为一种婚姻越轨行为，不论人们对它的观念和态度是否放开，终究会对当事人双方造成心

理上的伤害。因此在婚姻关系中，如果不是遇到不可抗力，还是要尽量避免婚外恋的发生。同时夫妻双方也应该共同经营婚姻和家庭，营造一个和谐的生活空间。一般来说，经营婚姻夫妻双方可以做到以下几点：

（1）互相配合各取所长。每个人都应该提醒自己，双方不同的爱好能使婚姻生活更加多姿多彩。

（2）回忆过去的甜蜜时光。心理学家研究表明，如果夫妻双方经常怀念过去的浪漫时光，他们一定也会跟恋爱时一样相处。

（3）学做一个好听众。让配偶知道你正在听他讲的话，即使你不同意他的观点，也能令他感到你对他的了解和重视。

（4）常沟通，多理解。心理学家说：如果婚后因为受到别人的影响，开始用否定的眼光看待对方，不久便会使夫妻关系陷于窘境；而当他们试着互相理解时，婚姻危机也得到缓解，挽救了一个行将破裂的家庭。夫妻间应该相互沟通，经常交流思想，共操家务，营造一种共进共退的氛围。

（5）保持生活的新鲜感。当夫妻双方觉得沉闷，失去浪漫温馨气息时，不妨做一些改变。例如偶尔去饭馆吃一顿，夫妻营造一个久违了的二人世界——去看场电影或逛街购物，在一些特别的纪念日如配偶的生日、结婚纪念日、情人节等，夫妻双方互赠礼物等，都会给婚姻生活平添一份浪漫，一丝温馨。

我们说婚姻与家庭是需要经营的，新婚时的激情不能长期成为婚姻的纽带，只有在夫妻双方同舟共济的生活中，才能保持爱情的新鲜，并最终把这份爱情转化成浓浓的亲情，真正做到“执子之手，与子偕老”。

使家庭幸福的源泉——积极情绪

在家庭中，如果做丈夫的能够体贴、关心自己的妻子，并将这种体贴、关心落实到行动上，那么这个家庭便能够幸福美满。

做丈夫的要想把温情武器用好，就必须要使温情出自内心，而不是强装出来的。出自心底的温情除了用语言来表达，更需要用实际行动来证明。每天都主动为妻子做些事情，不仅是表示温情，而且也是对妻子的理解与体贴。料理家事与养育小孩，的确是女人在婚后最沉重的负担。根据统计数字显示，妻子每周花在杂事上的时间，要比丈夫多出20个小时，想想看，几乎要一天的时间。如果妻子白天也工作，那就是一根蜡烛两头烧，难怪她疲惫不堪。

每天为妻子做件事益处很多。美国的一项研究发现，爱做家事的男人最迷人，孩子也较听话。因为爸爸参与家事，就能给孩子一个好榜样，孩子便能从父亲身上学到社会责任，也能学到待人处世的方法。至于会做家事的男人，则让妻子觉得暖心又迷人。调查也发现，许多女人觉得男人在使用吸尘器时最性感。如此性感而温情的男人，他的婚姻自然会美满而幸福。

主动拥抱你的家人。中国人受过太多痛苦和折磨，在历史的轨迹中常见悲情，以致表现在个性上，总显得较为严肃拘谨，所以最不擅长用肢体语言表达对他人的爱和关怀。有时偶尔被要求在大庭广众面前表现一下爱意时，常是显得生涩腼腆，甚至不知所措。

为人父母者常以为让孩子生活温饱，凡事足矣。所以我们总能从一些文章中看到，父亲大都呈现严父的形象，而母亲则只是一个操劳沉重的背影，较少看到一家和乐、温馨自然的情境。现在的父母观念已通，渐渐能够自然地向孩子流露慈爱和关怀，所以亲子关系也显得自然融洽多了。在爱中长大的孩子，能够较容易表达内心的感受，心灵也是比较健康的。

其实，有人遭遇难处或伤痛时，一个亲切的拥抱，会带来极大的安慰。尤其在一些安慰的言辞不足以道出心中的感受时，用一个有力的拥抱，可以表达更深的心意和感情。如果你将此法应用在与家人相处的时候，那么你必将赢得一个温馨和睦的家庭。

有一位年长的太太曾含着泪向一位朋友诉说，她说她这辈子没有真正抱过她的先生，在他们过去的30多年里可能有一些不为人知的问题存在。那一天她在听完名为“心灵聚会”的演讲后，回到家里主

动走过去和先生拥抱，虽然只是一个小小的举动，但她说她的内心却得到极大的释放和安慰。

西方基督教中的神——耶稣为孩子祝福时，是将孩子抱在怀里，那是一个何等美丽的画面！让我们学习多抱抱孩子，多抱抱父母，多抱抱配偶，试着对他们说：“谢谢你，让我抱抱你！”多一些主动，多一些表达，让心中的爱也能透过肢体和语言呈现出来，不要只是一味地放在心里，或在故人已矣时，才流露出心中的思念。

现在就试试吧！用热情的拥抱表达你对家人和伴侣的真挚感。在艰涩和不习惯后，你将会更自在，也会渐渐地习以为常。

要殷勤有礼。殷勤有礼可以使家庭幸福。调查表明，我们对待自己的家人，居然赶不上对待陌生人那样有礼。没有获得允许，我们不会想去拆开朋友的信件，或者偷窥他们私人的秘密。只有对我们自己家里的人，也就是我们最亲密的人，我们才敢在他们有错误时污辱他们。

瓦特·邓路之是美国最著名的演说家之一，并且是总统候选人詹姆斯·布雷恩的女儿的丈夫。自从多年以前他们在苏格兰的安德鲁·卡内基家里相遇之后，邓路之夫妇就过着令人羡慕的愉快生活。他们幸福和睦的秘密何在呢？邓路之夫人说：“要注意的一点是，在婚姻之后也要殷勤有礼。但愿年轻的太太们，对于她们的丈夫就像对待陌生人一样有礼！假如泼辣，任何男人都会跑掉。”不讲理是吞食爱情的癌细胞。

礼貌对于婚姻，就像机油对于马达同等的重要。奥利佛·文德尔·何姆斯写的并受读者喜爱的《早餐的独裁者》这本书，大概在美国的任何家庭都

有，但是在他自己的家里却没有。事实上他太考虑别人了，即便心情不好，也尽量想办法不让他的家人了解。他要自己承受这些不快，还要不使不快影响其他人。

这是何姆斯的做法。但是普通人怎样呢？他在办公室里出了差错、失去一笔买卖，或挨了老板一通官腔、他累得头痛，或没能赶上公交车——他几乎还没有回到家，就想把气出在家人的头上。

在荷兰，你要把鞋子留在大门外面，然后才能走进屋里。其实我们都应当跟荷兰人学一学，在进到屋子之前，把一天工作上的麻烦，脱下留在外面。对顾客，或者生意上的伙伴尖声讲话，许多人都会很后悔，但对太太大吼却不以为然。然而，在个人的幸福快乐方面，婚姻比事业更加重要、更加切身。一般人假如有快乐的婚姻，就远比独身的天才生活得更快乐。俄国伟大的小说家屠格涅夫受到整个文明世界的赞誉，可是他说：“假如在某个地方有某个女人对我过了吃晚饭的时间还没有回家这件事觉得十分关心，我宁愿放弃我所有的天才和所有的著作。”拥有幸福婚姻的机会，究竟有多少呢？戴尔·卡耐基的夫人桃乐丝·狄克斯认为，半数以上的婚姻都是失败的。但保罗·波皮诺博士的看法却相反。他说：“男人在婚姻上取得成功的机会，比他在任何行业上获得成功的机会都大。进入商界的男人，40%会失败；而步入结婚礼堂的男人和女人，40%会成功。”

对于这件事情，桃乐丝·狄克斯的结论是这样的：跟婚姻相比，在我们一生中，生命只是一支插曲，死更是一件小事。每个男人都知道，用奉承的方式可使他的太太情愿做任何事情，而且什么也不顾地去做。他知道，假如他只夸奖她几句，说她把家庭管理得如何好，说她如何的帮助了他而不必花他一分钱，她就会把她的每一分钱都赔上。综上所述，假如你要维持家庭生活的幸福快乐，你就必须得注意：要学会殷勤有礼。

第五篇

人是否真的『生而平等』——社会结构和分层

PART 01

“物以类聚，人以群分”背后的秘密——社会学中的群体

为什么说“远亲不如近邻”——地缘群体

在现在的安徽省桐城市，有一处保存完好的历史名胜，名曰“六尺巷”，是一条百来米长六尺宽的巷子，这条巷子源于清朝康熙年间，与当朝宰相张英有关。

在清朝康熙年间，安徽桐城市发生了一件当朝宰相张英与邻居叶秀才为了墙基争地界打官司的奇闻。因为张英家要盖房子，地界紧靠叶家。叶秀才提出要张家留出中间一条路以便出入。但张家提出，他家的地契上写明“至叶姓墙”，现按地契打墙有什么不对，即使要留条路，也应该两家都后退几尺才行。这时张英在北京为官，其子张廷玉也考中进士，在朝为官，老家具体事务就由老管家操办。俗语说“宰相家人七品官”，这位老管家觉得自己是堂堂宰相家总管，况且这样建墙也有理有据，叶家一个穷秀才的意见不值得搭理，于是沿着叶家墙根砌起了新墙。这个叶秀才是个倔脾气，一看张家把墙砌上了，咽不下这口气，秀才自己能动笔，一纸状文告到了县衙，打起了官司。

一个穷秀才与当朝宰相打官司，而且理由也不十分充分，亲朋好友都为

叶秀才担心，怕他吃亏，劝他早点撤诉，但叶秀才就是不听，坚持把官司打下去。张家管家一看事情闹大了，就连忙写了封信，把这事禀告了北京的张英。不久，管家就接到了张英的回信，信中没有多话，只有四句诗：“一纸书来只为墙，让他三尺又何妨。万里长城今犹在，不见当年秦始皇。”

管家看了这首诗，明白了主人的意思，就来到叶家，告诉叶秀才，张家准备明天拆墙，后退三尺让路。叶秀才以为是戏弄他，根本不相信这是真话。管家就把张英这首诗给叶秀才看。叶秀才看了这首诗，十分感动，连说：“宰相肚里好撑船，张宰相真是好肚量。”

第二天早上，张家就动手拆墙，后退了三尺。叶秀才见了心中也很激动，就把自家的墙拆了也后退了三尺。于是张、叶两家之间就形成了一条百来米长六尺宽的巷子，被后人称为“六尺巷”。

张英让自家与邻居保持一个和谐的关系，演绎了“远亲不如近邻”的佳话。这则小故事也涉及一个社会学的理论，那就是地缘群体。地缘群体指以地理位置为联结纽带，由于在一定的地理范围内共同生活、活动而形成的群体，包括邻里、同乡、民族社区等具体形式，其中邻里是最典型的地缘群体。这类群体的出现比血缘群体要晚。比较稳定的、牢固的地缘群体是人类采取定居形式后的产物。

早在人类社会形成之初，人们以游牧狩猎的生产方式而聚集在一起，已经具备了一定的地缘关系，只不过此时这种地缘群体的关系是临时而不牢固的。

人类社会实现第一次社会大分工之后，即农业与畜牧业的分离带来了以土地为基础的农业经济的发展，人们结束了游牧部落的流动生活，定居下来，组成原始

的农村公社，以土地为纽带的人们形成了比较稳定牢固的封闭式的地缘关系。此时比较稳定、牢固的地缘关系也就正式出现了。

在工业革命以前，一直是这种小农生产方式占统治地位，社会分工不发达，人们局限于较小的地缘范围，流动性很小，这时的地缘关系和血缘关系是相互渗透的，同乡、邻里往往是同宗、同姓，地域上的远近反映了血缘上的远近。

工业革命的到来，使社会第二次大分工得以实现，从而工业从农业中分化了出来，机器大生产和工业城市及现代交通工具的发展使人们摆脱了土地和小生产的束缚，远距离地、较快地涌向工业城市，人们的居住和工作只有相对的稳定性。人们居住和工作的流动不断形成新的开放型的地缘关系。从社会的发展看，这种开放型的地缘关系有不断扩大的趋势。

邻里是地缘群体最典型的形式。“远亲不如近邻”也是人们在此生活基础上总结出来的智慧的结晶。在古代的农耕社会以及现在的远离城市的偏远农村，乡亲们相亲相近、走门串户，邻里之间始终保持着一种纯朴友善的和谐关系，这种亲近的邻里关系就是地缘群体最原始、最本质的关系。

可是，在现代交际中，人们往往忽略了邻居这个环节。一个高楼，住进了现代化的文明，却也住进了邻里之间的冷漠。一堵墙，隔开的是两家人，但是不应该让它隔开人与人之间的沟通和交往，隔开彼此温暖的心。可是现在的社会，很多人住在楼房里，每天守住自己的那一点空间，几乎没有与生活圈以外的人接触的余地。在我们身边，有很多人不知道自己的邻居是何许人、做什么工作的，甚至不知道对方是男是女。虽然我们都在感受着生活的压力，没有安全感，不想让外界影响到我们正常的生活，但是我们忘记了这样一群在地理上与我们相近的人，让原本可以友善和睦的关系变得僵硬冰冷，也使我们的内心变得更加孤独和异化。

远水解不了近渴。其实在你最需要的时候，最能够及时给予你帮助的，往往不是你身在远方的朋友和同学，而是你的邻居。与人交往，你如果在对方身上用心了，对方就一定能够感受到你的心意，也一定会回报你温暖。尤其是邻里之间，见面的次数多，彼此之间的生活也有可能相互影响，所以如果你主动向对方示好，对方一定不会再如从前那样冷漠地对你。

“任人唯贤”还是“任人唯亲”——血缘群体

社会学中另一种社会群体就是血缘群体，它是一种基于成员间血统或生理联系而形成的群体，包括家庭、家族、氏族、部落等具体形式。血缘群体历史最为悠久。正因为血缘关系上的亲疏，造成感情厚薄、情分深浅的情况，于是在任用人才上“任人唯亲”和“任人唯贤”的争论就从来没有断过。

一种观点认为：天底下对自己至亲的人，就是自己的亲人，亲人是我们生命中最重要的精神支柱。在生活中，我们常常能听到“兄弟齐心，其利断金”“打虎亲兄弟，上阵父子兵”“一家人不说两家话”之类的话，而如果我们说一个人已经是“众叛亲离”，那就表示他已经无可救药，谁也帮不了他的忙了。

《论语》里所谓的“因不失其亲，亦可宗也”，其实表述的就是这种思想。全句如果翻译成现代语言，那就是：依靠不脱离自己的亲人，这样才是可效法的。由此可见我国古代对血亲关系是多么看重。

《世说新语》里就有这样一个故事：

魏朝的时候，一个叫许允的吏部郎，管人事的，他用人多喜欢用自己乡里的人。有人就为此向皇帝告状，说他任人唯亲。于是魏明帝把他抓了起来。他怎么办呢？他对魏明帝说：“孔子说‘提拔你所了解的人’，臣的同乡，就是臣所了解的人。陛下可以审查、核实他们是称职还是不称职，如果不称职，臣愿受应得的罪。”皇帝一考核，这些人个个名声都非常好，十分称职，于是把许允释放了。

同样，故事还有一个：

晋朝的时候，朝廷积贫积弱，谢安想组建一支新式军队捍卫国家，在选将上一直颇费踌躇，因为他知道最合适的人选只有他的侄儿谢玄，最后他顶住各方面的压力用了他。淝水之战中，谢安又擅自做主，任命弟弟谢石担任前线大都督，侄儿谢玄任前锋，儿子谢琰任中前锋，后来以少胜多的大胜利充分证明，这一任命是完全正确的。

这两个故事都说明了一个道理，在某些时候，举荐自己熟知的人反而更能发挥出人才的优势。

在这一点上，北大的老校长蔡元培也做得非常好。举个例子，1917年，梁漱溟报考北京大学没有考上，而蔡元培曾读过他一篇《究元决疑论》的文章，非常赞赏，就说：“梁漱溟想当学生没有资格，就请他到北大来当教授吧！”于是，梁漱溟被北大聘任，后来他果然成为一代国学大师。所以《吕氏春秋》里说“外举不避仇，内举不避子”，只要人选得对，有时候倒并不一定要求方法的公平，因为我们都知道，很多优秀的、有创见的学生反而是不善于考试的。比如罗家伦，他当年考北大，数学考了零分，其他很多科目的成绩也都平平，但最后仍然能被录取，这就不能不说与某些人的大力推荐有关。他后来31岁就成了清华大学校长，也是最年轻的清华大学校长。

另一种观点则认为，任人唯亲的用人思想从我国古代至今，从来都是为世人所诟病的。我们身边已经见到太多拉关系、走后门的事情，无一不是从个人私利出发损害社会功利的行为，任人唯亲是对社会的公平公正是一大破坏。因此，从个人利益出发的任人唯亲只能说是一种公私不分、自私自利了。事实上，任人唯亲的最大动因就直接来自假公济私、损公肥私的自私动机。

需要区分的两个概念是，“私利”是指个人利益，而个人对私利的追求有正当与否之分；“自私”则指不顾正当与否，不择手段地谋求个人私利。具体地说，任人唯亲的自私动机可能有如下四种考量：

一者，任人唯亲可以保障“投入回报”。亲近之人得到提携也就是受人恩惠，自然要“滴水之恩，涌泉相报”。虽然其他人得到提携，也可能给予回报，但总不如亲近之人可靠。且有其他各种盘根错节的关系予以保障，万一出了差池，也是“跑得了和尚，跑不了庙”。这种“回报”可以是“就地还钱”，也可以是“来日方长”，说不定什么时候自己倒霉

了，不也有条“后路”。

二者，任人唯亲可以扩大自己的势力范围。亲近之人得到提携之后，可以成为自己继续不择手段谋求私利的可靠帮手，所谓“一个好汉三个帮”，最好逐渐形成一个潜在的帮派势力。

三者，任人唯亲可以扩展自己的安全空间。亲近之人即使不愿或没有能力成为自己的得力帮手，但他得到了提携，至少不会坏了自己的“好事”（诸如贪污腐败、偷税漏税之类），这同时意味着减少了其他人可能来破坏自己所做“好事”的机会。

四者，任人唯亲至少可以“肥水不流外人田”。反正亲近之人得不到提携也可能以其他各种方式来纠缠，其结果总是要侵蚀、瓜分自己的私利蛋糕。与其如此，不如让亲近之人直接参与瓜分更大的公益蛋糕，也算是“肥水不流外人田”吧。

公允地说，任人唯亲不一定完全直接来自假公济私、损公肥私的自私动机。

其动因也许是为了减少甄别人选过程中时间、精力的损耗，毕竟亲近之人多半是知根知底之人，其才能、性格、忠诚性（只是对领导者而言）早已“久经考验”，用现代经济学的术语来说，这也算是降低了交易成本。

也许是考虑到亲近之人好沟通（对上级的旨意心领神会）、好管理（对上级的指令百依百顺），能极大地调动其积极性、发挥团队凝聚力（唯马首是瞻）。所谓“打虎亲兄弟，上阵父子兵”，中国人对这个意义上的任人唯亲大都不避讳，甚至颇有自豪感。

也许是来自情面难却，也许是为了知恩图报，或是性情相投、手足情深、爱屋及乌、同情怜悯、满足虚荣（被人拍马屁，岂不快哉？）等，总之是人之常情所至，其中似乎有情也有义。历史上，为什么许多官员都喜欢提拔自己的亲属，帝王都喜欢给自己的同姓王封地而不是给自己的异姓王封地，也是因为这个道理。

任人唯亲的谬误之处在于将只适合于人际关系领域的“亲疏有别”跨越到了公共领域，从而歪曲了人选任用的公共目标，破坏了人选任用的公共原则和程序。

事实上，从社会组织的角度来说，人选任用的目的无非是更好地达成组织的公共目标，因此，任人唯贤无疑是最佳选择。尽管“贤”者的标准及其选拔比较艰难，但总有公共原则和程序可循。而任人唯亲之“亲”者没有经受公平、公正、公开地选拔，其才智、德行不可能有保障。自然，最终结果往往是“成事不足，败事有余”。不仅当事者丢人，领导者丢面子，社会组织的公共事业也会受到莫大损失。不仅如此，“任人唯亲”在培植亲信、特权的同时也就是在废人不倦，并自毁长城。既然有“任人唯亲”的捷径可走，谁能耐得住自我修炼的寂寞之旅？谁愿意接受公平、公正、公开的苛刻检验？谁不会溜须拍马、攀龙附凤、“认祖归宗”？可一旦轻易得偿所愿，不是上了贼船，就是被“赶鸭子上架”。与此同时，领导者自身落得的下场必然是威信扫地、毫无公信力可言。

最后要特别指出的是，其实任何社会组织都具有公共性，代表广大人民群众利益的公共组织自不待言，民营企业亦是如此（至少相对其组织成员而言），自然，社会组织中的职位也具有公共性，在这个意义上，社会组织中人选任用本身就是公共事务，即便是领导者或老板对此有决定权，也是公共权力的代理（至少在某个层面、某个部分是如此）。所以，“任人唯亲”是以自私自利、人际情义来侵犯、取代公共权力，是对公共权力的对抗、掠夺，是对社会公义的破坏、践踏。

同行是冤家——业缘群体

我国有句老话，“同行是冤家”。同行为什么会成为冤家呢？这是一个不得不让人深思的问题。既然是同行，那么就要生活在同一个圈子里。在同一个圈子里的资源是一定的，你多得一点，我就少得一点，我多得一点，你就少得一点，大家都想多得一点，于是不可避免地产生了竞争。人们常说，有竞争才会有进步，才能有发展，但竞争可能是良性的，也可能是恶性的。在现实生活中，恶性竞争往往居多。

生活中的烦恼、嫉妒、不满甚至仇恨多数是在同行中产生的。古人说“文人相轻”，其实并不是所有的文人都互相轻视，他们只轻视身边的文人。不光文人相轻，武人也相轻，我们在武侠小说里经常看见所谓的大侠，互相比武、杀戮。他们为什么要互相比武、杀戮呢？多半的原因是为争武林盟主之位，盟主只有一个，而“武林高手”居多，僧多肉少，所以比武、杀戮也就出现了。而“文武相轻”的例子却寥若晨星。因此，“同行是冤家”就可翻译成“同事是冤家”，甚至同性都可能成为冤家。一个单位谁提干、谁加薪，另一个单位的人不会在乎，他们只在乎本单位谁加薪、谁提干。在一个单位里，如果有人向领导打你的小报告，这个人一般不是别人，可能恰恰就是你本部门的人，甚至是你同一个办公室的人。离你最近的人可能伤你最深。

自古以来，人们似乎很难摆脱“同行是冤家”的宿命，但是在“冤冤相报”中，似乎也永远没有赢家。在“同行是冤家”的斗争中，不管是胜利者还是失败者，最终都伤痕累累，身心疲惫。“同行是冤家”的解药早已存在，只是人们没有发现。这可能是因为心已蒙尘，变得僵硬不堪。“己欲立而立人，己欲达而达人”。放之四海皆准的真理就是这么简单而朴素。

在社会学中，这种基于成员间劳动与职业间的联系而形成的群体（包括各种各样的社会经济组织、政治组织和文化艺术组织等具体形式）被称为“业缘群体”。这类群体的出现是生产力日益发展、社会分工越来越细、阶级社会逐渐产生的结果。业缘是人们在社会活动中结成的关系。业缘群体的形成与发展是与生产力的发展、社会分工的扩大相联系的。在现代社会中，人们的血缘关系和地缘关系已退居次要地位，而业缘关系占据了主要地位。

同事关系是多重社会关系中比较有特色的一重，首先，同事间地位是完全平等的，没有像领导与下级之间那样的距离。其次，同事是工作上的搭档，主要关系是通过工作的共同性这个纽带连接在一起的。它又有别于血缘亲情关系，亲情关系是天生的，同事关系则是后天的“偶然与必然性”的产物。假如以每个人每天工作8小时来计算的话，人们从参加工作到正式退休，差不多有1/3的时间都在跟同事相处。所以，同事关系对于一个人来讲是最重要的人际关系。那么，对于奋斗在职场上的人来说，应该怎样正确处理好与同事之间的关系呢？

（1）同事相处，阳光互洒。和同事相处并不是件难事。和谐的同事关系会让你和你周围的同事工作和生活在阳光下。

（2）静坐常思己过，闲谈莫论人非。俗话说：“病从口入，祸从口出。”办公室里，同事之间通常只是隔着一扇小小的“屏风”，再加上工作的单调，聊天自然成为一件极平凡的事情了。但有些人说到兴起之时，口不择言，不管什么都像竹筒倒豆子那样一吐为快，往往一句话成为泼出的水，想收回也难了。同在一个单位，或者就在一个办公室，搞好同事间的关系是非常重要的。关系融洽，心情就舒畅，这不但有利于做好工作，也有利于自己的身心健康。倘若关系不和，甚至有点紧张，那就没滋没味了。导致同事关系不够融洽的原因，除了重大问题上的矛盾和直接的利害冲突外，平时不注意自己的言行细节也是一个原因。

（3）亲和力使你如沐春风。有人说：世界上最强的黏合剂就是你的亲和力。这句话是很有道理的。尤其对于整天面对枯燥工作的你，如果你要让自己的生活充满阳光，那么你首先要具有一种让人跟着激扬的情绪，尤其是要有一张笑容可掬的脸、积极的为人处世的心态等，其实这一切就是为营造良好的同事关系而具备的亲和力。

（4）敞开心扉，容纳大海。宽容别人是困难的，别人伤害了你时，大多数人都会选择憎恨，但是，憎恨是一种恶意，它会恶化、扼杀我们的快乐。耶稣说：我们应该原谅我们的仇人“七十个七次”。我们也许不能像圣人般去爱我们的仇人，但是你只要给了他一颗宽容的心，他也就会给你一个机会。

（5）无论你多么能干，多么自信，也应避免孤芳自赏，更不要让自己成为一个孤家寡人。在同事中，你需要找一两位知心朋友，平时大家有个商量，互通声气。

（6）要想成为众人之首，获得别人的敬重，你要小心保持自己的形象，不管遇到什么问题，不必惊慌失措，凡事都有解决的办法。你要学会处变不惊、从容面对一切难题的本领。

（7）当你发觉同事中有人总是跟你唱反调时，不必为此而耿耿于怀，这可能是“人微言轻”的关系，对方以“老资格”自居，认为你年轻而工作经验不足，你应该想办法获得公司一些前辈的支持，让人对你不敢小视。

（8）若要得到老板的赏识与信任，首先你要对自己有信心，自我欣赏，不要随便对自己说一个“不”字；尽管你缺乏工作经验，但不必感到沮丧，只要你下定决心把事情做好，必定有出色的表现。

（9）凡事须尽力而为，也要量力而行，尤其是你身处的环境中，不少同事对你虎视眈眈，随时准备找出你的错误，你需要提高警觉，按部就班把工作做好，是每一位成功职场中人必备的条件。

（10）利用时间与其他同事多沟通，增进感情，消除彼此之间的隔膜，有助于你的事业发展。

（11）不妨让自己傻一点。在办公室的“刀光剑影”中，得与失的计算更是大智慧。吃亏就是占便宜，施小惠得大利，你的“失”会让你得到更多，认清了这一点，你的竞争之路将会越走越平坦。人与人之间没有彼此信任，则没有互助互利；没有较深的感情，则没有愉快的合作。在人际交往与关系中重视情感因素，不断增加感情的储蓄，就是积聚信任度，保持和加强亲密互惠的程度。

（12）吃亏是一种隐性投资。应该说，传统的谦逊是现代职场每个白领必备的素质，也是职场竞争中一大护身法宝。

同事关系是现代职场中一个非常重要的内容。作为办公室的一分子，如果不融入这个群体，你免不了要遇到别人的排斥、远离。单枪匹马的战争远远不如群策群力来得容易。所以在现代职场，能否处理好同事间的关系，会直接影响到你的工作，所以，你必须学会与同事在利益上竞争，在工作中合作，告别“同事是冤家”的狭隘想法，恰到好处地与同事共创“双赢”局面。

PART 02

从“天使”PK“无赖”——看社会分层

想象的共同体——社会分层与社会阶层

分层原来是一个地质学上的概念，指的是地质构造的不同层面。社会学家发现社会存在着不平等，人与人之间、集团与集团之间，也像地层构造那样分成高低有序的若干等级层次，因而借用地质学上的概念来分析社会结构，形成了“社会分层”这一社会学概念，社会学家用社会分层来分析人类社会的纵向结构。社会分层是指按照一定的标准将人们区分为高低不同的等级序列。

与社会分层相对应的就是社会阶层，社会阶层是指由于经济、政治、社会等多种原因而形成的，在社会层次结构中处于不同地位的社会群体，同一阶层的成员之间在态度、行为模式和价值观等方面具有相似性，而不同阶层的成员在这些方面存在差异。社会阶层是因为社会的等级分化而形成的具有连续性的等级序列。

马克思对于社会分层和社会阶层的研究在社会学中有着非常重要的地位。在社会分层问题上，马克思的阶级分层理论揭示了生产资料私有制条件下的社会不平等的根源，对阶级与阶层做出了全面的阐述和深刻的分析。马克思的社会分层理论主要可以归纳为以下几个方面：

（1）阶级的产生。阶级的存在仅仅同生产发展的一定历史阶段相联系，是私有制社会的普遍现象。

（2）划分阶级的标准。划分阶级的标准是人们在生产关系中所处的地位，主要是对生产资料的占有关系，以及由此决定他们在生产方式中所起的作用与领取社会财富的方式、数量等。

（3）阶级的内部关系。阶级内部成员具有共同的经济地位与共同的利益，他们的行为表现一致性程度较高。阶级有一个从自在到自为的发展过程。在阶级斗争中，同一阶级的成员有着共同的阶级意识；同时，阶级内部成员之间越来越紧密地联系起来，采取共同行动以维护自己的利益。

（4）阶级与阶层。每一阶级内部又分为若干阶层。各个阶层的利益、价值观和政治倾向有所不同。在社会改革和社会革命的过程中，不同阶层对革命的态度也不同。

（5）私有制社会中各阶级之间的关系。阶级存在是私有制社会中不平等的主要表现形式。在私有制社会中，由于各阶级的地位与利益不同，存在着阶级之间的经济剥削与政治压迫关系，阶级斗争与阶级冲突从来就没有停止过。阶级斗争与社会革命构成社会发展的动力。

（6）阶级的消灭。无产阶级与资产阶级是社会历史上最后的两大对立阶级。无产阶级的历史使命是消灭资产阶级，铲除滋生阶级与社会不平等的主要根源——私有制，建立公有制。无产阶级本身也将随历史的发展而消亡。生产力的充分发展、私有制的废除、阶级的消亡是根除社会不平等现象的前提条件。

在马克思之后，德国社会学家马克斯·韦

伯在马克思社会分层理论的基础上提出了一套全新的社会分层理论，韦伯的社会分层理论与马克思的理论一样，在社会学界以及其他领域产生了深远的影响。

韦伯的社会分层理论总结为一个“三位一体”的模式。韦伯认为有三个标准用来对社会成员进行阶层划分：经济标准——财富，政治标准——权力，社会标准——声望。其中财富指的是社会成员在经济市场上的生活机会，也就是人们在市场上以其经济收入和财富来交换商品和服务的能力，或者说满足自己需要的能力。在这个意义上说财富实际上就是“市场购买力”，而用马克思的话说就是“钱袋的鼓瘪”。

韦伯理论中的财富并不涉及在所有制中所处的地位，财富的多少只是反映了人们在经济领域中的不平等。韦伯所说的权力则是指一个人即使在遇到反对时也能实现自己意志的能力。在这里权力实际上是一种强制力，权力分配反映了人们在政治领域的不平等。至于声望，指的是一个人在其所处社会环境中所得到的声誉和尊敬。韦伯很看重人的社会声望这个要素，他认为声望同人们的身份有关，也同人们的知识教养、生活方式有关。韦伯指出：具有相似身份和生活方式的人被称为身份群体，而不同的身份群体在社会生活中具有不同的声望，因此不同的身份群体也就具有了不同的社会地位。

韦伯提出的这三个划分社会的标准——即财富、权力、声望——可以看作是一种社会资源，在他看来，这三种东西在任何社会中都是既有价值而又稀缺的，因而人们总是要在各个社会活动领域千方百计地逐利、争权、求名。

韦伯认为这三种资源既相互联系又是可以相互转化的。例如财富上的差别可能同权力上的差别直接相关，权力同声望也有某种关系。但同时他也指出这三个标准又是相互独立的，任何一个标准都可以单独作为社会分层的标准。当然如果分别按三种标准对同一人群进行阶层划分，结果可能会出现比较大的差异。因此韦伯一方面强调三个标准的独立性，另一方面他又提出了著名的分层中轴原理，即在不同的历史时期，三个标准的重要程度会发生变化，应该根据不同的历史条件确定优先的分层标准，即分层中轴。社会生活中的某一领域发生了重大变化，那么这一领域分层标准的重要性就会上升，成为社会分层的主要标准，也就是分层的中轴。

在韦伯提出分层理论之后，后来的社会学家在研究社会分层时大多继承了韦伯的理论，并在此基础上提出了各种分层模式和理论。其中主要有三种类型的社会分层理论。

第一种理论是把社会划分成几个大的阶级。在这种分层理论类型中，因为划分标准不同，而出现过许多具体分层模型，其中影响比较大的有：

（1）三个阶级理论，这种理论把社会分成上等阶级、中等阶级与下等阶级。

（2）两个阶级模式，美国社会学家R.林德与H.林德在《中镇》与《过渡的中镇》等著作中提出了“企业家阶级”与“工人阶级”的模式。企业家阶级由商业与工业管理者以及通常被称为专家的人组成。其他人则属于工人阶级。

（3）美国社会学家米尔斯的阶级模式。美国社会学家米尔斯在《权力精英》一书中，把工人分成白领与蓝领两个阶级。白领是指从事脑力劳动的技术熟练的工人，其中包括管理者阶层。蓝领则是非熟练的体力劳动者。

第二种类型的分层理论是把社会成员划分成若干个层次。美国社会学家W.L.沃纳等学者曾在20世纪40年代根据多重标准提出了六个层次的划分方法。这种方法其实就是把三个阶级模型再进行细分，即分为：

（1）上上层，由世世代代的富有者所组成，这些人既拥有大量的物质财富，又有上流社会特有的生活方式。

（2）下上层。他们虽然在财产上并不逊色于上上层，但他们还没有具备上流社会的生活方式。

（3）上中层。他们是一些成功的企业家和专业技术人员，居住在环境优美的郊区，有自己舒适的住宅。

（4）下中层。主要包括一些小店员、神职人员等。

（5）上下层。他们的收入并不比中层人员少，但他们主要从事体力劳动。

（6）下下层。主要是指无固定收入者、失业者以及只能从事一些非熟练劳动的人。

第三种类型分层理论就是续谱排列。这种分层方法是根据人们在职业分工、工资收入与身份声望等方面的具体而细致的差别，把社会成员划分成连续排列的多个小层，即所谓的续谱。美国社会学家帕森斯是这种分层理论的代表，他主张以职业作为分层的标准。帕森斯认为，在美国社会中最重要的分层标准是职业，财富与声望都依赖于职业。结构功能主义的分层理论在美国甚至其他国家长期占统治地位。美国的社会学家通过社会调查，把美国100多种职业按社会声望的高低排出名次来。其中1964年美国进行的职业评分最具有代表性：这次评定的职业上至联邦最高法院的大法官、医生，下到清道夫、擦鞋童，共87种，所得的分数最高为94分，最低只有34分，共列出40多个层次。

在第二次世界大战之后，人类社会发生了巨大变化。社会学家在研究社会分层时也越来越强调多元化的分层标准，以及使用综合指标来代替过去的单一指标。社会学家们同时采用多元分层标准，如收入、职业、教育、技术、种族、性别和宗教信仰等。

采用不同分层标准对社会成员进行阶层划分时，一些社会群体或职业在不同分层体系中的位置排列顺序可能是一致的或大体相同的，这种情况称为地位一致；一些社会群体或职业在不同分层体系中的位置排列顺序可能不一致甚至完全相反，这种情况被称为地位相悖。地位一致，它实际上意味着各种社会资源在不同社会群体中的分配是相对集中的，即各种资源优先被某些群体所占有，另一些群体可能很少占有这些资源。因此社会学家指出：高度的地位一致可能蕴含着社会冲突，特别是在社会资源分配不公时尤其如此。与此相对应，地位相悖的情况则说明各种社会资源在不同社会群体中的分配是比较分散的，它使得不同的社会群体可以在不同的资源分配体系中各得其所，它意味着社会结构的多元化。同时当代社会学家提倡用综合指标来综合多元化的分层标准，常用的综合指标是社会经济地位，它包含了人们的收入地位、教育地位和职业地位等内容。一些社会学家在研究中甚至采用更多的指标来进行社会分层，比如财产多少、房产的类型、本人受教育的程度、休闲方式等。

在当代社会，我们研究社会分层时常常提到“中产阶级”与“橄榄型”的社会结构。社会学家认为：“中产阶级”是现代社会出现的一个新的社会现象。在传统的农耕社会，社会等级体系都呈现出“金字塔”的形式，即在财富、权力、声望方面占垄断地位的社会上层规模很小，而贫困者、无权者阶层规模巨大。

这种金字塔式的社会结构，是在等级森严、缺乏社会流动、权力与财富合一的社会里维持社会统治的产物。当人类社会由传统社会过渡到现代社会，随着财富的积累、社会公平观念的普及、社会流动频率的加快、权力与财富的分离，社会结构越来越呈现为“橄榄型”，即在收入和财富占有方面，社会顶层的巨富者和社会底层的绝对贫困者都是极少数，出现了一个日渐庞大的“中产阶级”。社会学家一般把社会上拥有中等经济收入的人称为中产阶级。中产阶级主要由从事脑力劳动的行政管理人员、专业技术人员、商业营销人员以及职员、教师、店员、文秘等组成。

中产阶级的发展与壮大使得社会呈现一种橄榄型的结构，这对于社会的稳定有着巨大的作用。同时这种社会结构也标志着社会资源的合理分配，社会在整体水平上实现富裕。这也是我们进行社会建设的目标之一。

“宝马女”与“奥迪男”斗富——炫富

2009年10月28日晚10时许，深圳一宝马车与一奥迪车在春风路、人民南路北行转弯辅道内发生轻微擦碰，宝马车的女司机下车后二话不说，直接扇了奥迪司机一耳光，并脚踹奥迪，宣称“打你像打狗”。

两车擦碰几乎不着痕迹，但车主在午夜闹了足足6小时。

“宝马女”：“他开车时低着头打电话，撞了车还态度不好。他说我（宝马）318没他奥迪贵，我318怎么啦？你就1000万也买不到我这个宝马车，怎么啦？你就有一亿也买不到我这个独一无二的车！”

目睹了争执过程的人指称：“真是不讲道理啊，太过分了。没见过这么嚣张的女孩子。”双方争执期间，旁人劝阻，“宝马女”一一指点：“信不信连你我也敢打？”

社会学家将此现象称为“炫耀性消费”现象——购买商品的目的在于通过夸富式炫耀博得社会艳羡而提升其社会地位和声望、荣誉，从而获得社会性的自尊和满足。也就是说，其主旨在于“斗富”。

1894年，美国工业发展的速度已超过其他资本主义国家，跃居世界第一位。经济的飞速发展造就了一大批暴发户，而这些暴发户的行为则成了凡勃伦关注的焦点。凡勃伦以其敏锐的洞察目睹了“镀金时代”的暴发户们在曼哈顿大街购筑豪宅，疯狂追逐时髦消费品。有鉴于此，凡勃伦提出了“炫耀性消费”。

“宝马女”掌掴“奥迪男”说白了就是一种斗富心理。“宝马女”“担心被认为是穷人”，“希望被认为是富人”，“宝马女”声称“奥迪男”说“宝马不如奥迪贵”刺激了她，所以要用耳光回敬“奥迪男”。

目前，社会上业已形成了一个富裕阶层。在人们惯常的印象中，富人一方面被社会冠以“成功人士”的称号，另一方面个别富人又被指为“穷得只剩钱了”。他们在炫富、斗富的时候往往漠视对社会的影响。

11时40分，处理事故的口岸交警大队警员宣布，确实在宝马车上发现了细微的轮胎印，可能是两车贴近时造成，但从现场勘查来看，两车均未压线，按照交通法规，事故责任双方各一半。

交警开出处理意见通知书，要求双方签字，即可归还双方驾驶证件。本应就此散场，但“奥迪男”表示，自己只是司机，领导不让签字，等半个小时再说。副驾驶座上男子更指责交警办事不力，执法能力差劲。

“你们现在到底要不要处理？这个事情，我们也难做，我们七八个交警耗在这里。纠纷的事，派出所不是已经给你们处理了吗？处理不合理，有权利向上一级部门申诉，这么一点点事，闹了3个多小时了。不仅耗你们的油，还耗国家的钱！”

“宝马女”坚决不签字，交警只得在意见书上写下“拒签”，对奥迪车予以放行。见状，“宝马女”挡在奥迪车前头，“浪费我几个小时时间，想走？没那么容易。”“你们的时间也被他浪费了，我这也是在为你们讨公道啊。”“宝马女”的说法让交警们哭笑不得。

凌晨2时10分，交警无法调和矛盾，南湖派出所民警又来到现场协调。现场民警、交警、巡防员多达近20人，但仍束手无策。民警提出，双方一起回派出所调解，遭到“奥迪男”拒绝。

2时40分，“奥迪男”和副驾驶座上的男子下车，沟通无果。3时，他俩钻入奔驰车，疾驶而去。

这一来，愈加激怒了“宝马女”。她驾驶宝马车，倒车到贴近奥迪，打开车上音响，大声播放舞曲，并对警方直言：“我对处理结果不满意，你们不现场处理我就把车给砸了，我就开车撞他。”

在交警和男友的反复劝慰下，“宝马女”最终同意，让交警将奥迪车拖回口岸交警大队，自己驾车驶离，次日再就处理结果提起申诉。凌晨3时50分许，人群散去，此时距事发已有6个小时。

一点小剐小蹭，在普通人的眼里，本应该是一件小事，但前后拉锯战用了6个小时，不仅耽误了自己的时间，还严重浪费了社会成本。南湖派出所方面两度出车，派出两位民警和六七位巡防员。交警先后有10余人来到现场，共派出5辆大小交警车和1辆拖车。这种以极大社会成本为代价的“炫富”“斗富”应该得到遏制。

在公路上，车与车之间除了有车型、性能、外表的差别以外是没有区别的，都要遵守交通规则，都要尊重应该尊重的法则。在马路上的炫富既不能获得区别于他人的社会地位，更不能让自己得到他人的尊重。路人对“宝马女”的指责就是例证。

德高望重有什么好处——声望

声望是指一个人从别人那里所获得的良好评价与社会承认，是拥有较高社会地位的另一种表现。

声望以多种形式出现：公众的接受与名誉、尊重与钦佩、荣誉与敬意。声望可以通过多种方式获得：特别善良、慷慨、勇敢、有创造性或者聪明的人通常得到声望的回报。金钱可以买到声望，权力可以控制声望，起码表面上是这样的。例如，当老约翰·洛克菲勒刚开始在石油上发大财的时候，公众对他嗤之以鼻。然而，随着时间的推移，他用巨额财富兴建博物馆、公园、基金会，投资慈善事业，不仅为自己，也为他的继承人赢得了声望。

富弼，字彦国，北宋洛阳人。他出身贫寒，从小读书勤奋，知识渊博。富弼举止豁达，气概不凡，当时有位前辈见过他后，赞叹说：“这是辅佐帝王的贤才啊！”

富弼26岁踏上仕途。40多年里，他对国家竭诚尽忠，在处理外交、边防、监察刑狱、赈济灾民等事务中，取得了显著成就，不断加官晋爵，先后担任过仁宗、英宗、神宗三朝宰相，成为天子倚重、百官敬仰的名臣。

仁宗庆历二年（1042年），北方的契丹国屯兵边境，要求宋朝割让关南的大片领土。朝廷命富弼前往敌营谈判。在交涉中，富弼不顾个人安危，慷慨陈词，成功地维护了国家利益。他先后两次奉命出使，第一次赴任，正逢女儿得病去世；第二次上路，又闻报小儿子出生，他都没有回家看上一眼。归国后，朝廷为了褒扬他的功绩，授予他许多要职，他都谦逊地再三辞谢，不肯就任。

庆历八年（1048年），黄河在商胡决口，洪水泛滥成灾。当时富弼正遭到政敌的谗言诽谤，谪官在青州。他腾出公、私房屋十多万间来分散安排灾民，并出榜向当地百姓募集粮食，加上官仓中的全部存粮，都运送到各区散发。民间颂声载道。天子特派使者前来慰劳，并授任他为礼部侍郎，富弼却辞谢说：“这是臣应尽的职责。”

富弼为人谨恭慈和，即使当了宰相以后，也从不以势傲人。无论下属官员或平民百姓前来谒见，他都以平等之礼相待。富弼年老退休，长期隐居洛阳。一天，他乘小轿外出被人发现，众人马上纷纷跟随观看，热闹的集市顷刻之间空无一人。司马光称颂他说：“三世辅臣，德高望重。”

富弼出身贫寒，地位低微，通过自己的勤奋努力为国家鞠躬尽瘁、竭诚尽忠，为老百姓做实事，为朝廷布仁德，在平民百姓和下属官员面前，也总是以礼相待。富弼为自己赢得了良好的声望，不仅得到了朝廷的提拔官至宰

相，还深受百姓的爱戴。因此，富弼获得较高的社会地位也是实至名归。

如果说，老约翰·D.洛克菲勒是先获得金钱，再通过金钱来收获声望的话，那么凭借《哈利·波特》而享誉世界的作者乔安妮·凯瑟琳·罗琳则是先获得了良好的声望，然后把它转化为巨额的财富的。而这两种情况也正是声望和财富之间的两种关系。

乔安妮·凯瑟琳·罗琳的《哈利·波特与魔法石》（1997）诞生了，几乎是一夜之间征服了世界各地的少年读者。2007年是“哈利·波特”系列小说问世10周年，这部作品改编成的电影也火遍了全世界。哈利的饰演者丹尼尔·雷德克里夫成为英国最富有的少年，鲁伯特·格林特和艾玛·沃特森不知有了多少的“粉丝”。该系列小说已被译成70多种语言，总销量已达到3.25亿册。罗琳也因创作了“哈利·波特”系列小说而名利双收。

声望是为众人所仰慕的名声，是社会分层的又一个方面。一个有声望的人往往会比一个名不见经传的人所说的话更有信服力；并且有声望的人本身也承载着一种荣誉，自我价值的认知也会随之得到提高。而多数情况下声望来自于占有一个公认的好职位。

PART 03

人往高处走，水往低处流
——社会流动

艾柯卡从职员到总裁——向上流动

在社会学上，一个社会成员或社会群体从一个社会阶级或阶层转到另一个社会阶级或阶层，从一种社会地位向另一种社会地位、从一种职业向另一种职业转变的过程叫作社会流动。它是社会结构自我调节的机制之一。个人一生中的流动，指个人在职业和地位方面的水平的或垂直的流动。艾柯卡的事例就是社会流动的绝佳例子。

美国福特汽车公司是美国最早、最大的汽车公司之一。1956年，该公司推出了一款新车。这款汽车式样、功能都很好，价钱也不贵，但是很奇怪，竟然销路平平，和当初设想的完全相反。

公司的经理们绞尽脑汁也找不到让产品畅销的办法。这时，在福特汽车销售量居全国末位的费城地区，一位毕业不久的大学生，对这款新车产生了浓厚的兴趣，他就是艾柯卡。他开始琢磨：我能不能想办法让这款汽车畅销起来？终于有一天，他灵光一闪，于是径直来到经理办公室，向经理提出了一个创意，在报上登广告，内容为：“花56元买一辆56型福特。”这个创意的具体做法是：谁想买一辆1956年生产的福特汽车，只需先付20%的货款，余下部分可按每月付56美元的办法逐步付清。

他的建议得到了采纳。结果，这一办法十分灵验，“花56元买一辆56型福特”的广告人人皆知。“花56元买一辆56型福特”的做法，不但打消了很多人对车价的顾虑，还给人留下了“每个月才花56元，实在是太合算了”的印象。

奇迹就在一句简单的广告词中产生了：短短3个月，该款汽车在费城地区的销售量就从原来的末位一跃而为全国的冠军。这位年轻工程师的才能很快受到赏识，总部将他调到华盛顿，委任他为地区经理，并最终坐上了福特公司总裁的宝座。

艾柯卡原本只是企业里的一个普通员工，社会地位比较低微，在社会上的声望也相对较小，但在经过自己的努力之后，他慢慢成了企业的管理层，不仅获得了企业给予的相对丰厚的经济回报，社会地位和在社会上的声望也都随之提高。由一个较低的社会阶层步入另一个相对高级的社会阶层，这种现象属于社会流动中的向上流动。

在现代工业社会，尤其是在城市，这种流动也是一种普遍的现象。社会学对此种流动的研究，主要关注在人的一生中，在哪个年龄阶段、哪种职业地位的人发生流动的次数最多、他们向哪个方向流动等。

垂直流动（包括向上流动和向下流动）无论对个人还是对社会都极为重要。它影响社会的阶级、阶层和产业结构。如果一个时期内向上流动的频率超过向下流动，说明社会在进步，反之，说明社会在倒退。每个人都希望向上流动而不希望向下流动。但每个社会向上流动的机会分布是不均匀的，只有那些具备一定条件的人才有可能上升，这个条件就是知识、才能和机会。对社会来

说，关键是要有各种合理的流动渠道，要有一套选优的标准和实施办法。这些渠道、标准和办法是在社会流动的实践中形成的，是一种社会选择，而不是决策人的主观设计。

社会流动会引起社会结构的变化，大多数人流动的方向和频率反映着社会变迁的方向。因此，社会流动被人们看作是社会变迁的指示器，是社会选择的一种途径。西方社会学研究社会流动的趣旨在于探索什么人、在什么环境中、具备什么条件才能够获得更多的向上流动的机会。一个社会能够创造更多的向上流动的机会，是社会充满活力的象征，是社会进步的表现。

高学历低收入的“蚁族”——向下流动

“蚁族”，是对“大学毕业生低收入聚居群体”的典型概括，是继三大弱势群体（农民、农民工、下岗职工）之后的第四大弱势群体。之所以把这个群体形象地称为“蚁族”，是因为该群体和蚂蚁有诸多类似的特点：高智、弱小、群居。据统计，仅北京一地就有至少10万“蚁族”。上海、广州、西安、重庆等各大城市都有大量“蚁族”，在全国有上百万的规模。

“蚁族”受过高等教育，主要从事保险推销、电子器材销售、广告营销、餐饮服务等临时性工作，有的甚至处于失业或半失业状态；平均月收入低于2000元，绝大多数没有“三险”和劳动合同；平均年龄集中在22～29岁之间，九成属于“80后”一代；主要聚居于城乡接合部或近郊农村，形成独特的“聚居村”。他们是有如蚂蚁般的“弱小强者”，他们是鲜为人知的庞大群体。

中国青年报社会调查中心日前与腾讯新闻中心联合进行了一项在线调查（4130人参加）——“你对人生缺乏热情吗”，结果显示，71%的人认为现实生活中充满了焦虑，55%的人对人生缺乏热情。“对人生缺乏热情”被认为是“下流社会”的最大特点。不少调查者自己也坦陈：“还没爬到中层，就开始往下掉了。”

现在不少的年轻人、大学毕业生，也同样遭遇了“对全盘人生热情低下”的状态。许多人对于已经处于中等收入者状态的长辈或社会精英，充满了愤懑和不平，认为他们挡住了自己上升的路，他们占据了太多社会位置，也拉高了消费的水平。于是他们对社会充满了不满和抱怨，同时对于自己向上奋斗的信心也开始弱化，将自己生活中遇到的问题和挑战更多地归于社会，而不是自身的原因。于是他们会写匿名的帖子在虚拟的世界里表达他们在现实世界里被忽略的意见和看法。他们在网络中异常热烈和激烈，在现实中却意愿低下，相当沉默，同时以一种“个性”的张扬以及对于社会的批评，来表达在社会中无法抗争和奋斗的要求。

社会流动是指就一个人或一个群体而言，从一种社会地位或社会阶级向另一种社会地位或社会阶级的变化。简言之，社会流动就是社会地位的改善。而向下流动是指人们向一个较低地位移动。

曾经，大学是孕育白领的圣地。曾经，高学历就是高收入、高社会地位的保证。然而现在的社会现实是，大学生已经越来越由优势群体转为相对弱势的群体。大学生的生存现状是薪酬、就业、住房都对大学生造成了颇大的压力。很早之前的大学生可以享受福利分房。现在的大学毕业生不仅没有了住房福利，微薄的工资只能使他们在城中村等一些条件比较差、房租比较低的地方居住。

中山大学政治与公共事务管理学院教授岳经纶说：“‘蚁族’的出现也证明‘80后’向上流动的机会相对要少，渠道也没那么顺畅，尽管‘蚁族’不至于沦为最底层，但在社会地位上却处于‘要上不上，要下不下’的尴尬境地。”

白领过剩，月嫂难求——水平流动

水平流动是从处于同一水平线上的一种职业向另一种职业的横向流动。所谓同一水平线是指两种职业在收入、地位、名声等方面基本相同。

当总经理叫李莉去他的办公室时，她正谈笑风生地和同事们交流在网上买房、抢车的经验。她放下内线电话，整整衣裙，走到经理的办公室前。推开门的刹那，她还以为他会像过去半年中每一次和她的单独谈话一样，表扬她的业绩，然后布置下一步任务。

谁知，她错了。

经理开门见山地对李莉说，由于经济危机已经波及公司的业务，公司从节约开支的角度出发，不得不开始考虑适当裁员。

她的心里"咯噔"一下，有种不祥的预感。

果然，经理停顿片刻，终于说出口："公司准备先从试用期的员工中开始裁员，由于你的试用期还没过……"

她叹了口气："经理，我明白您的意思，可是，我什么时候正式离职？"

他说："再过5天。"

她走出经理的办公室，将要离开银行的消息也随之传播开。

将近半年了，周围的同事和她已经相熟，接下来的几天，时不时有人关心地问她："接下来你怎么办？"当然，也有不少和她资历差不多的新人也忧心忡忡。

2008年经济危机失业高峰所波及的群体正是城市的白领阶层，以及正准备迈入这一阶层的众多大学毕业生。白领的需求过剩，一些白领转而做蓝领了。广州市市容环卫局下属事业单位的一次公开招聘中，13个环卫工职位竟然引来286名本科生、研究生争相抢夺。无独有偶。一个终日要与病死畜禽打交道的职位，竟也引来19名本科生和7名研究生角逐，最后1名博士、4名硕士和6名本科生被录用。

一方面是劳动力供给远远超过了经济增长带来的劳动力需求，出现总量型失业；另一方面是在经济体制改革和产业结构调整过程中，由于劳动力自身素质、技能不适应，出现大量岗位空缺，许多企业和地区技能劳动者短缺、保姆短缺等。

2007年的金猪年，月嫂难求。在广州、深圳等地，月嫂已经预约到了六七月。据某家政公司负责人李丽介绍，现在她们公司为客户从外地请了一名“金牌月嫂”，月工资是5300元。

要添丁了，是人生中的一件大喜事，但对于大连的市民吴先生来说却成了一件大难事，因为他的妻子快要临产了，可是找了大半年多还是没有找到月嫂。

吴先生妻子的预产期是7月初，可现在四处托亲朋好友找月嫂，却一直没有消息。他也咨询了不下10家的家政公司，都说让他等，可这一等就是半年多了，眼看妻子就要临产了，可是还是没有一家家政公司给他回过话。

无奈之下，吴先生就只有亲自登门去家政公司“抢月嫂”。“我一共去了7家家政公司，都说让我先登记，再回家等回话。”吴先生说，他到了一家家政公司，都向人家解释他的妻子快生了，等不了太久，如果有人愿意，他可以出高价聘请的。可是没想到的是，这些家政公司的工作人员都告诉他，现在有很多人比他还要急啊，现在请月嫂必须提前两三个月就预订。

甚至有一家家政公司还拿出了登记表来给他看，他发现，登记在册要找月嫂的人就已经有10多位了。

据了解，因预订月嫂的人很多，其工资也跟着水涨船高。大连一名初级的月嫂工资在1200～1700元之间，中级月嫂的工资在2100～2300元之间，高级月嫂的工资在2300～2500元之间，特级月嫂的工资已经高达2600～3000元了。“比去年同期涨了300～500元。”一家家政公司的有关负责人说，去年一年月嫂的工资就涨了4次。

随着保姆工资上涨，保姆也成了大学生的择业选择，

“从2008年8月到12月，平均一个月就有五六百人前来应聘，其中90%以上都是大学生，还有28个是硕士。”广州市一家家政公司的副总经理这样说道。川妹子家政公司首都大学生家政事业部，2008年暑假报名参加大学生高级家政助理培训班并被录用的学员已达200人，与往年相比人数翻了七八倍。这批学员大部分来自北京著名高校，都是在校生，其中不乏硕士研究生，具有素质高、英语水平高的特点。

研究生小张说：“我从小就做家务活，也特别喜欢孩子，以前还做过英语老师，在假期中做大学生保姆就想多接触一下社会，锻炼自己与人交往的能力，以后这些人际关系可能会对找工作有帮助。另外大学生保姆2000元左右的月薪还是挺有诱惑力的，利用这个机会多挣些钱，也可以减轻经济并不宽裕的家里的负担。”

无论是做白领还是做月嫂，最重要的还是赚取薪水、创造价值。离开工作，谈白领蓝领就没有价值和意义了。当月嫂工作的附加值上升了，月嫂的薪水自然高过了白领，而2009年6月份，在深圳出现了10万年薪的天价保姆。

跨国婚姻，爱情的温暖抵不过现实的冰冷——女性的流动

社会学研究表明，妇女可以通过婚姻获得社会流动，比男子通过职业获得的社会流动要大得多。这项研究揭示：男子的第一个工作一般“继承”其父亲的职业。然而，妇女往往和一个与其父亲职业地位相去甚远的男人结婚，因而与其丈夫的职业地位更为相关。

许多年轻貌美的女性不是想通过自己的扎实努力来获得较高的社会地位，而是想靠假结婚实现自己的美梦。这种现象在社会上已经不再稀奇。

据马来西亚华文媒体报道，四成嫁作“大马妇”的中国女子，被移民局发现是假结婚，为了可以继续逗留大马。移民局官员在经过调查及问话后，若发现存在假结婚的问题，将不批准女方的签证申请，并把她们遣送回国。在现

实中，类似的事件层出不穷。把婚姻当作“融入”的方式也许无可厚非，但是把婚姻当作筹码，输掉的也许不仅仅是幸福。

对于一心想圆美国梦的人来说，申办婚姻绿卡是最快转换身份的方式。王小姐在与律师达成协议、支付订金之后，很快被安排与一位美籍公民见面，随后与男子拍婚纱照、选购婚戒、结婚。然而之后发生的事情却让王小姐陷入噩梦。该律师先是暗示若想让婚姻绿卡办得顺利成功，王小姐须给他特别的“性服务”，在王小姐拒绝之后，仍旧劝诱、威胁，随着申请案不断推延，最后王小姐不得不屈从。即便是付出如此代价，最后王小姐还是没能如愿获得婚姻绿卡。本希望借假婚姻获取身份，却落了个既被骗财又被骗色的下场。

新加坡国家人口秘书处公布的数据显示，新加坡本地异国夫妻显著增加，2008年在本地注册的婚姻当中，近40%是新加坡公民与外籍人士的联姻。全球化的趋势以及诸多国家采取的开放政策，促成了本国人与外国人的姻缘。不过，婚姻除了建立在两情相悦的基础上，还包括了对不同文化的接纳，还有与彼此家人的相处之道。

据新加坡华文媒体报道，新加坡人陈顺德和中国山东籍的妻子在1999年结婚，2009年原本可以庆祝10周年纪念日，但两人于那年年初正式申请离婚。

陈顺德1996年被公司派到山东工作，到当地医院做例行身体检查时，认识了在那里当医生的妻子。他被女方坦率、体贴的性格吸引，于是展开追求攻势。拍拖3年后，两人共结连理。陈顺德指出，结婚前曾把妻子接到新加坡来玩。当时妻子和母亲相处融洽，母亲也没反对他们来往。妻子来到新加坡后很快取得永久居民权，但由于她的医科文凭不被本地机构承认，无法回到医生岗位，她又不想当护士，所以情绪有些郁闷。妻子找到华文补习教师的工作，情况好转。这时她却又和家婆开始发生摩擦。陈顺德说，开始时妻子与母亲为了琐碎事，比如说，母亲把妻子的东西摆在其他地方，让妻子找不着，就引发互相的不满。妻子和母亲会个别向他抱怨。婆媳关系越来越僵，后来，妻子会故意迟归，等到陈顺德放工后才回家，在家里也尽量不踏出房门。

陈顺德说：“整个家冷冰冰的，她们根本没话谈，我成了传话筒。那段时间我心里很烦躁，很疲惫，当夹心饼干的滋味真不好受。”陈顺德不是没寻找解决的方法。因为是独生子，他不愿意和妻子搬出去住，丢下年迈母亲。他也想到辅导中心寻求帮助，但妻子和母亲却不愿意配合。对陈顺德来说，母亲和妻子像手心和手背，都是亲人，但是她们都性格倔强，加上年龄和文化上有代沟，一直无法好好相处。妻子在本地没结交到知心朋友，无法通过社交活动疏解家庭烦恼，最后导致离婚。

跨国结婚的整体数目不算少，但是婚姻维持下去却很难。文化的差异、思维的差异、传统观念的差异，所有的一切都成为每一桩国际婚姻必须直面的考验。相爱只需要两情相悦，相处却需要彼此的耐心、宽容，需要彼此对婚姻的悉心经营。

跨国婚姻不是以婚姻为目的的一场计划，也不是从相恋到分手的一个程序。我们相信在跨国婚姻中不乏让人羡慕的神仙眷侣，虽然关于跨国婚姻的负面报道让人感觉再温暖的爱情也抵不住现实的冰冷，然而，我们仍旧期待“执子之手，与子偕老”的恒久幸福。

社会学家的一项研究表明，通过婚姻的流动向下与向上概率相当。所以，社会上的年轻女性不必花费过多心思想通过跨国婚姻来实现自己社会地位提高的美梦。因为社会学的研究表明接受教育与获得职业的过程对职业男性和职业女性来说已经非常相似。职业条件对于两性来说都是相同的，通往较高职业地位的道路主要是教育。所以说，女性依然可以通过接受良好的高等教育在职场上去和男性竞争，也只有依靠自己的拼搏和努力，实现女性向上流动的希望才会变大。

第六篇

我们每个人都被约束——社会对个体行为的影响

PART 01

为什么社会需要法律和道德
——当人性遭遇社会规范

社会秩序之痛——犯罪

一名韦姓男子向19岁的女友求婚遭拒，随后持菜刀砍杀女友，案发后自杀。孰料女友未死，韦姓男子自杀未遂，畏罪潜逃途中终究还是落了法网。法院一审以被告人韦某犯故意杀人罪，判处有期徒刑12年，剥夺政治权利两年，并赔偿附带民事诉讼原告人韦某各项经济损失19660.70元。

法院审理后认为，被告人韦某在与女友发生纠纷后实施杀害其女友，其主观上有非法剥夺他人生命的故意，客观上实施了非法剥夺他人生命的行为，且致其女友重伤，情节严重。该行为符合故意杀人罪的构成要件，构成故意杀人罪。被告人韦某在实施犯罪过程中，由于其意志以外的原因而未得逞，是犯罪未遂，依法可以比照既遂犯从轻或者减轻处罚。由于被告人韦某的犯罪行为给附带民事诉讼原告人造成的经济损失，应承担赔偿责任。对附带民事诉讼原告人诉讼请求中的合法、合理部分予以支持，据此做出如上判决。

我们一提到违法事件首先想到的可能就是犯罪。犯罪是违反社会规范，或者说社会失范的一种比较严重的情况。构成犯罪的行为一般都对社会秩序产生了比较严重的破坏作用。犯罪行为一直存在于人类社会，但是对于犯罪的内涵，也就是说什么才是犯罪行为，在不同的历史时期、不同的社会有着不同的界定。

对于犯罪的概念有着不同的划分方法。一般分为犯罪的形式概念、犯罪的实质概念和犯罪的混合概念三种。

犯罪的形式概念源于罪刑法定原则，犯罪的形式概念的形式是指从法律规范的意义上界定犯罪。犯罪的形式概念注重的是行为的刑事违法性，将刑事违法性作为区分罪与非罪的唯一标准，也就是以刑法的规定与否作为犯罪与否的标准。因此，犯罪的形式概念又可以称为犯罪的法律概念。在犯罪问题上，犯罪是一种客观存在的社会事实，是社会根据一定的价值标准对其进行否定评价的行为。但是如果刑法没有规定，那么这种行为就不能成为刑法意义上的犯罪。由此可见，犯罪的形式概念具有实体的法律内容。

犯罪的实质概念并不仅仅是对犯罪的法律界定，而是要揭示隐藏在法律背后的社会原因。犯罪的实质概念认为，犯罪不是一种单纯的法律现象，而首先是一种社会现象。犯罪的实质概念不仅仅是从法律条文中去理解犯罪行为，它其实是告诉人们一种行为为什么会被定性为犯罪。通过犯罪的实质概念，我们就能用社会学的视角来研究犯罪行为，分析犯罪与社会结构的关联性，加深对犯罪这种社会现象的理解。

犯罪的混合概念综合了形式概念和实质概念，指出了犯罪在形式上刑事法律所规定的范围，即刑法有规定的行为才是犯罪行为，另一方面又指出了犯罪的实质内容以及犯罪的社会危害性。但是混合概念在应用时也会出现问题，当一种越轨行为的形式与实质相一致时，我们容易认定它是犯罪行为；但是当这种越轨行为的形式与实质相冲突，例如某种行为违反了刑法的规定，但却无社会危害时，如何定义这种行为是不是犯罪就成了一个问题。

在我们国家，对于犯罪行为的规定依据就是形式与实质相统一的混合概念。

犯罪行为一般有着如下几个特征：首先是刑事违法性，是指触犯刑法，即某一个人的行为符合刑法所规定的构成犯罪的条件。在罪刑法定原则下，没有刑事违法性，也就没有犯罪，因此，刑事违法性是犯罪的基本特征。其次是法益侵害性，是指对于刑法所保护的利益造成了侵害。刑法保护的利益一般是关涉社会生活的重要利益，就是法益。在我国的刑法规定中，对于国家主权、领土完整和安全、人民民主专政的政权和社会主义制度、社会秩序和经济秩序、国有财产或者劳动群众集体所有的财产、公民私人所有的财产、公民的人身权利、民主权利和其他权利都列入了保护的对象。基本上刑法保护的利益可以分为国家利益、社会利益和个人利益。法益侵害行为是刑法明文规定的，因此某种行为是否具有法益侵害性，应以刑法规定为根据。一个行为如果不具有刑事违法性，就不可能具有法益侵害性，法益侵害性是刑事违法范围内的法益侵害性。犯罪行为的第三个特征是应受惩罚性，应受惩罚性是犯罪的重要特征，它表明国家对于具有刑事违法性和法益侵害性的行为必须进行惩罚。如果一个行为不应受刑罚惩罚，也就意味着它不是犯罪。因此我们要明白，犯罪是适用刑罚的前提，刑罚是犯罪的法律后果。

对于犯罪行为的分类有着不同的标准，根据不同的标准犯罪行为可以分成以下几类：

首先是重罪与轻罪的划分。重罪与轻罪在所有犯罪分类中是最经典的一种分类法。重罪与轻罪，主要是根据犯罪的轻重程度来划分。其次是自然犯与法定犯的划分，这种分类方法是理论上的一种分类方法，这种分类涉及对犯罪性质的基本认识。第三种是侵害私法益的犯罪与侵害公法益的犯罪，也就是侵害私人利益的犯罪和侵害公共利益的犯罪。其中公法益又可以分为社会法益与国家法益，因此在这种划分方法下，犯罪可以扩展为三类——侵害个人法益的犯罪、侵害社会法益的犯罪和侵害国家法益的犯罪。第四种是国内犯罪与国际犯罪的划分。国内犯罪是指违反国内刑法的行为，根据各国刑法可以确定其犯罪行为；国际犯罪是指违反国际刑法的行为。从一般意义上说，犯罪指的就是国内犯罪。但是当涉及国际刑法的时候，就产生国际犯罪的问题。国际犯罪又主要分为涉外犯罪和跨国犯罪：涉外犯罪是指具有涉外因素犯罪，包括主体涉外，例如犯罪主体是外国人；客体涉外，例如被害人是外国人或者危害的是外国财物等。跨国犯罪是指跨越两个或两个以上国度的犯罪，例如跨国贩运毒品或者同一犯罪分别在不同国家实施等。

犯罪行为是破坏社会秩序的危害严重的行为，我们在认识它们的基础上应该尽力规避。但是现在随着全球化的深入，世界各国之间的交往日益紧密，犯罪行为也越来越具有全球共性。目前国际犯罪的增加就是例证。现在很多犯罪行为不仅违反了一国的刑法，而且对国际上公认的准则形成了挑战，因此对于犯罪行为的打击越来越需要国际社会的合作。总之，我们应该正确地认识犯罪行为，从而加深对于社会规范和社会秩序的理解，同时使自己的行为能够符合社会的规范。

青少年抽烟、酗酒、自杀——越轨

现在社会上对于青少年犯罪越来越关注，而青少年犯罪已经成为一种严重的社会问题。犯罪属于社会越轨行为中比较严重的一种，青少年犯罪的增多也反映出了当下青少年越轨行为的增多。这个社会问题不仅是个人问题，还涉及社会未来的建设和发展，因此我们应该对越轨行为尤其是青少年越轨行为进行比较深入的了解。

社会学家在对越轨行为定义时并没有明确指出越轨的确切内涵，而是认为在现实生活中将什么样的行为定义为越轨行为是很相对主义的，同一种行为在一种情境下可能被定义成越轨，而在另一种情境则相反。不同的行为在多大程度上将被认为是越轨行为，取决于它发生在何时、何地以及是谁所为。

国外有一个关于青少年犯罪的研究。研究者对比研究了两个不同的中学生群体，其中一个群体被研究者称为“天使”，另外一个被称为“无赖”。“天使”群体的成员经常逃学，每到周末他们就去喝酒、盗窃或做其他违法的事情。他们坐在自己的汽车里大声猥亵路过的妇女，在高速公路上大闯红灯，随意破坏建筑工地。

看到这些“天使”的行为，我们大多数人很可能认为他们是犯罪者。但是，他们同一社区中的多数成员并不这么看。因为这些“天使”是一些在社区里深受人们尊敬的公民的儿子，通常被看作是懂规矩的学生，只是偶尔来些恶作剧的好孩子。社区的居民将他们当作未来的领导人看待，期望他们做得更好。而警察对他们的行为也只是睁只眼闭只眼。

与“天使”的情况相反，“无赖”来自社会下层，他们做出的违法行为与“天使”没有区别，但他们却被社区居民视为惹是生非者。研究者在研究期间发现，每个“无赖”至少被拘捕过一次，这帮人一次次受到警方的收拾和折磨。而且，由于他们很少有机会搞到汽车，“无赖”们的偷窃、酗酒和野蛮行为常发生在他们自己的社区里，在那里，他们干什么都很容易被发现。在这一点上“天使”们做得很好，他们小心翼翼地在人们不认识他们的较远的社区干坏事，因此，他们的“恶作剧”瞒过了他们所在社区的居民。

这个研究表明，对于越轨行为或犯罪行为的确定与其说是依据这两个群体所做出的行为，不如说是依据公众对他们的行为的认知。处在社会下层的“无赖”们被视为罪犯，这是在鼓励他们继续将自己看作“坏人”，他们中的大多数将越轨行为持续到成年。与此相反，大多数来自中产阶级的“天使”则继续上大学，并走上成功之路。从这个研究结果我们可以看出，青少年犯罪的本质以及其他类型越轨行为的本质比我们想象的要复杂得多。

社会越轨是指违反某个群体或社会的重要规范的行为。越轨的定义也会随着时间的推移而发生变化。在过去，离婚行为会使配偶双方的家庭蒙羞，其子女也会被打上新标记，成为“残破家庭”的产物。在那时，离婚行为被视为缺乏美德的象征。而在当代，人们对离婚行为的态度已经变得越来越宽容。越轨的定义也存在地域和文化上的差异。比如离婚行为或婚外情在某些地方被认为是可以接受的行为，而在另一些地方则被视为犯罪，而受到严厉的惩罚。

我们还应该知道，一种行为被视为越轨行为，就意味着这种行为必须是作为违规的行为而被观察、被定义的。比如，一个年轻人在超市里偷了包东西，如果售货员发现但没有将此事告诉其他人，而只是要求他归还物品的话，那么这个年轻人就不会被称为越轨者；相反，如果售货员坚持要控告他并且最终使这名年轻人进了监狱，那么这种行为就被定义成越轨行为了，这名年轻人也就成为人所共知的越轨者了。很多社会学家认为：在给越轨行为下定义时不要与特定的道德规范相联系，而是看发生某种不良行为的人与发现这种行为的人是否进行社会互动，并以其结果来定义这种行为是不是越轨行为。

一提到越轨行为，每个人对它的认识和感受是不同的，但一般情况下，提到越轨行为和越轨者，人们往往联想到那些堕落者、变态者或者疯子。其实这是我们对于越轨行为的一种误解或者是一种偏见。要正确认识越轨行为有以下几点要注意。

第一，越轨行为未必就是性质恶劣、危害严重以及社会不可接受的行为。越轨这个社会学的概念本质的意思是“不遵从”，也就是说不遵从通常的社会规范，在这个意义上我们可以将那些不守常规、富有创造性的天才文学家、艺术家和作曲家等称为“不遵从”者，即越轨者。还有一种情况，某种行为违反了规则，理论上是越轨行为，但由于所违犯的规则并未被广泛接受，人们就不会认为这种越轨是不道德的，因此人们对这种行为的态度也不会像对待那些公认的越轨行为一样。

结构功能主义大师罗伯特·默顿对反常和不遵从这两种行为进行了区分：反常越轨者一般是指那些基本上接受社会规则的合法性但却因个人目的而违犯的人；不遵从越轨就正好相反，不遵从越轨者相信规则本身就是坏的，他们认为有必要通过蓄意地和集体地违犯它而向它进行道义上的挑战。反常越轨者一般希望隐藏自己的行为，而不遵从越轨者则为了吸引人们的注意。不遵从越轨者的目标不是改变规则，他们的行为基于一定的社会理想，因此不遵从的越轨者常常被他们的支持者当作英雄。因此默顿认为：不遵从越轨行为和越轨者有着积极的意义，例如有创造性的艺术家的标新立异行为可能就会开创出艺术领域的新天地。

第二，越轨行为并非总是自愿的。有些人由于生理上的缺陷而不能对自己的行为完全负责，他们的越轨行为往往就会被宽大处理。但是对那些有能力遵从规则却最终未能遵从的人，就必须为他们的行为负全部责任。

第三，越轨行为未必是犯罪行为。大多数的犯罪行为都是越轨行为，但反之则不然。例如谋杀是越轨又是犯罪，赌博是犯罪但不明显是越轨，还有一些行为是越轨但不是犯罪，这样的例子就更多了，他们的越轨只是对社会规范的背离，而不是犯罪行为。

第四，越轨行为是一种普遍的文化现象，是人类社会本身具有的一种社会现象。法国社会学家涂尔干对越轨的研究非常出色，他指出越轨“是任何健康社会不可或缺的一部分”。

第五，越轨者可以是个人也可以是某个群体和组织。例如，一个公司非法向流水中排污水，这时整个公司的成员都是越轨者。

越轨行为作为一种普遍的文化现象，作为一个健康社会不可缺少的一部分，它有着特定的社会功能。社会学家认为：越轨行为在一定条件下有助于社会系统更好地发挥作用并朝理想的方向变化。

第一，越轨有助于明确社会规范。许多社会规范没有被人们明确地认识，通过人们对越轨行为的反应使规范得到明确。

第二，越轨能增进群体的团结。人们对违反规则的人怀有敌意，这种敌意能促进其他成员在感情上团结起来以对付破坏行为。所谓“同仇敌忾”指的就是这个意思。

第三，越轨能为社会系统的变迁做出贡献。某些越轨行为可能使其他群体成员意识到了某条规则的缺点，然后促进了这条规则的改变，进而引起社会的变迁。

第四，越轨促使人们更愿意遵从。当人人都遵从规则时，遵从行为就不被视为特别的美德。但是某越轨者得到惩罚，那些没有犯规的人就在心理上得到了补偿，遵从者守规矩的愿望得以强化。

但同样，越轨行为作为一种对社会规范的违反，还是有其危害性的。长期或广泛的越轨会导致社会功能失调。首先，如果越轨行为广泛流传，就可能弱化人们遵从的动机。例如如果你知道了你的许多同学都在作弊，你遵守考试规则的动机和信心都弱化了，你可能也会采取作弊行为。其次，越轨使生活充满了不可预知性和危险性。我们遵守交通规则，这样才能使我们在公路上感到安全；我们在单杠上运动，期望监护人能够保护我们。人们在社会生活中都遵守自己的角色，但是如果有人越轨特别是社会影响力大的人越轨，那么这种信任感就会下降，越轨行为会削弱人们相互信任的纽带，而这个纽带对于社会构成是至关重要的。再次，越轨行为最严重的危害就是，当越轨渐渐严重地破坏掉对基本社会价值观的信任时，或者当越轨引发了社会不能容纳的冲突时，社会秩序可能崩溃，导致如战争等严重的社会灾难。

我们需要了解越轨行为，同时也要对越轨行为有一个正确的认识，认识到越轨的危害，同时也认识到它的积极的因素。通过对越轨行为全面的了解，我们才能在社会生活中注意自己的行为，更好地处理社会关系，开展社会互动，进行日常生活。

你是不是越轨了，我说了算——标签理论

我们对越轨行为已经有了一定的认识，那么如何对越轨行为进行解释和说明呢？对越轨行为的解释最早的是“神鬼驱使说”，这种理论认为越轨行为者是受鬼魂的驱使，人们是因为“中邪”才做出某些越轨行为的。到了19世

纪，生物学获得了大发展，因此提出了一种“体质变态说”，这种理论认为越轨行为是由于遗传而得来的生物学上的变异结果。同样在19世纪，心理学也对越轨行为的原因做出了解释，这便是“挫折—侵犯说”，这种理论认为越轨行为是一种由挫折而产生的针对他人和社会侵犯性的行为。

社会学创立之后也对越轨行为进行了研究。起初社会学力图从社会的结构和文化中寻找越轨的原因，例如涂尔干和默顿的社会失范理论，塞琳的文化冲突论，科恩的亚文化群理论，莱默特和贝克尔的标签理论。其中标签理论影响较大，而且对于社会政策的制定和社会工作的开展都有着很强的指导作用。

标签理论形成于20世纪50年代的美国，60年代开始流行起来，到70年代成为美国社会学界研究越轨行为的占统治地位的理论，并在世界范围内产生重要影响。标签理论认为越轨行为是社会互动的产物。标签理论把研究的方向定为对越轨行为产生的过程而非越轨行为产生的原因进行研究，认为一个人之所以成为越轨者，往往是因为在社会互动过程中，在父母、老师以及社会组织处理个人的越轨行为时，被贴上诸如坏孩子、不良少年的“标签”，而这些标签是一种社会耻辱性“烙印”，它将越轨者同“社会的正常人”区分开来。而被贴上“标签”的人也在不知不觉中修正了“自我形象”，逐渐接受社会对其的不良的评价，并开始认同他人的观点，确认自己是坏人，进而被迫与其他的“坏人”为伍，进行更加恶劣的越轨行为。久而久之，越轨行为者愈陷愈深，最终无法自拔。标签理论认为是社会或他人对越轨者的恶意反应，比如训斥、

责骂、歧视、惩罚等，促使初级越轨者最终陷入“越轨生涯”。

标签理论的主要内容有三点：对越轨行为成因的重新解释，标签的张贴是有选择性的、越轨行为的养成是一种被辱的过程。

首先，标签理论通过社会界定的观点来解释越轨行为的成因。从社会界定的观点看，越轨行为并非先天的性格使然，也非社会化的结果，不应该从生理和心理上来解释越轨产生的原因。标签理论把注意力转到越轨行为本身，研究它们是如何被人界定，以及社会对它们是如何的反应。因此标签理论认为社会的反应才是越轨行为的成因。社会规范在被创造的同时也创造了越轨行为，因为遵守规范的反面便是越轨行为。越轨行为并不是由个人品质决定的，而是他人应用规范及制裁于违反规范的人的结果。越轨行为是被人们认为的违反规范的行为。

标签理论认为世界上本来不存在越轨行为，是因为人们规定了社会规范，某种特定行为才成为越轨行为。社会团体制定了规范，并把破坏规范的人界定为越轨行为者，然后再以标签将他们公开地标示为“越轨者”，从而使这些越轨者走上了越轨的生涯。标签理论认为越轨行为的成因来自于社会反应，越轨行为是被社会建构而形成的。

其次，标签的张贴是有选择性的。标签理论认为并非所有的越轨行为都会被贴上标签。也就是说，标签的是否被张贴是在不同的地点、对待不同的人是有差别的。比如裸体行为是不是越轨行为，要根据发生的地点。一个人在自家的卧室、浴室里，没有人会因不穿衣服而受到指责，但在公共场所，不穿衣服便会遭到指责、斥骂，就成了越轨行为。再比如杀人，在正常的社会生活中杀人是严重的越轨行为，但是在战争中，士兵在战场上杀人则不被视为越轨行为。张贴标签的选择性正好说明了越轨行为是被社会界定出来的。

标签理论还指出：同样的行为在一个社会中被视为正当的，而在另一个社会中可能就被视为越轨行为；同样在同一社会中，对于同样的行为，人们也会根据情况不同贴上不同的标签。这种现象产生的原因在于不同社会的社会价值观不同，而且在同一社会中，由于利益的不同，人们会对同一行为产生不同的认识。

因此标签理论在两方面认为标签的张贴是有选择性：一是标签的张贴是因人、因事、因时间的不同而有所差异；二是标签的张贴的选择性表现在标签的张贴在社会阶层中的不公平，社会的弱势群体更容易被张贴上标签。

标签理论的第三个要点是越轨行为的养成是一种被辱的过程。标签理论强调越轨行为的判定是相对的。标签理论认为越轨行为是越轨者和非越轨者之间的一种社会互动过程，而不是某一群体固有的特征。越轨行为的养成是一个被辱的过程。这个过程大致分为三个步骤：第一步是权威者或关系密切的人对越轨行为的觉察；第二步是越轨者的标签；第三步是越轨群体或越轨亚文化为加入该群体或文化的人提供越轨的社会化支持。一个人如果经历了这三个步骤，他就无法放弃越轨的行为方式，重新回到正常社会生活中来。

标签理论对于人们如何对待越轨者，以及如何开展社会工作帮助越轨者重回正常的社会生活有着很重要的指导意义。

因为标签理论认为许多人之所以成为越轨者，是因为周围的其他社会成员对他及其行为进行了消极的评价，因此，社会工作的一个重要任务就是要通过一种重新地正面评价，来使那些原来被认为是越轨者的人恢复为“正常人”。

社会工作的目的是帮助弱势群体适应正常的社会生活，使他们恢复社会生活能力，改善社会互动关系，提高社会生活质量，从而促进社会的良性运行和协调发展。弱势群体主要包括三类：一是那些在生理、心理和社会的某一方面受到某种损害的人或群体，二是那些在心理上有某种障碍和创伤的人，三是那些在社会关系上出现某种不适应和对立的人、群体和社区。

标签理论认为那些初级越轨者是一种潜在弱势群体。因为越轨行为是不可避免的，每个人都会越轨，因此人人都是“初级越轨者”。如果初级越轨者没有被贴上标签，那么通过自

我的调节他们就能重回正常生活；但如果被贴上了标签，那么他们回归正常生活的过程就会受到阻碍，这时他们就成了弱势群体，需要社会工作者的帮助。

另外标签理论认为：某一社会阶层的人更容易被贴上标签，因而这一社会阶层中的成员就成了弱势群体。社会阶层中的弱势群体，是指那些由于社会分层而导致在权力、财富、地位等社会稀有资源比较匮乏的群体。这些群体由于更容易被贴上标签而不得不在越轨的道路上越走越远，结果成为更加弱势的群体，这就是一种恶性循环。因此社会工作就是要帮助他们走出困境。

一个人一旦被贴上标签后，自我形象和自我角色就会发生转变，开始从原先的社会生活环境中被隔离。他们的心理上会产生一种疑问，即怀疑自己究竟是不是坏人，并且由此产生一定程度的心理障碍，同时在被贴上标签之后，其社会关系也会发生剧变，从原来和谐的关系变化成被冷落、被歧视的境况，由此也会产生社会关系上的障碍。如果他们得不到积极的帮助，则可能走上越轨生涯。而社会工作就是要帮助这样的弱势人群重拾生活的自信。

标签理论让我们认识到其实每个人原本都可以平安度过一生，但由于被贴上了标签使得人生脱离正轨，最终不得不走上一生的悲剧。因此，标签理论强调人与人的交往应该怀着一颗善心，应该善待别人和别人所犯的过错。如果我们都不去轻易地给别人贴上标签，那么越轨行为的发生就会减少，这对每一个人来说都是一件幸福的事情。

PART 02

无形的压力压得我好累
——社会影响改变他人行为

人类行为——基因决定还是环境决定

人类的行为是一个很复杂的体系，一个人做出某种行为究竟是出于什么样的原因一直是包括心理学、生物学在内的众多学科研究的对象。但是对于人类行为是否有决定因素一直没有统一的定论。对于人类行为的看法基本上分成两种认识：一种是环境决定论，认为人类的行为是后天环境影响产生的；另一种就是基因决定论，认为人类行为的基本方式在先天就已经被决定了，后天的影响只是把它激发出来而已。这两种认识都由来已久而且各有证据，也都不能证明对方的错误，而我们对于人类行为的认识也就是在二者的博弈之中向前迈进。

我们现在经常能看到这样的电视节目：心理学家作为嘉宾对实施了家庭暴力或其他违法犯罪行为的人进行评论，对于他们为什么会出现这种反社会行为提出自己的见解。这种见解要么是感情经受严重创伤，要么是少年期受到过非常待遇等。这就是环境决定论，它认为人类的行为其实是先前所有环境因素的总和。在20世纪60年代环境决定论曾风靡一时，而其原因便是：所谓环境不正是教育、政策等人为因素的结果？可见人是可以教育好的，只要我们齐心协力营造一个良好的社会风尚，那么社会将逐渐趋于和平。

但是让我们来看看另一个案例：在美国有一位律师说服了加利福尼亚的一个陪审团，使他们相信，由于吃了高热量而无营养的食物使他的当事人丧失有条理思维的能力，从而不可能预谋犯罪，也就是谋杀。此案一出，引起了全社会的关注：难道我们的行为完全是体内激素控制的后果？如果按这个思路思考下去我们得出这样的结论：激素是基因的产物，而基因是父母给我们的先天的东西，这就表明我们的行为是先天决定而不是后天教化的结果。这便是基因决定论。

在生物学的发展史上，奥地利修士孟德尔通过豌豆实验最早发现并提出了遗传学定律。在20世纪初，一位英国医生伽罗德发现了一种尿黑酸症，这种病具有明显的家族遗传史，且符合孟德尔所说的显隐性规律。虽然这一发现在当时遭到了忽略，因为人们认为来自于植物的简单定律不可能适用于人体，但是随着遗传学的进步，这种偏见很快改变。现在我们每个人都知道人的生理性受基因所控制，但是一种新的偏见正在形成：这就是人的行为、个性由于其极端的复杂和可塑性，是不可能受基因操纵的。虽然动物学家在对动物行为进行研究时发现，动物的行为受基因所控制。但由于长期以来我们都认为，动物行为大多出自本能，人的行为大多出自于学习，而本能就是先天决定的东西，学习是来自于后天，因此对于动物行为的研究并不被认为适用于人类。

然而我们一直是过高估计了人的学习能力而忽略了本能特性，我们的身上带有非常多的本能的烙印。有这样一个事实：新生儿的吸吮反射等低级行为是完全出自于本能；如果我们把眼光放到更高级的人类行为上，我们会发现本能在更多的方面起着作用。我们以语言这种被认为是人类特有的高级行为为例。现在的语言学家倾向于认为，人与生俱来有一种渴望学会语言的本能。在这里我们要强调语言能力确实不是本能，但学习语言的冲动却是本能。有两方面的证据支持这一事实：首先，人学习语言总是在某一个特定的年龄段，过了这个时期，人就无法再自如地掌握一门语言，因此大多数人在正常情况下只能拥有一门母语。这正是本能的特征——只能在某个敏感时期被启动；其次，先天性智力障碍的人也能学会语言。

古希腊哲学家柏拉图有一句名言：知识就是回忆。按照通常的理解，知识是通过学习得来的，它怎么能与回忆有着联系？但结合语言学研究的结果我们就能明白，后天的学习就是对先天已有能力的一种唤醒过程。若是没有先天的基础，后天再怎么努力也是无济于事；但若是没有后天的唤醒，先天的能力也许一辈子都无法为本人所察觉。所以我们不能否定后天学习的重要性，但我们更应该注意先天基础的必不可少。有多少家长逼迫子女苦苦练琴、参加奥林匹克数学竞赛等，就是因为太痴迷后天的训练，从而不愿以平常心来正视子女先天已有的素质。所以我们应该全面地认识先天能力的作用以及对后天学习的影响。

不过如果我们过分强调本能的作用，会不会让我们失去后天努力学习的动力？这一点我们大可不必担心。教育学的核心理念“因材施教”就体现承认并尊重人的先天能力这一事实。在国外人们发现了导致阅读困难症的基因突变，但是老师非但没有因此而歧视、放弃这些学生，而且还用特殊的教学方法去对待他们。在实际生活中，我们会遇到性格、才华各异的个人，如果一个人天生害羞，那么，学校、父母就不应施加压力要他成为一个能言善辩的演说家，而是让他寻找更适合于他的机会。这就是说，一个公平理性的社会就是让每个人都有机会展示自己的天性。我们可以这样认为：正是遗传天性而非环境决定个人的命运。但也许人们还认为有不被遗传所决定的智慧，那么这种智慧就应该体现在如何认识自己的天性，如何去寻找适合自己的环境。

那么我们回头再来讨论人的行为是遗传决定还是环境决定？每当被问及这个问题，人们几乎习惯性地接受后者而拒绝前者。其实这种认识是有历史渊源的：在20世纪20年代，遗传决定论左右了心理学、行为学的研究，但这种研究却被政治所利用，助长了种族主义的理论，这种理论在二战中造成了人类历史上最大的悲剧之一。当然，这种错误的根源不在于遗传决定论本身，而在于不正确的政治倾向利用了这种理论。不过随着时间的推移，遗传决定论逐渐失去了以往的显学地位。20世纪60年代兴起了环境决定论。然而环境决定论也同样需要我们正确地看待，否则把一切都归于环境决定，将使我们的教育失去对人性的考察，失去对个人特点的关注，失去“因材施教”这个有价值的教育理念。

其实无论是环境决定论还是遗传决定论，都缺乏对一个人自由意志的关注。自由意志不仅是一个深刻的哲学问题，同样也是我们每个人在社会生活中时刻面对的问题。自由意志就是每个人自己给自己做主的能力。我们反对遗传决定论在很大程度上也是因为害怕它会剥夺这种能力，但环境决定论却并不一定就能让人获得这种能力，我们假设一个杀人犯的成因可从社会方面去寻找原因，那么我们如何体现个人的自由？相比之下遗传决定论反倒让人看到自由意志的可能。遗传学告诉我们，单基因决定某种性状的情况较为少见，尤其是行为、性格等复杂的性状，其控制基因更是名目繁多，而且这些基因还相互牵制，有些基因的启动还要受到后天环境的制约等。遗传学的这种情况就是一种混沌现象。混沌学告诉我们：一个复杂的系统对初始条件高度敏感，这种敏感导致系统未来行为的不可预测。混沌现象最好的例子就是天气预报：大气运动的基本原理很简单，毫无神秘可言，但天气预报屡报屡错的情况并不罕见，只因大气环流是一个对初始条件高度敏感的混沌系统，一旦初始条件——一个风向的改变——发生微小改变，结果可能就与预测千差万别。其实遗传基因与行为的关系就是这样一个混沌系统。因此我们可以认为，基因决定行为，但这绝不意味着个体行为就是一种高度可测、被严格决定的现象，即使我们有朝一日能够将基因完全定位。因此基因决定论并不否认后天环境的影响，而是相反更依赖于后天环境。

那么我们到底是应该如何看待人类的行为？是环境决定行为还是基因决定行为？这个问题至少在科学研究领域还没有定论，但是我们依然可以做出自己的判断。其实这两种论调反映出来的问题更多的不是有关科学而是有关哲学：这关系到一个人是听从内心的召唤还是顺服于外界压力。在哲学的前提下可能遗传决定论更容易让人接受一些，因为它更能体现一个人的自由意志。苏格拉底曾说：认识你自己。中国古人说：江山易改，本性难移。其实都是站在哲学的高度来看待这个问题。而我们要做的可能就是重视自己的天性，利用周围的环境发展自己的天性，使我们先天的能力与后天的学习结合起来，成就我们每一个人的美好人生。

离不开的“思想品德课”——道德的自觉

人类社会秩序的建立和维持最根本的要靠道德的约束。在人类的社会生活中，人们要进行复杂的社会互动，这必然导致社会形成一定的道德规范。但是这种道德规范并不是每个人天生就具备的，而是在人们的社会互动过程中，通过对个人价值和群体价值的多视角考虑，才创造和发展起来的。同时道德规范和人们的价值观也会随着社会的发展而不断变化。每个人都要经历社会道德形成、发展和变迁的过程，这就是一个道德社会化过程。一个人从家庭生活开始，经过不同社会群体活动的强化，把社会道德发展成为一种支配个体心理活动和行为的道德价值原则，这种内化的道德规范成为我们行为的内在驱动力。

道德内化是一个人社会化最重要的内容之一。社会道德规范最初是一种外在于个体的存在。道德内化就是个体接受了这种外在的道德并将之变为自己的一部分，当把外部的道德规范内化为个体自我的良心时，就可以认为，个体的道德发展达到了一个相对成熟的阶段。一个人道德的发展与完善，从实质上说就是一种社会化的过程，这一过程不是自然成熟的，而是教育促进的。

在一个人的社会化过程中，个体道德社会化可划分为儿童期、青少年时期以及成人期的继续社会化三个阶段。其中儿童期是道德形成的早期阶段，是道德社会化非常重要的时期。在这个时期，儿童的道德发展是从外在道德约束向内在道德约束转变的过程。在外在道德约束阶段，儿童对道德规范的认识是肤浅的，只能简单地根据某种结果来判断道德规范的善恶性质，他们的道德判断很容易受外部的价值标准支配和制约。从外在约束到内在约束的过渡中，儿童对道德规范的认识逐渐深刻起来，并逐渐学会自觉地判断道德规范的善恶性质。这一时期儿童更多地体现在由不知到知、由不懂到懂、由不会做到会做的过程，在道德选择和接受道德规范上表现出极大的困惑性和被动性。在这个过渡阶段，由于儿童把道德理解为外在规则和成年人期望的总和，所以更易于服从外部的权威，道德社会化的发展主要体现为对社会道德价值系统的适应和选择。由于这种适应和选择可能导致儿童在社会化过程中具有一定的随意性和盲目性，因此，家庭和学校就必须发挥一种引导的作用。

由于现代社会儿童很早就进入学校进行学习，所以儿童的社会化过程很多都是在学校完成的，道德社会化也不例外。学校能够选择道德社会化的内容，抵制不良因素的影响，把符合社会要求的信息加以传递和保存；另一方面，学校道德社会化具有系统性，表现在内容的系统性和社会化方式的系统性上，这种系统性在一定程度上使学校的社会化作用具有很强的目的性；学校社会化组织性程度比较高，这种组织性是儿童适应未来社会生活非常重要的方面，因此我们说学校教育在儿童道德社会化中起着非常重要的作用。

在学校中进行道德社会化，就好比我们一直在进行的思想品德课程一样，这个道德社会化的方式主要是教师教化、同辈群体影响和个体的内化。

由于儿童早期的整体社会化程度不高，行为更多的没有纳入普遍的社会规范中来，所以儿童早期的道德社会化往往被纳入强制性的轨道，这种强制性的社会化主要是教师的教化。在学校里，教师作为社会化的主要承担者，在教育学生的过程中会把符合社会规范的道德观念、道德行为传授给学生，并告诉学生应该去做什么、不应该去做什么，让他们对道德判断有一个最基本的价值标准。

人是社会性的动物，学习如何在群体中生活是社会化的根本目的所在。在学校中，儿童除了要接受教师的教育之外，在同辈群体的互动中学习道德规范也是非常重要的。同辈群体又称同龄群体，是由一些年龄、兴趣、爱好、态度、价值观、社会地位等方面较为接近的人所组成的一种群体。儿童独立地在家庭内外习得两套行为系统，随着年龄的增长，儿童喜欢家庭外的行为系统超过家庭内的行为系统。于是，家庭外的行为系统逐渐取代、超越了家庭内的行为系统，并最终成为其人格的一部分。因此，家庭外的环境，特别是同辈群体，是儿童社会化的重要环境。在学校生活中，由于在年龄、成熟程度以及经验上相差不大，由于没有了家长的教导、教师的教化，儿童的生活相对轻松、无拘无束，最容易结成同辈群体。群体对个体的影响主要通过群体舆论实现，舆论体现着群体对所属成员的要求——群体规范。同辈群体就是通过群体规范和群体评价对儿童道德社会化起作用的。如果群体规范是符合主流道德文化的，那就能促进儿童道德社会化发展；如果这个规范是违背社会道德规范的，那它将对儿童道德社会化带来消极影响。

道德社会化最根本的目的在于把社会道德规范内化到每个人的内心中，成为他们的一种自觉的行为方式和原则，也就是说，道德内化就是要把社会道德变成人的一种“本能”。在学校中，教师教化和同辈群体影响是儿童道德社会化的外部因素，但是外因必须通过内因起作用，这个内因就是个体内化。一个人是否完成了道德的社会化，最主要的根据就是个体的行为能够自觉地与道德规范相适应。如果某一个人没有行为选择的自主性，就会不得不或不敢做出某些行为，这说明这些行为是外部强制的结果，不是自愿的行为，道德规范还没有纳入他的心中。在学校里，不但要强调教师和同辈群体在儿童道德社会化过程中的重要作用，同时也强调儿童自我选择的作用。

一个人要想在社会中正常地生活，必须经过社会化；同样一个人也必须通过道德的社会化，把社会道德规范内化为自觉的行为，才能适应社会生活。其实在儿童进行道德社会化的过程中，同辈群体的作用是非常重要的，因为同辈群体就好比一个小社会，儿童在这个群体中通过各种社会互动来学习成人之后如何在更大的社会群体中生活。儿童实际生活在两个世界之中：一个是由父母、长辈、教师以及其他成年人所组成的成人世界，一个是由他们的同辈群体所组成的世界。尽管在儿童走向社会的过程中，成人世界有着巨大影响，但也必须借助一定同辈群体作为纽带和桥梁才能顺利完成。同辈群体所形成的亚文化不仅为学生道德社会化提供了角色体验，也为他们提供各种交际机会，从而影响他们的价值取向、道德意识和行为。但是

我们同时也必须注意同辈群体内的不良现象，它们会对儿童的社会化产生消极影响。所以在儿童道德社会化的过程中，要利用好同辈群体的积极的引导作用，榜样的力量就是一个非常重要的内容。

儿童的生活范围比较狭窄，基本就是家庭、学校及部分社会，因此形成学校、家庭、社会“三位一体”的教育网络，对于儿童的道德社会化是非常必要的。在当代社会，道德多元化的趋势越来越明显，过去那种封闭式的学校道德教育已经不适应现代道德教育的需要，因此在教育形式上，必须要有一种海纳百川的宽广胸襟，建立学校、社会、家庭整合的道德教育系统，要有机结合心理疏导、情感陶冶、品德实践、榜样示范和自我教育等多种方式，运用多元化的教育方式，把学校教育、家庭教育和社会教育整合起来。只有这样，才能让儿童的道德社会化顺利完成，才能真正把社会道德内化到他们的心中。

“三人成虎”的真实原因——社会舆论对人的影响

《战国策》中记载了魏国大夫庞聪与魏王君臣之间的一段故事：

庞聪与太子质于邯郸，谓魏王曰：“今一人言市有虎，王信之乎？”王曰：“否。”“二人言市有虎，王信之乎？”王曰：“寡人疑之矣。”“三人言市有虎，王信之乎？”王曰：“寡人信之矣。”庞聪曰：“夫市之无虎明矣，然而三人言而成虎。今邯郸去大梁也远于市，而议臣者过于三人矣。愿王察之矣。”王曰：“寡人自为知。”于是辞行，而谗言先至。后太子罢质，果不得见。

“三人成虎”的成语由此而来。这段文字是说：魏国大夫庞聪和魏国太子一起作为赵国的人质，定于某日启程赴赵都邯郸。临行时，庞聪向魏王提出一个问题，他说：“如果有一个人对您说，我看见在闹市的人群中有一只老虎，君王相信吗？”魏王说：“不相信。”庞聪又问：“如果是两个人对您这样说呢？”魏王说：“我有点怀疑。”庞聪紧接着追问了一句：“如果有三个人都说亲眼看见了闹市中的老虎，君王是否还不相信？”魏王说道：“既然这么多人都说看见了老虎，肯定确有其事，所以我不能不信。”

“三人成虎”比喻说的人多了，就能使人们把谣言当事实。谣言一旦经不同的人多次重复就会被相信。魏王由开始不信地说“否”，到将信将疑地说“疑之”，到最终深信不疑而“信之”，一步一步表现出他对谎言态度的逐渐动摇和变化。庞聪直接说出背后议论他的人不止三人，他一心希望事先向魏王说明，“愿王察之也”，但遇上魏王这样缺乏主见、昏庸无能的君主，他怎么会去深入做明辨是非的调查呢？结果当然是使庞聪的忧虑变成了事实，这可就委屈了这位有先见之明却难以自保的庞聪了。

《战国策·秦策二》中秦武王与大将甘茂有一段对话：“昔者曾子处费，费人有与曾子同名族者而杀人。人告曾子母曰：‘曾参杀人。’曾子之母曰：‘吾子不杀人。’织自若。有顷焉，人又曰：‘曾参杀人。’其母尚织自若也。顷之，一人又告之曰：‘曾参杀人。’其母惧，投杼逾墙而走。”

这个故事同样是“三人成虎”的例子：曾子是春秋时期的贤士，曾住在费地，费地有一个与曾子同名同族的人杀了人。有人告诉曾子的母亲说：“曾参杀人了。”曾子的母亲说“我的儿子不会杀人”，她仍然照样织布。过了一会儿，又有一个人来说：“曾参杀人了。”曾参的母亲仍然织布。又过了一会儿，又有人来说：“曾参杀人了。”曾参的母亲害怕了，扔掉梭子，翻过垣墙逃跑了。

曾子是孔子的得意门生，同时也是孟子的恩师子思的老师，他的才学和品德自然是非常高尚并为世人所称道的。况且，曾子的母亲对自己的儿子自然是十分了解和信任的，应该说“曾参杀了人”这样的流言在曾子的母亲面前是根本没有市场的。然而，面对接踵而来的流言，原本非常贤淑的曾母，也会动摇一个母亲对自己贤德的儿子的信任。

这两则故事其实都体现了一个社会学原理：个体的行为是受社会影响的，其中社会舆论的影响非常重要。我国古代把社会舆论称为“舆诵”“舆颂”“清义”，指众人的意见。现代社会学同样把舆论看成是一种意见，认为舆论是多数人对于某一事件有效的公

共意见，指相当数量的公民对某一问题的共同倾向性看法或意见。从本质上讲，社会舆论就是一种群体意识，而它向外表现为一种议论形态，往往以拥护或反对、赞扬或谴责的方式对某一公共问题做公开的评价。

社会舆论的形成可以来自民众的一种自发行为，也可以来自媒体等社会机构意识的引导。舆论的这两种来源是可以相互转化的：一方面可以先从民众中来，然后经过相关渠道加以传播；另一方面则先由相关社会机构提出，然后在民众中传播。

社会舆论不同于个人的意见，它是在一定范围的群体内形成的一种公共意见，因此社会舆论有着自己的特点：

（1）舆论形成后被社会上一般人所赞同，并且在心理上产生共鸣。

（2）舆论的形成一定是经过相当长时间的讨论、辩论形成的。

（3）舆论一般都是从民众中产生的，在较小的社会团体中也会有舆论的存在。

（4）舆论形成后就会产生社会效力，能够对人的行为产生社会影响。

（5）舆论具有一定的影响目标。

（6）舆论形成后会在一段时间内发生作用甚至成为一种世代相传的固定化的心理制约力量，这时舆论便成为一种风俗。

（7）舆论具有多元化的性质，不同的群体和阶层的需求和行为方式不同，因此针对某一社会现象的舆论内容也会不同，舆论的合理性都是相对的。

在社会中，舆论对个体行为或是集体行为影响很大，舆论的影响或作用有积极和消极之分：

我们首先来看舆论的积极作用：

（1）控制作用。积极的社会舆论对个人、社会团体和政府，能发挥一定的制约与监督作用。舆论一经形成往往就对人们关于某一事件或问题的言论和行为产生一种无形的控制力和约束力。

（2）指导作用。舆论是公众的意见，对个人具有一种心理上的压力，因而能够指导个人的言论和行为，使个人言行与舆论所代表的公众意见保持一致。

（3）协调作用。舆论是经集体酝酿后超越于一般利害关系形成的一种比较公正的力量。积极的舆论有助于人们增强团结，纠正不正当意见。

当然，任何事物都是矛盾的统一体，都有正反两面，舆论也有着消极的作用：

（1）舆论的产生如果建立在对事情错误的认识上，一旦形成舆论后，便会造成大多数人的错误，这样就必定要影响到正常的社会行为。

（2）由于舆论具有强大的社会影响力，所以舆论可能会被利用来影响社会上正义的声音。

（3）不健康的社会舆论具有消极的控制、指导和协调作用，会使人的行为向着错误的方向前进，严重的可能会影响社会秩序。

对于舆论的消极作用，我们看到的“三人成虎”与“曾参杀人”的故事就能够明白，而《孙子兵法》中在军事行动中的反间计也可以算是利用错误舆论达到制胜目的的案例。我们要明白社会舆论所具有的社会影响力，同时也要学会判断社会舆论的合理性和正确性，尽量发挥社会舆论的积极作用，而把它的消极作用的影响降到最低。

少数服从多数是真理吗——集体无意识

集体无意识是指由遗传保留的无数同类型经验在心理最深层积淀的人类普遍性精神。人的无意识有个体的和非个体的两个层面。前者只到达婴儿最早记忆的程度，是由冲动、愿望、模糊的知觉以及经验组成的无意识；后者则包括婴儿实际开始记忆以前的全部时间，即包括祖先生命的残留，它的内容能在一切人的心中找到，带有普遍性，故称“集体无意识”。集体无意识的内容是原始的，包括本能和原型。它只是一种可能，以一种不明确的记忆形式积淀在人的大脑组织结构之中，在一定条件下能被唤醒、激活。“集体无意识”中积淀着的原始意象是艺术创作源泉。一个象征性的作品，其根源只能在“集体无意识”领域中找到，它使人们看到或听到人类原始意识的原始意象或遥远回声，并形成顿悟，产生美感。

弗洛伊德以揭示了人的精神结构而享誉于世，他认为：“人的精神生活包含两个主要部分：意识的部分和无意识的部分。意识部分小而不重要，只代表人格的外表方面，而广阔有力的无意识部分则包含着隐藏的种种力量，这些力量乃是在人类行为背后的内力。”他还做过一个形象的比喻，说人的精神结构恰如一座冰山，其露出的1/8是意识部分，而淹没在水面以下的7/8是无意识部分。也就是说，无意识属于人的心理结构中更深的层次，是人的心理结构中最真实、最本质的部分。个人无意识和集体无意识有一个形象的比喻：“高出水面的一些小岛代表一些人的个体意识的觉醒部分；由于潮汐运动才露出来的水面下的陆地部分代表个体的个人无意识，所有的岛最终以海床为基地就是集体无意识。”

因此我们可以认为所谓集体无意识，简单地说，就是一种代代相传的无数同类经验在某一种族全体成员心理上的沉淀物，而之所以能代代相传，正因为有着相应的社会结构作为这种集体无意识的支柱。

“集体无意识”是一种典型的群体心理现象，它无处不在并一直在默默而深刻地影响着我们的社会、我们的思想和我们的行为。

我们以股票市场为例子。股票市场作为一种典型的人类社会活动，其中的集体无意识现象常常存在。因为一方面股票市场参与者之所以来到这个市场，其本身一定具有某些共同的性格特征，另一方面是因为股票市场本身的波动性等特征更容易将个体的心智潜移默化地转向集体的意识。股票市场参与者的逐利性、投机性等共同特征决定了其很难淡化自己在市场交易中的得失观，也较难以更长远的视野和更辽阔的心怀来思考问题、处理交易，这天然地不利于交易者规避集体无意识现象的干扰；股票市场的波动性和流动性特征天然地是将集体无意识现象所导致的买卖行为发挥得淋漓尽致的外在条件，而这又将进一步“反射”和“强化”参与者的集体无意识。

我们要防止集体无意识对我们的行为造成消极影响，重要的就是多方面地收集信息，做出有比较的判断，同时要学会冷

静，要给自己一个进行分析和判断的缓冲时间。只有做到价值中立和冷静判断，才能把集体无意识的消极影响降到最低。

心理学家荣格对集体无意识的研究影响最为深远，他认为："集体无意识是人类心理的一部分，它可以依据下述事实而同个体无意识做否定性的区别：它不像个体无意识那样依赖个体经验而存在，因而不是一种个人的心理财富。个体无意识主要由那些曾经被意识到但又因遗忘或压抑而从意识中消失的内容所构成的，而集体无意识的内容却从不在意识中，因此从来不曾为单个人所独有，它的存在毫无例外地要经过遗传。个体无意识的绝大部分由'情结'所组成，而集体无意识主要由'原型'所组成。"

荣格认为，无意识不仅是个人的，而且是集体的，来自一个共同发展历史的心理内部能量和形象界定了集体无意识，荣格对一般概念的象征模型——原始模型特别感兴趣。在这个模型中，所有的人都有共同点。荣格的心理治疗理论概念与其他理论概念的最大区别在于集体无意识，"集体的"这一术语指的是所有人类共有的以及对人类有重要意义的资料，"集体无意识"指的是"形成神话主题象征的一种人类思想的遗传倾向，这些象征是变化多端的，但没有失去他们基本的模型"。荣格认为某些思想和观念的倾向是遗传的，集体无意识的内容里包括本能和原型。本能是行为的推动力，原型是领会和构筑经验的方式。

我们了解集体无意识现象的存在，有助于我们理解在社会生活中为什么我们有时会有种"身不由己"的感觉。明白了集体无意识的原理，也有助于我们摆脱它的消极影响，增进我们行为的理性，更好地适应社会生活。

PART 03

你总孤独，还是有归属感
——群体对个体的影响

长者说话有分量——权威效应

我们从小就被教育要听爸爸妈妈的话，在学校要听老师的话，而到了职场则要听从领导的话。在其他的社会生活中，我们对于某种事物的看法往往也受着这个领域专家的思想的左右。这些人都可以被称为权威，他们在特定的生活领域内有着话语权，他们说出的话带给别人一种信任感。社会学家吉登斯说：我们现代社会有一个专家系统，这个系统控制着我们的社会生活。现代社会非常复杂，每一个人都不可能懂得所有的事情，所以对于我们不懂的事情我们就要听从权威专家的意见，而我们是信任这种意见的，正是这种互相的信任让我们的这个社会能正常运转。

一次，一名著名空军将领要执行一次飞行任务，但他的副驾驶却在飞机起飞前生病了，于是临时给他派了一名副驾驶员做替补。和这位传奇式的将军同飞，这名替补觉得非常荣幸。在起飞过程中，将军哼起歌来，并把头一点一点地随着歌曲的节奏打拍子。这个副驾驶员以为是要他把飞机升起来，虽然当时飞机还远远没有达到可以起飞的速度，但他还是把操纵杆推了上去。结果飞机的腹部撞到了地上，螺旋桨的一个叶片割入了将军的背部，导致他终生截瘫。事后有人问副驾驶员：“既然你知道飞机还不能飞，为什么要把操纵杆推起来呢？”他的回答是：“我以为将军要我这么做。”

这个现象在航空界就叫作“机长综合征”，是指在很多事故中，机长所犯的错误都十分明显，但飞行员们却没有针对这个错误采取任何行动，最终导致飞机出事。

这个故事揭示了社会生活中的一个规律，就是人们对权威的信任要远远超出对常人的信任。每个人都对身边的人或者对社会有一定的影响力，但影响力的大小各有不同。一般来说，权威人物容易对其他人产生更大的影响。假如你眼部不适，到医院就诊，如果其他条件相同，有一位眼科专家和一位刚从医学院毕业的年轻大夫供你选择，你会选择哪个呢？相信你一定会选择专家。

权威效应是指一个人要是地位高、有威信、受人敬重，那他所说的话及所做的事就容易引起别人重视，并让他们相信其正确性，即“人微言轻、人贵言重”。“权威效应”普遍存在，人们总认为权威人物往往是正确的楷模，服从他们会使自己具备安全感，增加不会出错的“保险系数”；另一方面人们总认为权威人物的要求往往和社会规范相一致，按照权威人物的要求去做，会得到各方面的赞许和奖励。

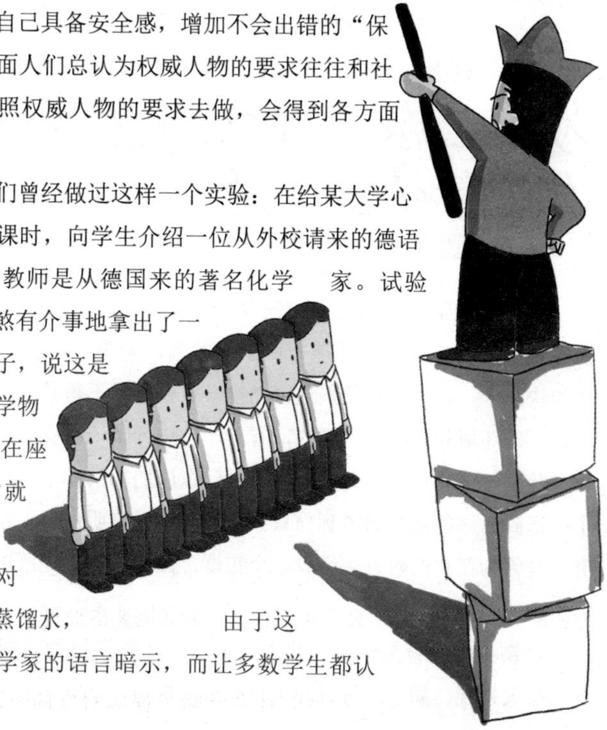

美国心理学家们曾经做过这样一个实验：在给某大学心理学系的学生们讲课时，向学生介绍一位从外校请来的德语教师，说这位德语教师是从德国来的著名化学家。试验中这位“化学家”煞有介事地拿出了一个装有蒸馏水的瓶子，说这是他新发现的一种化学物质，有些气味，请在座的学生闻到气味时就举手，结果多数学生都举起了手。对于本来没有气味的蒸馏水，由于这位“权威”的心理学家的语言暗示，而让多数学生都认为它有气味。

在现代社会，崇尚权威成了社会大众的一个普遍特征。社会中大多数人学识有限，对超出自身生活经验的问题不甚了解、不辨真伪，因而只能选择信任权威的意见。他们甚至不在乎“说什么”，而在乎说者本身的权威地位。但是过分地迷信权威本身是有害的，这会让错误扩大化，最终造成不可挽回的后果。

“权威效应”有它积极的一面，在日常生活中，积极、上进的“权威效应”是值得提倡的。如果权威人士给群众做出好的榜样，会有助于形成良好的社会风尚；而消极、颓废的“权威效应”则应该杜绝和制止。作为普通人，我们应该明白，其实“权威”也是凡人，他们或多或少都会受到时代和自身条件的局限。如果我们不能认识到这一点，而总是跪倒在“权威”的面前，那么我们就永远不会进步。

我们要学会对所遇到的问题首先尝试进行自我的判断。其实，用辩证法的观点来看，权威是相对的，如果我们足够努力、勤奋，我们也可以从非权威变成权威。

为什么越出风头越优秀——社会助长与社会干扰

一位动物学家对生活在非洲大草原某条河流两岸的羚羊群进行了研究，他发现东岸羚羊群的繁殖能力比西岸的强，奔跑速度也不一样，每分钟比西岸的快13米。对于这些差别这位动物学家曾百思不得其解，因为这些羚羊的自上而下的环境和属类是一样的，有一年他进行了一次实验，在东西两岸各捉了10只羚羊，把它们送到对岸，结果送到东岸的10只剩下3只，那7只全被狼吃掉了；送到西岸的羚羊繁殖到14只。这位动物学家明白了，东岸的羚羊之所以强健，是因为在它们附近生活着一个狼群；西岸的羚羊之所以弱小，正是因为它们生活的无忧无虑。

植物身上也有类似的“共生现象”，即许多植物共同生长，往往茂盛整齐，抗灾力强；如果一片荒地上只有一两棵树，则它们最终往往会死亡。

在动物和植物身上的这种现象在人类身上有着类似的体现，这就是社会助长效应。社会助长效应是指个体与别人在一起活动或有别人在场时，个体的行为效率提高的现象。

1897年，社会心理学家特瑞普里特做了一个非常著名的实验：特瑞普里特研究发现，别人在场或群体性的活动，会明显促进人们的行为效率，他让被试者在3种情境下骑车完成25英里路程。第一种情境是单独骑行计时；第二种情境是骑行时让一个人跑步伴同；第三种情境是与其他骑车人竞赛。结果显示，单独计时情况下，平均速度为每小时24英里；有人跑步伴同时，时速达到31英里；而竞争情境则无更大改善，平均时速为32.5英里。因此，特瑞普里特认为个体在进行作业操作时，如果有他人在场，或是与他人一起从事一项行为操作，那么个体的行为效率就会提高，他把这个现象叫作“社会助长”。

社会助长效应对于人们合作从事工作有着积极的影响。但是社会助长效应是有条件的，在某些情况下大家一同工作不但不会产生社会助长效应，反而会使效率下降，这就是“社会干扰”。

到过日本京碧寺的人，都会被寺门匾额上的“第一议谛”四个大字所吸引。这几个字龙飞凤舞、灵韵非凡，吸引了许多游客驻足欣赏。但是很多人不知道，这幅字是洪川大师写了84幅“第一议谛”之后才产生的。

大约200余年前，洪川大师来到京碧寺，住持请他写这四个字。洪川大师每写一字，都要精心构思、反复揣摩，真可谓呕心沥血。可是替他磨墨的助手是个颇具眼力而又直言不讳的人。洪川的一撇一捺，只要有一点点瑕疵，他都会“挑剔”出来。

洪川写了第一幅以后，助手批评道：“这幅写得不好。”洪川大师接连写了30幅，可没一幅让助手满意。不论哪一幅作品，他都能挑出瑕疵。

在一边的香客悄悄地

对住持说："大师会不会是嫌润笔费给少了呢？"于是，住持向洪川委婉地提出了增加润笔费。

洪川本来就是个一丝不苟的人，见此情景，也不说话，耐着性子先后写了84幅"第一议谛"。遗憾的是，没有一幅得到助手的赞许。

最后，在这个"苛刻"的助手如厕的空隙，洪川松了一口气，在心无羁绊的情况下，一挥而就写了这四个大字。助手从厕所回来一看，跷起大拇指，由衷地赞叹道："神品！"

为什么洪川大师刚开始写不好字呢？这是因为有社会干扰。所谓社会干扰，是指身边有别人在场，他们的不恰当举动会引起我们工作效率的下降。

关于社会干扰，心理学家皮森在1933年的实验中进行了证明。他发现，有一个旁观者在场，会降低被试者有关记忆工作的效率。心理学家达施尔也提出，有观众在场时，被试者即使是做简单的乘法，通常也会出现差错。

社会助长与社会干扰的同时存在就说明，有时他人在场会引起社会干扰，有时则会引起社会助长。当做复杂的、生疏的工作时，人们的反应正确率较低，他人在场时，因为害怕其他人评价，就会紧张和焦虑，使工作效率降低；而当从事比较熟练的工作时，社会助长效应就会出现。

当然，群体对个体活动起的是助长作用还是干扰作用，还要看个体是否喜欢群体工作，如果他喜欢独自工作而不喜欢群体工作，那只会有干扰作用而不会有助长作用。

因此我们在群体中进行活动时，要考虑这两种作用。一个团队能否促进员工能力的发挥，关键在于我们是否能够恰当地利用它。首先要根据任务类型确定完成形式。在分配任务时，一般简单性的任务应该明确分工、明确责任，让大家一起共同完成，复杂性的工作则应该在集体讨论后给其单独思考的机会。其次要注意个体差异。有些人喜欢独自工作，就要尽量让他们进行自主工作，减少社会干扰；而有些人喜欢和其他人一起共同完成任务，则应为他们多设计和创造与他人合作、交流的机会，使他们因受益于相互鼓励、启发而产生社会助长。

社会助长与社会干扰是一件事情的两个方面，其中哪种产生作用取决于群体生活的策略。而我们所要明白的，就是如何把社会助长的作用发挥到最大，而把社会干扰降到最低。

合作还是竞争，这是一个问题——囚徒困境

我们在社会互动中经常要与他人共同面对同一件事情或需要解决同一个问题，这时我们就会遇到是要竞争还是要合作的问题。因为竞争与合作的结果对于我们自身利益的最大化是有着至关重要影响的。这时我们就面临一个两难的选择，这就是所谓的“囚徒困境”。

囚徒困境是博弈论中的一个典型代表，同时也是社会生活中非常现实以及重要的一种社会实践活动。囚徒困境反映了个人最佳选择并非团体最佳选择这样一个客观实事。囚徒困境本身只是一个实验模型，但是在很多的社会领域，它都显现并对我们的社会决策产生重要影响。我们来看一个经典的囚徒困境模型。

1950年，就职于兰德公司的梅里尔·弗勒德和梅尔文·德雷希尔拟定出相关困境的理论，后来由艾伯特·塔克以囚徒方式阐述，并命名为“囚徒困境”。经典的囚徒困境如下：

警方逮捕甲、乙两名嫌疑犯，但没有足够证据指控二人犯罪。于是警方分开囚禁嫌疑犯，分别和二人见面，并向双方提供以下相同的选择：

若一人认罪并作证检控对方，即背叛，而对方保持沉默，此人将即时获释，沉默者将判监禁10年。

若二人都保持沉默，即合作，则二人同样判监禁半年。

若二人互相检举，即互相背叛，则二人同样判监禁2年。

在这种囚徒困境中，我们首先假定每个参与者都是利己的，都寻求自身利益的最大化，而不关心另一参与者的利益。参与者选择某一策略时如果得到的利益在任何情况下都比选择其他策略低的话，这种策略称为“严格劣势”，一个理性的参与者绝不会选择。另外，没有任何其他力量干预个人决策，参与者可完全按照自己意愿选择策略。

囚徒应该选择哪一项策略才能将自己个人的刑期缩至最短？两名囚徒由于隔绝监禁，并不知道对方的选择；而即使他们能交谈，还是未必能够尽信对

方不会反口。就个人的理性选择而言，检举背叛对方所得刑期，总比沉默要来得低。

我们可以设想困境中两名理性囚徒会如何做出选择：

（1）若对方沉默、我背叛，会让我获释，所以会选择背叛。

（2）若对方背叛指控我，我也要指控对方才能得到较低的刑期，所以也是会选择背叛。

其实两名囚徒面对的情况一样，所以二人的理性思考都会得出相同的结论——选择背叛。背叛是两种策略之中的支配性策略。这场博弈的唯一结果就是双方参与者都背叛对方，结果二人同样服刑2年。

但是囚徒们的这种选择虽然是个人利益的最大化，但却不是团队利益的最大化。以全体利益而言，如果两个参与者都合作保持沉默，两人都只会被判刑半年，总体利益更高，结果也比两人背叛对方、判刑2年的情况更佳。但根据以上假设，二人均为理性的个人，且只追求自己个人利益，均衡状况会是两个囚徒都选择背叛，结果二人总体利益较合作为低。这就是囚徒的困境所在，也就是个人利益与团体利益的困境所在。

在人类社会生活中我们很容易找到类似囚徒困境的例子，囚徒困境可以广为使用，说明这种博弈的重要性。

在政治领域我们可以考虑军备竞赛的问题。两国之间的军备竞赛可以用囚徒困境来描述。两国都可以声称有两种选择：增加军备（背叛），或是达成削减武器协议（合作）。两国都无法肯定对方会遵守协议，因此两国最终会倾向增加军备。似乎自相矛盾的是，虽然增加军备会是两国的主观理性行为，但客观结果却是非理性的。这就导致了一种军事理论，即以强大的军事力量来遏制对方的进攻，以达到和平。

在经济领域我们可以举两国关税战的例子。两个国家，在关税上可以有两个选择：提高关税，以保护自己的商品——背叛。与对方达成关税协定，降低关税以利各自商品流通——合作。当一国因某些因素不遵守关税协定，独自提高关税（背叛），另一国也会做出同样反应（亦背叛），这就引发了关税战，两国的商品失去了对方的市场，对本身经济也造成损害（共同背叛的结果）。然后两国又重新达成关税协定，这时两国可能就会注意到共同利益最大化的问题。

在商业领域囚徒困境的例子是商家之间的广告战。两个公司互相竞争，两个公司的广告互相影响，即一公司的广告被顾客接受则会夺取对方的部分收入。但若二者同时期发出质量类似的广告，收入增加很少但成本增加。但若不提高广告质量，生意又会被对方夺走。此二公司可以有两种选择：增加广告开支，设法提升广告的质量，压倒对方——背叛；互相达成协议，减少广告的开支——合作。若二公司不信任对方，无法合作，背叛成为支配性策略时，二公司将陷入广告战，而广告成本的增加损害了二公司的收益，这就是陷入囚徒困境。在现实中，要两个互相竞争的公司达成合作协议是较为困难的，多数都会陷入囚徒困境中。

最后再举一个体育比赛中的例子。自行车赛事的比赛策略也是一种囚徒困境。在著名的环法自行车赛中有以下情况：选手们在到终点前的路程常以大队伍方式前进，他们采取这种策略是为了令自己不至于太落后，又节省体力。而最前方的选手在迎风时是最费力的，所以选择在前方是最差的策略。通常会发生这样的情况，大家起先都不愿意向前（共同背叛），这使得全体速度很慢，而后通常会有两位或多位选手骑到前面，然后一段时间内互相交换最前方位置，以分担风的阻力（共同合作），使得全体的速度有所提升，而这时如果前方的其中一人试图一直保持前方位置（背叛），其他选手以及大队伍就会赶上（共同背叛）。而通常的情况是，在最前面次数最多的选手（合作）通常会到最后被落后的选手赶上（背叛），因为后面的选手骑在前面选手的冲流之中，比较不费力。

其实在我们面对囚徒困境时，有一些方法可以让我们选择的策略能实现个人利益和团体利益的平衡。

（1）要学会友善。我们的策略必须“友善”，这一点最为重要。所谓友善就是说，不要在对手背叛之前先背叛。几乎所有实践都证明：有效的策

略都是友善的。因此，完全自私的策略仅仅出于自私的原因，也永远不会首先打击其对手。

（2）学会宽恕。成功策略的另一个品质是必须要宽恕。虽然它们不报复，但是如果对手不继续背叛，它们会一再退却到合作。

（3）要学会不去嫉妒。是说不去争取获得比对手更大的利益。

应用这些方法可以得到这样一种结果，即自私的个人为了其自私的利益会趋向友善、宽恕和不嫉妒，友善的双方能够率先走出囚徒困境，达到利益的一致。

通过学习囚徒困境，能让我们在面对现实生活中的博弈选择时做出最有利的决策。当每个人都能学会估计其他参与者背叛的可能性，他们自身的行为就为他们关于其他人的经验所影响。缺乏经验的人与其他人互动，结果要么是典型的好，要么是典型的坏。如果他们在这些经验的基础上行动，他们可能在未来的交易中受损。随着经验逐渐丰富，他们获得了对背叛可能性的更真实的印象，变得更成功地参与博弈。不成熟的人经历的早期交易对他们未来参与的影响，可能比这些交易对成熟的参与者的影响要大得多。这也就是为什么年轻人的成长经验这么具有影响力，以及为什么他们特别容易被欺负，有时他们本身最后也成为欺凌弱小者的原因。

囚徒困境为我们在群体生活中更好地生活也提供了帮助。群体中背叛的可能性，可以被合作的经验所削弱，因为经过囚徒困境的人们之间建立了信任，因此自我牺牲行为可以出现。如果团体很小，积极行为更可能以互相肯定的方式——鼓励这个团体中的个人继续合作——得到反馈。这与相似的困境有关：鼓励那些你将援助的人，从可能使他们处于危险的境地的行为中得到满足。

总之我们理解了囚徒困境，学习制定正确有效策略的方法，对于我们在社会生活中逐渐成熟，逐渐变得更能适应社会有着非常大的帮助。

PART 04

你为什么总是“随大流”——集合行为

你为什么总是随波逐流——从众心理

假设在一次重要的考试之前，你发现你所做的一道作业的答案与你一个朋友的答案不同，而这类题目可能出现在考试之中，你的反应会如何呢？你可能一点也不在意。设想一下，当你发现第二个朋友的答案也与你的不同，更糟糕的是，他的答案和第一个人的相同的时候，你的感受会如何呢？你偶尔感到焦虑是理所当然的。按这样下去，如果你发现第三个朋友的答案也与那两个朋友的答案一样，在这时你会明白你所面临的困境。你会接受哪种答案呢？是你自己的还是你的三个朋友的？

生活中充满着这种两难的选择——我们经常会发现我们自己的判断、行动和结论与他人的不同。在这些情况下，我们该怎么做呢？在回答这个问题之前，我们先来看一个有趣的故事。

在大街上，突然，一个人跑了起来。也许是他猛然想起了与情人的约会，现在已经过时很久了；也许是他要急着去拿什么东西……不管他想些什么吧，反正他在大街上跑了起来，向东跑去。另一个人也跑了起来，这可能是个兴致勃勃的报童。第三个人，一个有急事的胖胖的绅士，也小跑起来……10分钟之内，这条大街上所有的人都跑了起来。嘈杂的声音逐渐清晰了，可以听清“大堤”这个词。“决堤了！”这充满恐怖的声音，可能是电车上一位老妇人喊的，或许是一个交通警说的，也可能是一个男孩子说的。没有人知道是谁说的，也没有人知道真正发生了什么事。但是两千多人都突然奔逃起来。“向东！”人群喊叫了起来。东边远离大河，东边安全。“向东去！向东去！”于是，你就看到了整条街上的人全部向东跑的盛况。更有意思的是，他们中的绝大多数人都并不明确地知道自己为什么要向东跑。

这个故事和上面的假设说明的是同一个问题，那就是从众心理。从众指个人受到外界人群行为的影响，而在自己的知觉、判断、认识上表现出符合公众舆论或多数人的行为方式。从众性是人们与独立性相对立的一种意志品质；从众性强的人缺乏主见，易受暗示，容易不加分析地接受别人意见并付诸实行。从众心理是一种常见的心理现象。从众的行为是在感受到群体压力之下的一种反应，如果不和大家保持一致，你会在生理或心理上产生一种不安的情绪，而这种不安的情绪可能会使人们产生一种“归队”的强烈愿望——与自己身边的人保持一致。因此，这种不安和压力会迫使一个人去接受别人的观点和做法，这样从众现象就产生了。

通常情况下，多数人的意见往往是对的。从众服从多数，一般是不错的。但缺乏分析，不做独立思考，不顾是非曲直的一概服从多数，随大流走，则是不可取的，是消极的“盲目从众心理”。

有这样一则幽默故事：一个石油大亨死后到天堂去参加会议，一进会议室发现已经座无虚席。于是他灵机一动，大喊一声：“地狱里发现石油了！”这一喊不要紧，天堂里的人们纷纷向地狱跑去。

很快，天堂里就只剩下那个大亨了。这时，大亨心想，大家都跑了过

去，莫非地狱里真的发现石油了？于是，他也急匆匆地向地狱跑去。但地狱并没有一滴石油，有的只是受苦。

对于幽默故事，人们可以一笑了之，但股市的盲从行为往往会造成“真金白银”的损失，恐怕就不会那么轻松了。

生活中有不少从众的人，也有一些专门利用人们的从众心理来达到某种目的的人，某些商业广告就是利用人们的从众心理，把自己的商品炒热，从而达到目的。广告宣传、新闻媒介报道本属平常之事，但有从众心理的人常就会跟着“凑热闹”。

从众心理对人的影响确实很大。造成人产生从众心理的原因是多方面的。在群体中，由于个体不愿标新立异、与众不同感到孤立，而当他的行为、态度与意见同别人一致时，却会有“没有错”的安全感。从众源于一种群体对自己的无形压力，迫使一些成员违心地产生与自己意愿相反的行为。

生活中也确有些震撼人心的大事会引起轰动效应，群众竞相传播、议论、参与，但也有许多情况是人为的宣传、渲染而引起大众关注的。常常是舆论一“炒”，人们就易跟着“热”。

不同类型的人，从众行为的程度也不一样。一般来说，女性从众多于男性；性格内向、自卑感的人多于外向、自信的人；文化程度低的人多于文化程度高的人；年龄小的人多于年龄大的人；社会阅历浅的人多于社会阅历丰富的人。

从众行为表现在方方面面，工作中、生活中、学习中，都有所表现。我们了解人的从众心理，并恰当地处理其行为，是很有意义的。从众心理人皆有之，但以被动为前提的从众，势必使你的独特失去价值。

专家、学者如是说——迷信和服从权威

1938年9月21日，一场凶猛异常的飓风袭击了美国的东部海岸。美国著名历史学家威廉·曼彻斯特在他的名作《光荣与梦想》中记载并描述了这场罕见

的风暴。书中写道："下午2点30分，海水骤然变成了一堵高大的水墙，以迅猛之势，向巴比伦和帕楚格小镇（位于纽约长岛）之间的海滩劈头压来。第一波海浪的威力如此之大，以至于阿拉斯加州锡特卡的一台地震仪上都记录下了它的影响。在袭击的同时，飓风携带着巨浪以每小时超过100英里的速度向北挺进，这时，水墙已经达到近40英尺高，长岛的一些居民手忙脚乱地跳进他们的轿车，疯狂地向内陆驶去，没有人能精确地知道，有多少人在这场生死赛跑中因为输掉了比赛而失去了生命。幸存者后来回忆道，一路上，人们都将车速保持在每小时50英里以上。"

其实，当地气象学家们已预测到了这场飓风的规模和到来时间，但因为一些不便公开的原因，气象局并没有向公众发出警告。事实上，绝大多数的居民通过家中的仪器或者通过其他渠道都获知飓风即将来临，但由于作为权威部门的气象局并没有发出任何预报，居民们都出人意料地对即将到来的大灾难漠然视之。如果说预报员这次变成了瞎子，那么全体居民也都跟着啥也看不见了。

"后来，许多令人吃惊的故事被披露出来，"曼彻斯特写道，"这里有一个长岛居民的经历。早在飓风到来前几天，他就到纽约的一家大商店订购了一个崭新的气压计。9月21日早晨，新气压计邮寄了过来。令他恼怒的是，指针指向低于29的位置，刻度盘上显示：'飓风和龙卷风'。他用力摇了摇气压计，并在墙上猛撞了几下，指针也丝毫没有移动。气愤至极的他立即将气压计重新打包，驾车赶到了邮局，将气压计又邮寄了回去。当他返回家中的时候，他的房子已经被飓风吹得无影无踪了。"

这就是绝大多数当地居民采取的方式。当他们的气压计指示的结果没有得到权威部门的印证时，他们宁愿诅咒气压计，或者忽略它，或者干脆扔掉它！

尼古拉·哥白尼，波兰伟大的天文学家，创立《天体运行论》，推翻了地心说。罗巴切夫斯基，俄国天才数学家、喀山大学教授，推翻传统几何学，非欧几何学创始人之一。阿尔伯特·爱因斯坦，犹太裔美国杰出物理学家，推翻了力学假说和以太论。意大利科学家乔尔丹

诺·布鲁诺，不迷信权威，在当时占统治地位的宗教的“地心说”盛行时，坚持哥白尼的日心说，后被视为异教徒，结果被活活地烧死了。他是科学的殉道者。

伽利略挑战亚里士多德，做了关于重物下降的“比萨斜塔实验”。伽利略在比萨斜塔上用两个不同重量的铁球经过实验得出了一个结论：物体做自由落体时，不因重量而呈现不同的速度。亚里士多德认为：不同重量的物体，从高处下降的速度与重量成正比，重的一定较轻的先落地。这个结论到伽利略时差不多近2000年了，还未有人公开怀疑过。物体下落的速度和物体的重量是否有关系，伽利略经过再三的观察、研究、实验后，发现如果将两个不同重量的物体同时从同一高度放下，两者将会同时落地。于是伽利略大胆地向“天经地义”的亚里士多德的观点进行了挑战。伽利略提出了崭新的观点：轻重不同的物体，如果受空气的阻力相同，从同一高处下落，会同时落地。

只有不迷信权威，有敢于向权威挑战的勇气，科学才会进步。

空穴来风的“都市传奇”——谣言是这样形成的

在诸多谣言中，有这么一类独特的谣言被称为“都市传奇”。都市传奇是指在都市间被广为流传的一种民间故事，它通过面对面的交流或通过某种媒体进行传播。虽然细致的考察能毫无例外地发现这些谣言是毫无根据的，但它们往往被说成是发生在朋友的朋友身上的真实故事。都市传奇看起来似乎合理，但是同时又存在奇怪而又具有讽刺意味的歪曲，是一种特殊形式的谣言。

都市传奇在美国、欧洲和日本等经济繁荣、都市密集的地区广为流传，究其原因，一来是这些传奇中时间、地点的细节及故事来源等信息颇具可靠性，二来是故事内容贴近生活，很能符合本时代民众的阅读口味和审美旨趣。这些都市传奇，虽然就其深层本质来说，与传统传奇有一脉相承之处，但就其表现与传播形式而言，则多呈现新颖的形态。

故事内容通常匪夷所思，引起人们新奇、愤怒、惊恐、恶心等负面情绪。都市传奇之所以受到广泛接受，除了因为多是恐怖故事，也具备了无厘头的趣味性，很容易成为茶余饭后的话题。它有点像是故事接龙，经由口耳相传，故事也会变得愈来愈长，并添加许多原始版本不存在的细节。来自特殊的经验或见闻，在庞杂的城市系统中，使得人们产生“这是前所未闻的新领域”的误解，甚至深信不疑，进而成为下一个传播者。

一开始可能只是对某个现象产生误解，于是提出可能性的猜测，经由转述（二手传播）逐渐加强内容，其中也包括了有意图地透过谎言或玩笑产生的流言或八卦。由于城市生活与媒体的快速发展所产生的现代奇谈也可以称作都市传奇。不过，现在城市与农村社会的信息差距正逐渐消失，都市传奇这个名词相对于乡野奇谈来说，在现实状态下变得名不副实。

社会学家詹·哈罗德·布伦凡特推广并普及了他称为“都市传奇”的一种集合行为。下面就是一些这样的例子。

从20世纪60年代开始，香港中文大学都流传着“一条辫子”女鬼的传说。据说有一天，一名中大男学生于夜间在校园内的一条小径返回宿舍途中，发现在路边有一名辫子少女在哭泣。男生于是走近想问个究竟，怎料女子回头面向男生，她的脸上也有一条辫子。男生当场被吓晕了。从此，这条小径就被该校学生称为“一条辫子路”。

一个小伙子和他的女伴将车驶入他们最青睐的“爱的小巷”去听收音机并且亲热一下。这时音乐突然停住，播音员插进来的报道说，本地区有一强奸抢劫案犯刚刚逃离现场，他的右手握着一个弯钩。这对情侣害怕起来，驱车离开了。男孩送女孩到家门口，然后下车为她开门。此时，他看到一个弯钩就挂在车门把手上。

有位妇人，她的孩子送给她一台微波炉。一天，她给爱犬洗完澡后将它放在微波炉里烘干。自然，当她打开微波炉时，狗已经彻底烤熟了。

一天晚上，一个男人在驱车回家的路上到一家炸鸡店买了一份快餐。他一边吃着快餐一边继续驱车回家，突然他咬到一块味道奇怪的东西，他把那块东西扔回袋中，回家后仔细观察了一番。那的确不像他所熟悉的鸡块。于是第二天他把这块东西带到公共卫生局去做分析。公共卫生局的人告诉他，那是一块炸老鼠。他们说这种事情时常发生，老鼠可能钻进奶油糊中被溺死了，而炸鸡店的雇员看也没看一眼就把它扔进了炸锅里。

大多数的城市传奇采取的形式是对现代生活危机四伏的“警世名言”。布伦凡特指出，“弯钩”反映的是对青少年性行为的负面后果的广泛关注；“微波炉里的狗”是对现代技术的不确定性的反应；“炸鼠”来自对可能不合格和靠不住的底薪雇员以及雇用他们的公司的猜疑。因此，它们与其他集合行为一样，都市传奇可以解释为在模糊不定的状况下为减轻压力所做的努力。他们强调新鲜事物的危险——性解放、微波炉、快餐店，并蓄意地肯定了传统的行为模式——性克制、老式的技术和在家里烹调与进餐。

都市传奇说到底是一种谣言。谣言，指没有事实存在而捏造的话，没有公认的传说。谣言是利用各种渠道传播的对公众感兴趣的事物、事件或问题的未经证实的阐述或诠释。谣言是集合行为的一种形式，是人们共享信息和思想的方式，或者说是所有易于引发诸如恐慌、骚乱之类更复杂的集合行为的初级阶段。

根据上述定义，谣言没有真假之分，因为是未经证实的信息，所以无法确定谣言的真假。1947年，美国社会学家奥尔波特和波斯特曼给出了一个决定谣言的公式：谣言＝（事件的）重要性×（事件的）模糊性。他们在这个公式中指出谣言的产生和事件的重要性与模糊性成正比关系，事件越重要而且越模糊，谣言产生的效应也就越大；当重要性与模糊性一方趋向零时，谣言也就不会产生了。

现代环境下，利用灵活无序的网络传播，谣言传播的速度更快、作用力更强。有些流言在传播中常常变样，这一方面是接受者和传播者的记忆错误所致，更重要的是各人在传播过程中有意无意地加上自己的主观色彩。

谣言通常为了一部分人达到某种目的而发布，例如：增加知名度、吸引目光、诋毁他人、制造声势、转移视线等。

谣言是社会大众传播不可或缺的一部分，也是人们日常精神文化生活中的调味料。一个稳定繁荣的文化传播社会应该有一定的谣言产生概率与其相适应，谣言越多，反映出社会文化传播活性越强（人们对于传播的积极性越高），反之，则说明这个

社会的大众传播或者人际传播缺少活性。谣言和生活的关系：以前有个游戏，叫“传话”，基本上大家都会玩。一个人想出一句话作为“种子”，比如“某某同学今天独自在单位食堂吃了顿午饭”，不出5个人，估计就可能会在口水的发酵作用下变为“某某同学和某某在酒店”。这个就是语言神奇的地方。其实生活中很大一部分的事端或者说无端之事就是来自于这样自觉或者不自觉的“传话”。这样的“传话”包括了那种叫“谣言”的。

按前面所说的公式，一件事情（或一个人）可能会引起谣言，说明这件事情（或这个人）有一定重要性（所谓“焦点事件”、“热门人物”），或者一定的含糊性（非公开性，往大了说，比如某些机构的财务收支状况，无法及时获得准确消息的某地实际情况。往小处看，比如某人的私生活等）而如果说一件事或（一个人）较受关注，又处于非公开状态，那么对于谣言，是最具有培植空间的。披露不为人所知的事情未必都是传播谣言，但是有一点可以肯定，来历不明，没有详尽扎实事实支持的虚假消息，往往都回避了大多数人可以及时、准确查证到的内容。就是因为其不透明度给人一种宁可信其有的心理暗示。

要成功发布一则谣言，首先要对如下概念进行分析理解：

（1）谣言制造：谣言的信息要与传播者有一定相关度，有相当的重要度，并且易于传播。

（2）传播渠道：一般有三个层面（首先是谣言的发布者进行首次传播；再次由第二传播者进行相互间传播，形成谣言；最终由第三方对谣言本身进行批驳）。

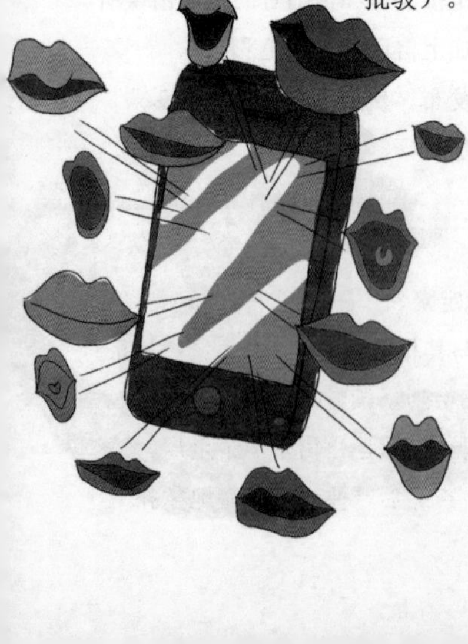

（3）反谣言机制：

①法律制约，违反以及触及法律的谣言，法律将对其压制。

②道德行为规范制约，一些谣言在涉及道德底线或者行为习惯底线的时候也会在传播过程中被中断。

③第三方干扰，当谣言发挥一定作用的时候，有些另有目的的第三方可能对其进行干扰，从而改变谣言内容，利用谣言。

PART 05

向左走，向右走
——助人和攻击

浇开心灵的美丽之花——对他人的爱心

在现代生活中，我们越来越感受到人与人之间的隔阂与冷漠。人们之间的情感纽带不再像从前那样紧密，群体中的生活也不再像从前那样让我们感到温暖，得到一种心灵的寄托。人们情感的疏远与淡化也是现代性的一个重要现象。信仰的缺失与精神家园的失去，让现代社会中的人无所适从。其实在群体生活中，在社会互动中，与人为善、充满爱心是社会交往的根本。只是我们现代人能做到这一点的越来越少，能体会到这一点的也越来越少。这种恶性的循环是现代社会很严重的一个社会问题。

古罗马的大斗兽场是一块充满血腥的死亡之地，那里面已经发生过千百次人兽相搏，千百人都在那里被活活杀死了，很少有人能幸免。但是那里也出现过一次奇迹，也许有的人还不曾听闻。那次，在斗兽场上，罗马皇帝把饿了好几天的狮子放了出来。当时，缩在墙角的囚徒阿尔托克利斯颤抖着拎起长矛，默默地祈祷。他想自己快要完蛋了，但愿狮子能给自己留下一个全尸。饿极了的狮子一眼就瞅到墙角的人，它仰天长啸一声之后，便迫不及待地猛扑上去。阿尔托克利斯眼睛一闭，把长矛向前一刺，狮子却灵巧地避开了。就在这千钧一发之际，那只狮子突然停止了进攻，并且围着阿尔托克利斯打起了转转。然后它又忽然停了下来，缓缓地在阿尔托克利斯身边卧了下来，温顺地舔着他的手和脚。

全场顿时鸦雀无声，不一会儿猛地爆发出热烈的欢呼声。罗马皇帝也大为惊讶，破例把阿尔托克利斯叫上看台来询问缘由。

原来在三年前，阿尔托克利斯在路边发现了一只受了重伤的狮子，他小心翼翼地给狮子包扎了伤口，并照料它直到它伤口愈合，才送它回到森林。今天在斗兽场里遇见的正是这只狮子！

听完了阿尔托克利斯的讲述，罗马皇帝啧啧称奇，也大为感动，立即赦免了阿尔托克利斯。

“爱出者爱返，福往者福来。”人要保持一颗博爱的心，热爱你身边一切有生命的东西。当你把爱洒向人间万物时，这份爱同样也能惠及自己。

其实真正的爱心比一切物质财富都重要，它能让你用宽容的心态去面对世界，享受生活。爱是无价的，是任何财富都买不到的。要想得到爱，必须付出爱。爱又是无言的，会让被爱者永远铭记。

我们希望从他人那里得到关爱，但往往却忘记了对别人施予自己的关爱。爱心是需要传递的，这就是一个社会互动的过程。在这个过程中，每个人都能得到丰厚的回报。

人生活在这个世界上，都是需要爱的慰藉的。没有爱的生活，只能是一片死寂的荒漠。我们应该反思真正的财富是什么，真正的文明社会应该是什么样子。现代社会物质的富足迷惑了我们的双眼，让我们不能发现生活的真谛。我们看看那些有着虔诚信仰的人们，也许他们的物质生活是贫乏的，在我们的眼中他们是贫穷与落后的，但我们谁又能看到他们眼中闪烁的智慧之光？所以我们应该在社会生活中学会善待他人，学会奉献爱心，学会用精神的价值来评价我们现有的生活，这样你会开启一扇通往幸福的天堂之门。

比邪恶更可怕的是冷漠——旁观者效应

1964年3月13日凌晨3时20分，在美国纽约郊外某公寓前，一个叫朱诺比白的年轻女子在结束工作回家的路上遇到歹徒。当她绝望地喊叫："有人要杀人啦！救命！救命！"听到喊叫声，附近住户亮起了灯，打开了窗户，凶手吓跑了。当一切恢复平静后，凶手又返回作案。当她又喊叫时，附近的住户又打开了电灯，凶手又逃跑了。当她认为已经无事，回到自己家上楼时，凶手又一次出现在她面前，将她杀死在楼梯上。在这个过程中，尽管她大声呼救；她的邻居中至少有38人到窗前观看，但无一人来救她，甚至无一人打电话报警。这件事引起纽约社会的轰动，也引起了社会心理学工作者的重视和思考。人们把这种众多的旁观者见死不救的现象称为"责任分散效应"。

旁观者效应也称责任分散效应，是指对某一件事来说，如果是一个人被要求单独完成任务，责任感就会很强，会做出积极的反应；但如果是要求一个群体共同完成任务，群体中的每个成员的责任感就会很弱，面对困难或遇到责任往往会退缩。因为当一个人独立完成任务时责任感很强，而当群体完成任务时，每个人都希望由他人分担更多的责任。

类似的事在中国也发生过。2005年12月28日，家住四川省成都市武侯区的熊某和妻子一起骑自行车出门上班，谁知途中竟被人追杀。当熊某身中数刀，趴在地上呼救时，围观的数百人竟然都作壁上观，无人出面制止，也无人拨打电话报警。

国外的两位社会心理学家为了了解这种现象做了一个著名的实验。他们让72名不知真相的被试者分别以一对一和四对一的方式与一名假扮的癫痫病患者保持距离，并利用对讲机通话。试验要检验一个结论：在交谈过程中，当那个假病人大呼救命时，72名不知真相的被试者所做出的选择究竟会是什么样子。实验结束后的统计显示：在一对一通话的那些组，有85%的人去报告有人发病；而在有4个人同时听到假病人呼救的那些组，只有31%的人采取了行动！实验表明，在紧急情况下，只要有他人在场，个体帮助别人的利他行为就会减少，而且旁观者越多，利他行为减少的程度越高。

社会心理学家进行了大量的实验和调查，研究得出这样一个结论：对于这种现象的出现不能单纯地指责众人的冷酷无情或道德沦丧，因为在不同的场合，人们的援助行为确实是不同的。

旁观者效应产生的原因是由于“社会影响”及“责任分散”。社会影响是指一个人在不能获得确切情况以便做出干预紧急事件的决定时，他就去观察别人的行动，看看他们会做出什么反应。不幸的是，那些旁观者很可能也在观察别人的反应，于是很快就发展成一种“集体性的坐视不救”的局势。另一个原因就是责任分散。当一个人遇到紧急情境时，如果只有他一个人能提供帮助，他会清醒地意识到自己的责任，对受难者给予帮助。如果他见死不救，会产生罪恶感、内疚感，这需要付出很高的心理代价。而如果有许多人在场的话，帮助求助者的责任就由大家来分担，造成责任分散，每个人分担的责任很少，旁观者甚至可能连他自己的那一份责任也意识不到，产生一种还有别人会去救这样一种心理，结果造成“集体冷漠”的局面。

旁观者效应是客观存在的，是人们社会心理的一种正常反应。所以我们在遇到这种事情的时候，不要过多地去指责那些见死不救的人冷酷无情，而是应该反思当我们遇到这种情况的时候，我们是否能够做得比他们更好。但是我们也不能对这种现象一味地坦然面对，因为这种心理特性会让我们更趋向于集体的冷漠，我们不可以在主观上完全无视正在发生的危险。如果我们在面对危难时有着一种幸灾乐祸看好戏的心态，那只是说明我们心灵的黑暗。每个人的能力有大有小，当别人遇到危难时也许我们没有勇气去直接施以援手，但是我们至少应该有一个帮助弱者的意识，尽自己的能力去做一些事情。只有当每个人都能有意识去克服旁观者效应的消极影响时，我们的社会才会真的走向文明。

我们为什么需要榜样——亲社会行为

人们在共同的社会生活中经常会表现出类似这样的行为，比如帮助、分享、合作、安慰、捐赠、同情、关心、谦让、互助等。社会心理学家把这一类行为称为亲社会行为。亲社会行为又叫积极的社会行为，它是指人们表现出来的一些有益的行为。亲社会行为的目的不是得到外来的奖赏或害怕惩罚，而是出于自愿。亲社会行为是人与人之间在交往过程中维护良好关系的重要基础，对个体一生的发展意义重大。

社会心理学中有一个行为主义的观点，这种观点认为亲社会行为不仅使我们能够获得来自社会的、他人的和自我的奖励，而且能够避免来自社会的、他人的和自我的惩罚。这会促使人们形成积极的社会价值观，有利于人们的身心健康，还会使人们获得或巩固友谊。此外，帮助别人还有提升心境的作用，当受助者的痛苦消除并开始快乐起来的时候，助人者同样会受到这种情绪的感染，使自己也变得更加愉快。

亲社会行为是在每个人社会化的过程中培养起来的。一个经历过正常社会化过程的人都在一定程度上会有亲社会行为。因此，在儿童社会化过程中有意培养亲社会行为，对于儿童的成长以及日后适应社会生活有着非常重要的意义。

亲社会行为的培养首先要帮助儿童理解自己的情绪，进而理解别人在相同情境中可能产生的情感。当儿童手指碰伤、玩具跌坏、想参加游戏却遭到同伴拒绝时，父母不仅要启发儿童讲述自己的情绪，使其激动的情绪得到正确表达与发泄，并且要安抚他的情绪，并引导儿童对不满情绪做出正确的理解。父母的同情、建议加上讲述时的宣泄，会使幼儿较快地恢复平静愉快的心情。有时，当幼儿看到别人处于同样情境时，成人可启发幼儿伸出援助之手。

培养亲社会行为的第二个要点是成人要及时表示对亲社会行为的语言肯定。有些家长衷心地喜欢子女帮助、关心他人，和他人分享与合作，他们对亲社会行为的言语肯定较多，子女的行为也就更加稳定地向利他方向发展。与此相反，有些父母比较斤斤计较自家的利益，对他人的亲社会行为持批判或怀疑的态度，其子女的亲社会行为也比较差。社会心理学家做过这样的实验：号召一些3～6岁的孩子把赢得的奖品捐助给生活有困难的儿童。心理学家对第一组的孩子说："我知道你是个喜欢帮助别人的孩子。"对第二组的孩子说："你会这样做的，因为我希望你这样做。"对第三组的孩子什么也不说，随便他们捐不捐。然后，在孩子觉得无人监督的情况下，观察三组孩子对捐助箱投入的多少。结果发现第一组捐得最多，第二组次之，第三组最少。由此可见，父母有意无意地语言肯定对培养孩子亲社会行为有多么重要。

在培养亲社会行为时第三点要注意培养孩子的移情能力。移情是儿童对来自另一人的情感暗示或者对另一人所处的情景所产生的一种不随意的替代性反应，表现出感受到与另一人相似的情绪体验。移情的程度在于一个人对别人的想法和情感的敏感性。因此，移情可以帮助儿童摆脱"自我中心"的倾向和增强对别人的理解。移情和同情都建立在对别人内心状态的理解能力之上，但移情比同情更进一步，它要求儿童学会站在别人的角度上想问题，产生同样的感受。有时儿童不能发现别人是否受到压抑，自己是否应当帮助别人，是因为情景中情感的暗示线索不很明确，也看不清影响别人情绪的原因，他们就可能不认为别人有困难，或不理解别人需要帮助。

社会心理学家和儿童教育学家都认为，移情能力是良好道德行为的情感基础，能理解和体谅别人、能同情别人的痛苦和不幸的孩子，更容易表现出亲社会行为。美国社会心理学家霍夫曼认为，移情能力的产生和发展要经历四个阶段：

（1）婴儿从出生到2岁，如果附近有别的婴儿在哭，孩子便也会哭，这是一种模仿行为，也是最原始的移情形式，但不是道德行为。1岁左右的孩子看见照顾自己的亲人哭泣时，马上感到压抑不安，会轻拍亲人的脸，把自己的头埋在亲人的膝上，既像是安慰人，又像是寻找安慰。1岁半的孩子看见同伴哭泣，会把自己的玩具给同伴玩。

（2）3～6岁是移情发展的第二阶段，6岁的孩子能看出别人高兴或不高兴，并因之感到兴奋或压抑，不过他以为别人和自己的感受总是一样的，不大理解别人可能有和自己不同的意见或感情。有一个关于3～6岁幼儿移情的实验表明，当关着门的另一室中传出儿童的哭声时，约有50%的幼儿露出关心的表情，17%的幼儿表示悲哀，10%的孩子跑去喊成人帮助，5%的孩子表示焦急；但还有18%的孩子自顾自游戏，或明显地表示不同情。

（3）8岁左右是移情发展的第三阶段，这时的孩子大多数能接受关于他人情感的较为微妙的暗示，也知道在同一情景下各人可能有不同的感受。

（4）进入少年时期是第四阶段，12岁左右的少年能够不依赖当前的情景线索去理解或预测他人的情感变化。但是同龄少年中移情能力有很大悬殊。

社会心理学家和教育学家指出：成人在培养儿童的移情能力时，应充分利用图书、故事等具有生动形象的事物或指出当前情景中出现的亲社会行为，鼓励儿童谈论他人的情感体验，引导儿童观察和赞赏故事及现实情景中周围成人或同伴的亲社会行为的表现，使儿童认识到亲社会行为可导致对双方均有益的后果：接受帮助的人因解决了困难而高兴，乐于帮助别人的孩子，有时会受到赞扬；即使没有表扬他，他也会感到做好事是令自己心里很愉快的事。

当儿童学会了站在别人的立场上看问题，他的分享、互助、合作、慷慨、友爱的行为自然而然地会得到增强。研究发现：常常从事力所能及的家务劳动的孩子，比在家里从不尽任何义务的孩子有更多的亲社会行为；而仅仅用说教和强制命令的方式指示孩子关心他人的父母无法获得较好的效果。

亲社会行为是构建社会秩序、维护社会稳定的重要因素，亲社会行为会加强人们之间的情感纽带，使人际关系和社会交往能够向着积极的方向发展。在群体生活中，如果成员间的亲社会行为很多，那么群体的凝聚力会得到增加，反之则会削弱，甚至导致群体崩散。而且亲社会行为会让人们的心里产生一种满足感，这对于增加社会生活的满意度、提升人生价值同样具有非常重要的价值。

暴力升级、网络游戏毒害社会——媒体暴力

1999年，美国科罗拉多州哥伦比亚高中发生了一起震惊全美以及整个世界的血腥暴力事件。两名18岁的中学生在校园枪杀了12名学生和1名教师并造

成23人受伤，随后他们举枪自杀。媒体报道称二人都是射击游戏《毁灭公爵》的狂热爱好者。二人曾于事件发生前一年拍过一盘录像带，在影像中，这两名中学生曾穿着军用雨衣，模仿着《毁灭公爵》的模式，这与后来发生的真实事件惊人的相似。好莱坞后来根据这起事件改编成了《大象》和《迈克·摩尔在美国》两部电影。

这个事件在当时轰动一时，由此也引发了人们关于大众传媒及影视游戏作品中涉及暴力等具有不良倾向的内容对于青少年成长甚至成年人社会行为的消极影响。社会学家把这种现象称为媒体暴力，认为正是由于具有广泛传播性的媒体在其内容中不断出现、渲染甚至宣扬有关暴力等负面的社会现象，导致了人们越轨行为的增加。

媒体暴力一般被认为是包括报纸杂志、图书、电影、电视、电子游戏等在内的媒体含有或刊登暴力内容，并对人们正常生活造成某种不良影响的暴力现象。媒体暴力可以分为两种：（1）真实的暴力，即指媒体对犯罪行为如凶杀、爆炸、强奸、抢劫，以及社会秩序混乱如城市骚乱、战争等暴力案件的报道。（2）幻想中的暴力，即指在一些影视剧和娱乐节目中存在的虚构的暴力场景，如在电视剧里大量存在的暴力镜头，一些儿童节目中出现的暴力游戏等。

当今大多数人对媒体都有不同程度的了解，媒体中出现的大量暴力内

容无异于向受众宣告了一个没有安全感的社会存在，加剧了人们对暴力的麻木感与宽容度。青少年群体最易受媒体暴力的消极影响，他们对媒体的特性、功能以及影响的认识还比较模糊，甚至是错误的。他们接触媒体的主要目的除“放松自己”外，主要是“学会与人交往”，即通过对媒体内容的接触、学习和理解，获得社会经验，学习社会行为，因此青少年经常忽视了媒体暴力对自身潜移默化的负面影响。

媒体给我们呈现的暴力世界已经成了一种模式化的世界，在这个世界中，暴力被以一种不现实的但又具有潜在危险的方式表现出来。长期接触媒体暴力，使人们更加带有进攻性。如何引导或创造条件使公众掌握科学的接触和使用媒介的能力，是保证媒介正常发挥社会作用、保证媒介进步的重要前提。社会学家指出：批判性的媒体解读能力的获得是个人和国民在学习如何应付具有诱惑力的文化环境时的一种重要资源，学会如何解读、批判和抵制社会文化方面的操纵，可以帮助人们在涉及主流的媒体文化形式获得力量。它可以提升个人在面对媒体文化时的独立性，同时赋予人们用更多的权利管理自身的文化环境。

针对媒体暴力，要单纯地改革媒体的传播内容是不现实的，所以只能从提高公众的媒体素养入手。媒体素养的概念起源于20世纪30年代的英国和丹麦。英国当时提出这一概念的目的是通过媒体教育行为来同媒体作战，鼓励公众“认清并抵制”大众传媒的影响，要求人们正确看待媒体的巨大力量，了解媒体讯息特性，从而重新认识媒体。媒体素养的提高要通过媒体素养教育。媒体素养教育是20世纪下半叶在欧洲、北美洲、大洋洲以及拉丁美洲、亚洲部分地区渐兴渐进的一种新的教学科目。媒体素养教育赋予人们完善的知识结构，提供人们解读媒体信息的正确视角，培养人们不被媒体信息所牵制的能力，以及控制自己信念和行为的能力，在接受知识与信息的同时远离媒体暴力，使受众成为积极的信息使用者。

第七篇

社会学常识——不可不知的社会学知识

PART 01

社会学理论流派

马克思主义社会学

马克思主义社会学是从马克思、恩格斯开始的以历史唯物论为理论基础和指导思想的社会学学说的通称。在世界社会学发展的两大传统中，它是与从A.孔德开始的西方社会学相对而言的另一大传统。

马克思主义社会学包括马克思、恩格斯本人及其后继者的社会学思想、社会学说，以及当代学者用马克思主义立场、观点和方法所阐述的社会学理论、学说等。20世纪60～80年代，在苏联、东欧各国中占主导地位的就是带有各国自己特色的马克思主义社会学。代表作有苏联的《社会学手册》（1976）、德国的《马克思列宁主义社会学原理》（1977）等。在西方各国也有一些学者从他们各自的立场、观点出发，从事马克思主义社会学的研究和评述。英国学者T.B.博特莫尔的《马克思主义社会学》（1975）可看作这方面的代表作。

在中国，广大社会学者正在努力建立具有中国特色的马克思主义社会学。自1979年社会学重建以来，他们在马克思主义社会学方面的探索已取得一些进展，提出了一些新的看法。

马克思主义社会学的理论基础这个问题主要涉及马克思主义社会学与历

史唯物主义的关系。正确解决这个问题对理解和建设马克思主义社会学具有关键性的意义。

第一种观点认为，历史唯物论就是马克思主义社会学。这种观点在苏联20世纪30～50年代，在中国50～70年代均占主导地位。在20世纪60～70年代，苏联学术界弱化了这种“等同”或“代替”的观点，提出马克思主义社会学有三层结构，即一般理论、专门理论和个别的经验研究，其中的一般理论就是历史唯物论。历史唯物论既是马克思主义哲学的组成部分，又是马克思主义社会学的组成部分。这种“部分等同”或“部分代替”的观点，在很长时间内是苏联学术界的主导观点。

第二种观点与第一种观点相反，认为历史唯物论应包括在马克思主义社会学之中。在前南斯拉夫学术界不少学者主张这种观点。他们认为，社会学是关于社会的一般科学，历史唯物论只是历史的逻辑学或辩证唯物主义的社会观及社会发展观。因此，他们往往在社会学著作中系统地讲述历史唯物主义的原理。卢基奇的《社会学原理》（1960）和布里舍里奇的《社会学原理》（1963）是这方面的代表作。在中国，也有少数学者持类似的“大社会学，小历史唯物论”的看法，认为历史唯物主义属于社会学，因为历史唯物主义不是哲学，而是具体科学。他们主张，普通社会学研究社会整体的基本构成及各部分的相互关系，揭示社会整体发展规律，它有“一般社会学”“特殊社会学”和“个别社会学”三个层次，而历史唯物主义属于“一般社会学”的层次，历史唯物主义对社会学的“指导论”是不能成立的。

第三种观点认为，历史唯物论与马克思主义社会学既相区别又有联系。一方面，历史唯物论不能代替马克思主义社会学，二者是不同的；另一方面又强调历史唯物论是社会学的理论基础和指导思想，二者是紧密相连的。有的学者具体论证了历史唯物论和马克思主义社会学的关系是哲学科学与具体社会科学的关系，是一般与特殊的关系。两者的关系是：①从二者研究的对象看，历史唯物论研究社

会发展的一般规律，社会学则研究社会运行和发展的特殊规律；②从二者所属的科学层次看，历史唯物论是对包括社会学在内的各门社会科学知识的概括和总结，社会学则没有这么高的概括程度，它在历史唯物论的指导下，从自己特有的角度对其他社会科学进行概括；③从二者的作用看，历史唯物论是考察整个社会的具有普遍意义的世界观和方法论，而社会学则着眼于自己特有的角度去研究社会，例如从社会结构或社会互动的角度探讨社会运行机制，等等。由于历史唯物论与马克思主义社会学是一般与特殊的关系，因此在理论上二者是指导与被指导的关系。一方面，社会学必须以历史唯物论关于社会存在决定社会意识的基本观点为指导；另一方面，社会学又以各种特殊规律丰富历史唯物论。许多学者对于要建立一种不同于历史唯物论但又以它为指导的作为具体社会科学的马克思主义社会学的看法是一致的。

1. 马克思主义社会学的第一种形态

马克思主义社会学在资本主义社会和社会主义社会中具有两种不同的形态。第一种形态主要涉及与资本主义社会的关系。马克思主义社会学一方面说明了资本主义社会在人类历史上的进步作用，同时又指出它从根本上、总体上说是一个恶性循环和畸形发展的不合理的社会。马克思、恩格斯在《共产党宣言》《资本论》《哥达纲领批判》《反杜林论》等著作中对此做了深刻的阐述。中国有的学者从马克思主义社会学与资本主义社会关系的角度，把马克思主义社会学的第一种形态概括为“革命批判性形态的社会学”。马克思、恩格斯本人所创立的主要就是这一形态的社会学。在创立马克思主义社会学的过程中，马克思、恩格斯做了大量的理论研究和实际调查工作。

在理论方面主要有：①他们根据社会发展的一般规律，运用矛盾分析方法和阶级分析方法，科学地阐明了“社会”“社会经济形态”“现实的人”等基本范畴，为马克思主义社会学奠定了理论基础，同时也为揭露资本主义的恶性循环提供了理论武器。②在唯物史观的指导下，揭露了资本主义社会恶性循环和畸形发展的根源，即生产资料的私人占有和生产的社会化之间的基本矛盾。③揭露了资本主义恶性循环的最突出的表现是周期性的经济危机。④揭露恶性循环不可避免的结果，即资本主义社会必然为社会主义和共产主义社会所代替，并提出了解决这种恶性循环的办法——社会革命。正如恩格斯指出的：“冲突成为不可避免的了，而且，因为它在把资本主义生产方式本身炸毁以前不能使矛盾得到解决，所以它就成为周期性的了。资本主义生产产生了新的‘恶性循环’”。（《马克思恩格斯选集》第3卷，第315页）

在调查研究方面，马克思的《资本论》在揭示资本主义经济的和社会的运行机制及其必然灭亡的后果时，充分利用了各种调查材料。恩格斯的《英国工人阶级状况》则用长达21个月的实地调查所得的材料，揭露了资本主义社会恶性循环的种种具体情况。恩格斯在该书开头的《致大不列颠工人阶级》的信中说：“我寻求的并不仅仅是和这个题目有关的抽象知识，我愿意在住宅中看到你们，观察你们的日常生活，同你们谈谈你们的状况和你们的疾苦，亲眼看看你们为反抗你们的压迫者的社会的和政治的统治而进行的斗争”。（《马克思恩格斯全集》第2卷，第273页）恩格斯重视实地调查工人阶级的状况，是因为“工人阶级状况是当代一切社会运动的真正基础和出发点，因为它是我们目前社会一切灾难的最尖锐、最露骨的表现”（同上书，第278页）。这说明要真正揭露资本主义的恶性运行，必须抓住最能表现当时一切社会灾难的工人阶级的状况。

马克思、恩格斯创立的马克思主义社会学传统，一开始就表明了自己的立场：代表无产阶级的利益向压迫无产阶级的资产阶级社会挑战，因而一开始就与从孔德开始的西方社会学传统相对立。

2. 马克思主义社会学的第二种形态

马克思主义社会学对资本主义社会在总体上采取批判的、否定的态度，而对社会主义社会则采取维护的、肯定的态度。因为社会主义社会是马克思主义政党领导广大无产阶级和劳动人民推翻资本主义社会的成果。中国有的学者从马克思主义社会学与社会主义社会关系的角度，把社会学概括为“维护建设性形态的社会学”。这种维护建设性形态的马克思主义社会学，就是以改善社会主义社会为目标，以社会主义社会的运行和发展，特别是它的良性运行和协调发展的条件和机制为对象的社会学。马克思、恩格斯的论述表明，建立这种形态的社会学是可能的。他们根据对资本主义生产无政府状态和阶级对立的观察和分析，对未来的新社会做了许多预测，并对这两种社会制度在理论上做了对比研究。马克思主义创始者认为，只有社会主义社会和共产主义社会，才是以生产资料公有制为基础的“合理地组织起来的社会”。既然“合理地组织起来的社会”是可能的，那么，反映、不断改善这一社会的社会学也是可能的。有的中国学者把“合理地组织起来的社会”理解为“良性运行和协调发展的社会”。

从实质上说，维护建设性形态应该是马克思主义社会学的主要形态，甚至可以说是本来意义的马克思主义社会学。它与革命批判性形态的区别主要在于：革命批判性形态以“破”为主，维护建设性形态以“立”为主，二者不能混淆。当然，立中也有破。这两种形态只是不同而不是对立，二者有共同的理论基础——历史唯物论，破是为了立，二者的最终目标是相同的：革命批判性形态为建立社会主义扫清道路，间接地为社会主义服务；维护建设性形态则直接为社会主义服务。这种维护建设性形态的社会学，就是通常所说的社会主义社会学。

维护建设性形态的马克思主义社会学是各国马克思主义者在本国革命胜利并建立社会主义制度之后所致力于建立的社会学。就中国的情况而言，1949年中华人民共和国建立后，由于认识的、历史的、理论的等原因，建立维护建设性形态的马克思主义社会学的任务被整整推迟了30年。而1949年以来的实际经验教训表明，建立这样的社会学是非常必要的。社会主义社会的优越性在于能够真正从整体和局部两个方面做到良性运行和协调发展，但这仅仅是一种可能性，还不是现实性，如果搞不好，也可以长期处在有障碍的常态运行和发展即中性运行和模糊发展之中。这说明，即使在社会主义社会中，良性运行和协调发展也不会自动到来，而要根据它的条件和机制，根据它的规律性去努力争取。

马克思主义社会学的开放性主要涉及马克思主义社会学与西方社会学的关系问题。社会学界许多学者都承认孔德和马克思是理论社会学的两大鼻祖。这两大社会学产生于大体相同的历史背景下，它们回答的问题都没有离开社会运行和发展这个基本点，但是二者在本质上是根本对立的。这种对立除各自的理论基础和指导思想不同之外，主要表现为对资本主义的立场和态度不同。

在这个问题上，马克思主义社会学的革命批判性形态与西方社会学的对立可归结为：前者要推翻资本主义社会，建立新社会；后者则认为资本主义社会尽管有弊病，但整个来说是能够长久继续下去的，因而要维护它，改善旧社会。二者的对立是革命与改良的对立。而维护建设性形态与西方社会学的对立则表现为：前者要维护社会主义社会，后者则要维护资本主义社会。二者要维护的对象是对立的。

马克思主义社会学和西方社会学除了根本对立的一面，还有相似的一面。前者的维护建设性形态和西方社会学都是一种维护性的社会学。尽管它们要维护的对象是对立的，但就维护这一点来说却是相似的。主要表现在：①要维护总要论证被维护社会的优越性。西方社会学总是这样那样地论证资本主义制度的优越性，维护建设性形态当然也要根据实际情况来论证社会主义制度的优越性。②要维护总要有一套维护的办法，即在不触动根本制度的前提下改善社会运行机制的办法。西方社会学自始至终就是这样做的，积累了较为丰富的经验。维护建设性形态对待无产阶级革命胜利的成果——社会主义社会也必须这样做。③要维护总要面对各自存在的社会问题。西方社会学从资产阶级的观点和方法来研究资本主义条件下的各种社会病，以便消除社会障碍的因素。马克思主义社会学的第二种形态，则用马克思主义的观点和方法来探讨社会主义条件下的种种社会问题。由于上述的相似性，维护建设性形态的马克思主义社会学在维护和改善社会主义社会时，有可能用马克思主义立场借鉴吸收西方社会学中合理的东西。这种相似性还说明，革命胜利后，一些过去维护旧社会的社会学家有可能转而维护新社会。事实证明，这种“转型”的可能性是存在的。

马克思主义社会学既具有阶级性，又具有开放性。一方面要如实承认马克思主义社会学与西方社会学是有原则区别的，避免全盘照搬西方社会学，实事求是地分析它实际包含的唯心史观和形而上学，分析它为资本主义辩护的狭隘意识形态；另一方面又要承认二者的相似性，以避免全盘否定西方社会学，实事求是地利用其中适合中国国情的合理东西。马克思主义社会学与整个马克思主义一样，不是封闭狭隘的，而是开放的，是用人类文明一切合理的东西丰富起来的。只有采取实事求是、具体分析的态度看待西方社会学，马克思主义社会学才能真正占领有关的理论阵地，才能真正高于西方社会学。

3. 马克思主义社会学的要点和框架

对马克思主义社会学的内容和框架的理解，在学术界尚无一致的看法。有些学者着重探索、发掘马克思、恩格斯本人的社会学思想和理论；更多的则是以马克思、恩格斯的立场、观点和方法为指导，着重探索社会主义社会中的马克思主义社会学应包含的内容。

苏联学者所著《马克思主义社会学导论》（1962）一书认为，马克思主义社会学应包括社会的物质生活、社会的社会生活、社会的政治生活和社会的精神生活四个方面的内容。该书认为，马克思主义的根本任务就是唯物主义地阐明社会的物质生活、社会生活、政治生活和精神生活等现象的社会属性，以及它们在社会关系体系中的发展、发挥功能的规律与作用。该书认为，上述四个方面构成马克思主义社会学的框架和主要内容。

苏联科学院社会学研究所所编写的《社会学手册》（1976）一书提出，马克思、列宁主义社会学是关于社会经济形态活动和发展的一般规律和特殊规律以及这些规律在个人、社会集团、阶级、民族活动中的作用机制和表现形式的科学。据此，该书提出的马克思主义社会学的框架为：一般社会学理论（历史唯物论）、各种专门的社会学理论（“中间层次”理论）以及具体的社会学研究。前者是理论社会学，后两者则是应用社会学。该书在叙述马克思主义社会学时，正是按这三个层次展开的。

德国学者所著《马克思主义社会学原理》（1977）一书提出，在社会主义社会中，马克思、列宁主义社会学的对象，是研究怎样日益充分满足人的物质的和精神的需要；怎样保证社会主义生产、劳动效率和劳动生产率在科学技术进步基础上的高速增长。该书的内容，除了叙述社会学方法和具体研究方法外，还着重探讨了社会主义社会的社会结构（包括阶级结构、劳动的社会分工与社会差别、阶级与阶层的社会接近等）、社会组织和社会集团（包括群体、社会组织、管理和权威等）、个性问题（包括个性、人的社会本质、生活方式、劳动与个性、家庭与个性、自由时间等）。该书强调指出，在社会主义社会中，马克思主义社会学是计划和指导社会发展的手段，作为社会科学，它又是工人阶级思想体系的组成部分。

有的中国学者认为，马克思主义社会学的维护建设性形态在不同的社会主义国家中有不同的特点，具有中国特色的马克思主义社会学应具有下述特点：①以中国社会主义社会的良性运行和协调发展的条件和机制为对象。这一点决定着社会学本身的框架、学科地位及它为社会主义服务的角度。②以历史唯物论为理论基础和指导思想。这一点决定着马克思主义社会学与其他社会学的根本区别。③以中国的基本国情——社会主义初级阶段和中国的社会主义实践，特别是改革的实践为立足点，并且尊重中国社会学发展的历史。它是否具有中国特色，主要由此决定。④具有开放性。它参考苏联社会学的经验和教训，汲取其成果。实事求是，有分析、有鉴别地汲取西方社会学中适合中国国情的合理的东西，汲取现代科学发展的相关成果。⑤把理论和实践结合起来，既重视经验的研究，又重视理论的研究；既重视宏观的研究，又重视微观的研究。

在中国学术界也有人认为社会主义社会学是一门具体研究社会主义社会的科学，是一门通过社会主义社会的社会关系研究社会主义的社会生活、社会矛盾、社会管理、社会发展及其规律性的科学。有的中国学者还认为，马克思主义社会学以现实的人为其社会学分析的逻辑起点，以社会经济形态为其基本的社会分析模型，以唯物史观为其主要的社会分析工具，以人与社会和自然的关系为其社会分析的对象，并认为这构成了唯物史观社会学的基本思路。

实证主义社会学

实证主义社会学是19世纪上半叶，由法国实证主义哲学家、社会学创始人孔德根据实证哲学思想体系建立，20世纪在世界广泛流行。

1. 理论和方法论特征

实证主义社会学是在西欧启蒙运动、英国经验主义哲学、以物理学和生物学等重大科学发现为代表的发达的自然科学，以及法国的政治大革命和日益高涨的社会改良运动等背景下产生的。受19世纪初特殊的政治、经济、科学、文化乃至宗教等氛围的影响，实证主义社会学在理论和方法论上表现出如下特征：①它明确地规定了社会学理论及其研究对象的特殊性，反对传统的形而上学思辨的思维方式，使社会学摆脱了思辨哲学的羁绊，成为一门独立的学科。②它的理论原则具有强烈的本体论的自然主义倾向，坚持统一的科学观，认为社会现象与自然现象之间没有本质的差异，它们都是一种“物”，故而遵从同样的科学法则。这样便混淆了自然规律和社会规律、自然科学和社会科学之间的区别。③在探讨“物”的规律时，认为自然科学的方法完全适用于对人类社会的研究，特别是按照自然科学的模式应用了类比的法则后，产生了实证主义社会学知识体系的两个重要组成部分——有机进化论和机械论。④重视经验和感性资料在社会认识中的重要作用，在方法论上恪守经验主义原则。⑤强调价值中立性，要求在社会学研究中不做任何个人的价值判断，反对个人的情感介入，以保持严格的客观性和科学性。⑥强调对现实社会生活进行干预，强调社会学理论研究的实践功能，把社会学看作“社会工程学”或“社会医学”，即强调社会学对现实社会的改造作用。⑦重视对社会秩序、社会平衡和社会稳定性的研究，在政治和意识形态畛域内具有相当保守的价值取向。

2. 古典实证主义社会学

实证主义社会学的发展经历了三个时期。前两个时期通常被看作是实证主义社会学发展的古典阶段。第一个时期始自19世纪上半叶，与社会学的初创阶段相吻合。其理论创始人是孔德、英国社会学家H. 斯宾塞、比利时社会学家L. A. 凯特莱和法国社会学家F. 勒普累等。此阶段虽然确立了实证主义社会学的一般宗旨，但还存在两大缺陷：社会学理论还残存着思辨哲学的成分；理论研究和经验探讨相互分离。孔德和斯宾塞致力于构筑实证主义社会学的理论体系，凯特莱和勒普累等人则偏重于经验研究的方法和具体的社会调查。

从19世纪下半叶至20世纪初为实证主义社会学发展的第二个时期，也是实证主义社会学的鼎盛期。法国的迪尔凯姆和意大利的V. 帕累托对以往社会学进行了综合，把实证主义社会学推向了高峰。迪尔凯姆在提出“社会事实”概念的同时，制定了一系列社会研究的实证规则。他把社会事实作为社会学的研究对象，进而揭示了它们之间所存在的“形态学”（即结构）的、功能的和因果的关系，由此把社会学的唯实论发展成为把社会看作高于个人的社会决定论。

迪尔凯姆还把实证主义社会学的基本理论与经验研究密切结合起来。他运用统计方法对自杀现象的研究，用人种学资料对澳大利亚土著居民进行的宗教研究，是社会学的理论研究与经验研究相结合的范例。帕累托对逻辑与非逻辑行动的分类，对动态平衡的阐述以及精英循环的看法，使实证主义社会学更加丰富和完善。

3. 新实证主义社会学

继帕累托之后，实证主义社会学结束了古典阶段，开始向新实证主义社会学阶段演变。与古典实证主义社会学相比较，新实证主义社会学有以下特点：①新实证主义社会学摒弃了古典实证主义社会学的一些粗俗看法，不再把自然科学及其方法看作社会学理论赖以存在的基础，而把它们视为社会学研究必不可少的工具。②新实证主义社会学依然保持着自然主义的风格，但社会有机体论的基本观点已逐渐演变成现代的结构功能主义，机械论则演变为行为主义的理论公设。③在强调经验材料的重要性的基础上，开始重视科学方法论的研究，力图使社会学的研究通过程序化、操作化和定量化等手段，达到精细化和准确化的水平，进而将社会学的理论概念同经验的操作概念联系在一起，实现理论知识体系和逻辑—方法论手段相统一的目的。

新实证主义社会学包括形形色色的实证主义潮流，如以L. F. 沃德等人为代表的具有自然主义进化论倾向的实证主义和以P. A. 索罗金为代表的文化实证主义等。到20世纪30年代，新实证主义社会学内部又发生了变化，功能主义的方法逐渐取代了新实证主义纯经验的方法。帕森斯以《社会行动的结构》（1937）为起点，开始构造系统的结构功能主义理论体系。帕森斯制定了“社会行动的唯意志论”模式，并重点分析行动者动机—目的的结构意义。他虽然承认社会的文化和规范的客观性，并将行为主义、控制论和信息论纳入自己的宏观体系，但毕竟向理解的社会学做出了宽容的让步，冲淡了结构功能主义的实证的自然主义实质。帕森斯的继承人R. K. 默顿则无视这种宽容精神，将文化规范等属于人的客观方面加以绝对化。

实证主义社会学在当代的另一变形是行为主义社会学。它以美国心理学家B. F. 斯金纳和社会学家G. C. 霍曼斯、P. M. 布劳、R. 埃默森为代表。斯金纳把人的行为等同于动物对外界的刺激—反应的理论，在很大程度上成为社会交换论的基本出发点。他的操作主义和霍曼斯的心理还原主义，以适应新的自然科学方法论的姿态突出实证主义的实质。

具有实证主义倾向的经验主义社会学在第二次世界大战后也发生了较大的变化，它不再排斥理论的指导意义，并把科学方法论作为研究中心。美国的P. F. 拉扎斯菲尔德、S. A. 斯托福和H. M. 布莱洛克等社会学家千方百计地寻找社会学理论概念和经验现实之间的结合点，克服操作主义的局限性，重申实证主义曾一度轻视过的严格的逻辑程序的重要价值，把社会学实证研究的方法与科学哲学联系起来。布莱洛克对变量间因果关系模型的论述，将默顿的中层理论概念具体化为可进行定量研究和分析的操作的经验概念，这一趋向虽然符合社会学计量化和电子计算机化的潮流，但却引起了人文主义者的不安和反感。

4. 对实证主义社会学的批评

实证主义社会学产生、发展和演变的过程，一直受到来自社会学界其他学派的有力挑战。马克思主义社会学、理解的社会学、法兰克福学派、现象学社会学、符号互动论和存在主义社会学等，从不同角度对实证主义社会学将人和人的活动还原为抽象的变量的非人本主义理论进行了批判。它们之间的长期论战，揭示了实证主义社会学的致命弱点，也促进了各学派之间的相互借鉴和相互渗透。

反实证主义方法论

在西方社会学的历史中，反实证主义倾向一直有很强的影响。20世纪以来，在不同程度上具有人文主义和历史主义倾向的西方理论流派主要有符号互动论、现象学社会学、民俗学方法论、历史社会学以及冲突理论的某些学派。属于这些学派的许多社会学家认为，社会现象对社会行动者来说是“有意义的”，不能用自然科学的方法加以研究。他们指责实证主义忽略了社会行动者的特殊性、自主性与互为主体性，忽略了历史、文化和意识形态的作用，抹杀了社会现象与自然现象的本质区别。

由美国社会学家G. H. 米德和C. H. 库利所开创的符号互动论强调，人类的独特性在于他们创造与使用符号的能力，这种能力使行动者能够了解自我与他人的期望，并在此基础上对互动的情境做出定义，以便选择适当的行动来适应他人和社会环境。所以，社会学方法必须侧重对具体个人的互动过程进行观察、描述和主观阐释。这一学派的主要代表——美国社会学家H. G. 布鲁默发展了一套研究互动过程的方法，认为对社会行为的研究很难使用数量分析，只能采用定性分析和归纳方法。

美国社会学家A. 舒茨将现象学方法引入社会学，他的现象学社会学主要受到E. 胡塞尔、米德和韦伯的影响。他认为，社会经验世界并非由一群孤立的个人所构成，而是一个互为主体的生活世界，社会学的任务是将这一生活世界赋予有系统的组织。他发展了韦伯的理解社会学方法，提出要在现时世界的日常知识结构基础上建构用以理解社会行动者主观意义的概念框架。英国现象学社会学家J.M.阿特金森和A.西库雷尔分别以自己的研究成果否定了实证主义方法论的逻辑和程序。他们的观点是：诸如犯罪、自杀这类社会现象仅仅是社会行动者对行为的主观解释，而不是客观的社会事实，社会世界只不过是行动者的感性认识和主观理解的产物；那些把犯罪、自杀当作客观事实来研究的社会学家，实际上是把自己的解释强加于社会。美国社会学家H.加芬克尔等人创立的民俗学方法论主要受舒茨的影响。加芬克尔同舒茨一样，把研究重点集中在日常生活世界中行动者的意识与行动。所不同的是，舒茨注重探求行为者如何形成共同的生活世界意识，加芬克尔则重视对具体互动过程的微观研究。他发展了一套独特的研究技术与技巧，如追踪访问、临床观察、文献阐释等，用以观察、分析行动者的行为和语言。民俗学方法论与实证主义方法论尖锐对立，它并不企图概括出一般社会规律，而是考察特定环境下的具体社会现象。

历史社会学侧重对社会群体、社会发展进行历史的比较研究。它反对实证主义的标准化、操作化和形式化的方法，认为社会现象具有历史性和独特性，因此社会学的任务是在历史脉络中运用类型构造法和比较法来探讨历史因果关系。例如，韦伯指出，不能在社会历史领域中寻找普遍规律，因为历史事件的因果关系只是阶段性、局部性和频率性的，他主张以阐释和理解的方法来发现影响社会历史发展的原因。美国社会学家C.W.米尔斯认为，任何社会学研究都是历史研究，并且都无法与价值倾向和意识形态相分离，所谓客观的实证研究实质上是为了维护现有社会秩序。他的学说综合了冲突理论和批判理论，在方法论上则继承了历史社会学的定性分析传统。

社会交换论

社会交换论是当代西方社会学理论流派之一，产生于20世纪50年代末期的美国。交换理论最初是针对结构功能主义提出的，在理论和方法上具有实证主义、自然主义和心理还原主义的倾向。它强调对人和人的心理动机的研究，批判那种只从宏观的社会制度和社会结构或抽象的社会角色上去研究社会的做法；在方法论上倡导个人是社会学研究的根本原则；认为人类的相互交往和社会联合是一种相互的交换过程。这是对美国心理学家斯金纳的行为主义心理学、功能主义的文化人类学和功利主义的经济学的全面综合。

社会交换论的基本研究范畴和概念包括价值、最优原则、投资、奖励、代价、公平和正义等。主要代表人物有美国社会学家霍曼斯、布劳和埃默森。霍曼斯是交换理论的创始人。他提出了一组普遍性命题：

（1）成功命题。一个人的某种行为能得到相应的奖赏，他就会重复这一行动；某一行动获得奖赏愈多，重复活动的频率也随之增多；获得的奖赏愈快，重复活动的可能性就愈大。

（2）刺激命题。相同的刺激可能会带来相同或相似性行为。如某人过去在某种情况下的活动得到了奖赏或惩罚，而在出现相同的情况时，他就会重复或不再重复此种活动。

（3）价值命题。如果某种行为的后果对一个人越有价值，那么，他就越有可能去重复同样的行动。

（4）剥夺与满足命题。某人（或团体）重复获得相同奖赏的次数愈多，那么，这一奖赏对该人（或团体）的价值就愈小。

（5）攻击与赞同命题。该命题包括两方面：一是当个人的行动没有得到期待的奖赏或者受到了未曾预料到的惩罚时，就可能产生愤怒的情绪，从而出现攻击性行为；二是当个人的行动得到预期的奖赏，甚至超过期待值，或者没有遭到预期的惩罚时，他就会高兴，就会赞同这种行为。

霍曼斯将这五个命题看成是一组“命题系列”，强调它们之间相互联系的重要性，并认为只要将五个命题综合起来，就能够解释一切社会行为。霍曼斯指出，利己主义、趋利避害是人类行为的基本原则，由于每个人都想在交换中获取最大利益，结果使交换行为本身变成一种相对的得与失。对个人来说，投资的大小与利益的多少基本上是公平分布的。

布劳的交换理论是从社会结构的原则出发考察人与人之间的社会交换

过程，其理论目标既想克服功能主义忽视研究人的理论缺陷，又想弥补霍曼斯理论只局限于微观层次方面的不足。布劳的理论方法是从描述交换过程及其在微观层次上的影响开始，再从群体层次上升到制度与社会的宏观层次。他认为，社会交换关系存在于关系密切的群体或社区中，是建立在相互信任的基础之上的。社会交换是一种有限的活动，它指个人为了获取回报而又真正得到回报的自愿性活动。布劳还区分了经济交换与社会交换、内在奖赏和外在奖赏的差别，引入了权力、权威、规范和不平等的概念，使交换理论在更大的范围内解释社会现象。布劳的社会交换理论从微观到宏观，系统地追溯了交换现象的各种发展过程及其影响，从而形成一种归纳过程取向的社会结构理论。

继布劳之后，对交换理论做出重要贡献的还有埃默森等人。埃默森运用严密的数理模型和网络分析，阐述社会结构及其变化、社会交换的基本动因和制度化过程，在方法论上进一步充实了交换理论的理论体系。

新功能主义

20世纪80年代以来，在美国社会学界兴起的一股力图综合当代最新研究成果以重新建构帕森斯的结构功能主义理论传统的流派或理论发展趋势。“新功能主义”这一术语是由美国社会学理论家J.亚历山大于1985年在其编辑的论文集《新功能主义》中首次使用的。

第二次世界大战结束至20世纪60年代中期，以帕森斯为主要代表的结构功能主义是美国社会学中占统治地位的理论流派。自20世纪60年代中后期起，美国社会中出现的一系列剧烈变动，促使社会学理论家重新思索社会学方向，各种新理论纷纷兴起，向帕森斯的“巨型理论”发起冲击。其中以符号互动论、社会交换论、民俗学方法论为主要代表的微观社会学理论猛烈抨击帕森斯理论中侧重对社会结构分析的方面，他们强调对个体行动和行为的分析，要求恢复个体的创造性和自由。以冲突理论为主要代表的宏观社会学理论，则指责帕森斯过于重视秩序、和谐和稳定，忽视冲突、强制和变迁，他们要求社会学更加注意社会变迁中的暴力、革命、权力等物质结构。这些理论在20世纪70年代逐渐取代了帕森斯理论而占据主导地位。与此同时，在这些理论之间又形成以符号互动论、社会交换论和民俗学方法论为一方，以冲突理论为另一方的“微观 / 宏观大分裂”，就社会行动、社会秩序、社会变迁等重大理论问题展开激烈的争论。这些争论本身暴露出上述诸理论自身的致命弱点——偏执一端而缺乏综合性。从20世纪70年代后期起，帕森斯理论中强烈的综合意识又重新引起社会学界的兴趣，各种理论内部开始出现试图进行新的综合的种种尝试。新功能主义正是力图以批判地继承帕森斯理论遗产，开辟一条新的综合之路而产生的。

与其他流派相比，新功能主义具有以下三个特点：

（1）对帕森斯理论传统持批判继承态度，既强调与帕森斯结构功能主义的承续关系，又强调从内部批判帕森斯理论的必要性。其中，亚历山大批判了帕森斯理论的实证主义认识论基础，主张在“后实证主义”科学观的基础上重建多维度的理论框架。新功能主义者还重新解释了帕森斯理论，以此矫正反功能主义的偏颇。

（2）对20世纪70年代的各种反帕森斯理论流派持开放态度，力图在功能主义理论传统基础上整合上述理论。针对符号互动论、社会交换论、民俗学方法论等理论的微观分析，新功能主义力图通过重建帕森斯的行动理论来综合其理论洞见，并探索微观个体行动和宏观社会结构及制度的联结环节。对宏观社会学领域的冲突理论，新功能主义主张在保持帕森斯“规范秩序”的前提下，强调对权力、战争、强制、冲突等问题的分析，并把社会变迁分析纳入帕森斯的“分化”理论中。“新功能主义”还打破帕森斯曾为社会学划定的只研究社会系统问题的界限，对80年代以来盛行的“文化社会学”给予高度的重视，并力图在功能主义框架内解决文化与社会及人格系统的关系问题。

（3）新功能主义尚未具备统一的理论形态。被归在新功能主义名下的社会学家，老一辈有R. N. 贝拉、A. 英克尔斯、N. J. 斯梅尔塞等人，新一代有亚历山大、S. N. 艾森施塔特、N. 卢曼、W. 施卢赫特等。他们除了具有共同的理论传统外，在许多问题上持有不同甚至对立的观点。新功能主义只能说是以超越战后社会学发展之第一阶段和建立新的综合理论为目标的尝试。

新功能主义的理论提出后，引起了社会学界的广泛注意和不同反应。不少人对新功能主义持反对和怀疑态度。对此，亚历山大的回答是：“它是新瓶装旧酒，还是确有新酿，将由历史来判定。”

民俗学方法论

民俗学方法论是对一定社区的社会成员在社会互动中所遵循的规则的社会学研究，又称民族学方法论、本土方法论，是20世纪60年代发展起来的微观社会学学派之一。创始人为美国社会学家H.加芬克尔。民俗学方法论的英文词头“ethno”在希腊文中意为国家、人民、部落、种族。加芬克尔的理论借鉴了美国社会学家米德的角色理论和德国哲学家胡塞尔的现象学，并大量吸收了舒茨的现象学社会学和英国日常语言哲学的思想观点。他的基本假定是：社会是具体的而不是抽象的，社会仅仅在它的成员觉察到它存在时才存在，因此必须对社会成员在建构和解释他们所处的社会时所使用的方法进行详细考察。在现实生活中，社会成员依据一定的规则和程序来组织社会活动，并使活动具有共同的意义。这套规则和程序就称为民俗方法，也有人称它为本土方法或民族方法。由于强调社会成员对社会现实的主观解释，民俗学方法论常常被视为一种现象学研究。民俗学方法论的研究对象是个人，它运用极为精细的实证方法，着重分析人们行为的微观方面，力图发现和描述人们在日常生活中做出行为、响应行为和改变行为的规则。在他们看来，这些不成文的、公认的行为规则是一切社会生活的基础。

民俗学方法论的基本概念有：

（1）考虑，又称“计算”或“算计”。指人们对外部世界做出解释的过程，是每一个人依其行为情景所赋予意义的能力。民俗方法论者极为注重分析个人的考虑以及这些考虑的提出和被接受的方式，专注于对人们之间的会话的研究。

（2）指示性，又称“索引性”。指一切考虑都对应于其特定行为情境：地点、时间、当事人、行为意图、相互了

解等。因此，研究者必须站在行动者的角度来理解其行为的意义和背景。

（3）省略原则。人们在交往中允许不清楚的信息存在，待以后弄清，而不会力图问清一切情况，使交往无法继续。

（4）文件方式。人们在交往中往往寻找不明言的潜在的含意以理解相互的行为，绝不是孤立地去对待每一件事。

（5）自然语言。人们在交谈中往往轮流对话而不使会话中断的基本结构。

民俗学方法论的最大特点是反对社会学的主流思想，特别是实证主义学派（见社会学方法论）。它对迪尔凯姆的“社会事实的客观实体论”和功能学派的“社会事实既存论”进行了批判，认为传统社会学往往把自己的意思强加于社会现实，而不是让其从社会现实中表现出来。对于民俗学方法论者来说，传统社会学的概念、技术和统计歪曲了社会现实的真实本质。与现象学社会学不同，民俗学方法论并不试图概括出普遍规律，而只注意对日常生活的语言及行为意义的经验研究，尤其是对行为者实际动作的观察分析。加芬克尔等人发展了一套独特的研究技巧，如追踪访问、亲身观察、文件解释和“破坏试验”法。后者是故意干扰和打破人们通常的行为方式，以观察人们的反应。通过这些方法来揭示社会互动中隐含的行为规则，对社会成员的日常生活做出描述与阐释。这些研究技巧对社会学调查方法的精细化起了一定的作用。

民俗学方法论强调个人间的微观互动过程，强调对行为者主观意图的理解，并把这种原则应用于经验研究，从而在方法论上发展和充实了韦伯的理解的社会学。20世纪70年代以来，民俗学方法论作为一种新的学派已逐渐被社会学界所接受。但它由于否定客观社会事实和普遍规律，所以那些以研究社会结构和社会变迁为宗旨的大多数主流派社会学家，尤其是宏观社会学家看来，不仅是不足取的，甚至是难以置信的。他们认为民俗学方法论基本上是描述性的，并且批评它无视社会结构，特别是权力的中心地位在社会交互作用中的影响。

加芬克尔试图从经验研究上证实舒茨的观点。按照他的界定，民俗学方法论是指“研究作为有组织的、人为的日常生活实践的持续实现之表征

性表达和其他实践行动的合理性质”。他还解释说，“民俗学方法论把日常生活当作使这些活动成为明显合理的和对一切实际目标而言都能成立的社会成员们的方法加以分析，亦即当作平凡的日常活动的组织而应该加以阐释的方法加以分析”。它关心人们使用什么手段赋予日常生活世界以意义，即关注人们怎样使用语言和其他符号为日常生活实在添加秩序和各种模式的意义，把实践行动解释成合理的。因此，语言符号及其意义表达问题就成为民俗学方法论的关注焦点。

加芬克尔认为意义的表达通常被分为两种：一种是人们为把发生的事件置于时空范围内所做的“表征性表达”，虽不精确但可起到索引提示作用；与之相对的是在特定情景下需要精确描述事件的“客观性表达”。表征性表达和客观性表达分别指向舒茨所说的实践实在和理论实在，前者适合于反映日常生活的实践活动，后者则是一种适用于科学领域的表达方式。民俗学方法论针对当代社会学中科学主义盛行的状况，集中论述了三个密切相关的问题：

（1）不满足用客观性表达取代表征性表达。在他看来，作为一门科学，社会学力求用客观性表达，但社会学的对象是由人们互动造成的社会世界，即日常生活世界，它的一切都是人为的，人们是通过表征性表达赋予它秩序的。因此，他对以使用表征性表达的互动为基础来建立科学实在的现存社会学方式持怀疑态度。

（2）忽视实践行动的理由在本质上的可反思性。加芬克尔认为，社会学研究的是自我的日常活动，这一点具有重要意义。它既包含作为行动者的社会学家的资源、目标、动机、理由、机会和任务，也包含与他的研究程序是否合理、规定是否可靠等有关的理论前提预设问题。他主张对这种实践活动做系统的考察，以探明从一开始就发生了什么。在论述“实际的社会学推理”时，他在“职业的社会学”“凡俗的社会学”和“实际的社会学推理”与“理论的”或“形式的社会学推理”之间做出区分，论证了职业的社会学研究是在凡俗的社会学基础上，理论的社会学推理是在实际的社会学推理之上实现的。作为一个社会学家，在用客观性表达研究社会时，他总会以自己作为一名社会成员的经验和从前的经历来指导自己的行为。

（3）行动在特定情景中的实际完成具有可分析性。他主张对行动的研究要追溯到个人经历和历史背景，日常生活世界具有历史的连续性，这就使舒茨所说的对实在怀疑的悬置成为可能。

PART 02

不可不知的社会学著作

《社会学的想象力》

《社会学的想象力》是美国社会学家米尔斯最著名的著作，在书中他提出了“社会学的想象力”这一重要概念。本书以及“社会学的想象力”概念在社会学界引起了巨大反响，这一概念已经被后世的社会学家广泛应用，而且本书从问世之后就成为最著名的社会学入门读物。

米尔斯在书中首先对以帕森斯为代表的宏大理论趋势和流行的抽象经验主义这些主流学术趋势展开了猛烈批评，同时也对学术界的不良倾向进行了猛烈批评。这些批评具有振聋发聩的意义，让人们看清了主流社会学家的浅薄和无聊。其次，本书展现了米尔斯勇于承担学术责任的勇气。米尔斯强调社会科学家必须弄清当代社会焦虑和淡漠的因素，而社会学的想象力则是能够实现社会科学家使命的方法论武器。米尔斯认为社会学是拯救社会科学的唯一学科。“社会学的想象力”，这一米尔斯发明的方法论术

语，其最核心的内涵是对历史和社会关系的深入考察以及强调个人生活命运受到历史的社会的制约。这不仅对当时的社会学理论突破有实际意义，而且对后世的社会学研究有很强的启发作用。

《社会学方法的准则》

《社会学方法的准则》是涂尔干于1895年发表的重要著作，在这本书中，他开创了功能主义这种社会学的研究方法，为社会学的发展做出了重大贡献，至今依然是学习社会学必须认真反复研读的著作。在本书发表之时，社会学还处于襁褓状态，在社会学发源地法国，社会学也还未成为大学的正式课程，更未形成比较完善的学科体系。涂尔干撰写本书就是要通过阐明社会学独特的研究领域和研究对象，强调社会学研究应遵循的基本原则和方法，从而使社会学摆脱传统哲学思辨的束缚，区分于其他的社会科学，成为一门真正的独立的科学。

这部著作篇幅并不长，却是社会学重要的文献之一。涂尔干系统严密地阐述了社会学有别于哲学、心理学和生理学的独特研究对象——社会事实，规定了社会学进行有效的科学研究的基本原则——观察原则、解释原则和求证原则，使得处于发展初期的社会学有了明确的研究对象和研究方法，极大地推动社会学成为一门独立的社会科学。在社会学创立100多年后的今天，我们来看《社会学方法的准则》这部著作，其局限性还是比较明显的，但它依然是社会学的经典著作，我们仍然可以从该书中获得不少有益的启发。

《社会分工论》

《社会分工论》是涂尔干的博士论文，是他的第一部重要的社会学著作，被包括帕森斯在内的许多社会学家认为是社会学思想史上的一个里程碑。

在本书中涂尔干表明了他此后一生的学术研究的主要兴趣：探讨个人与社会的关系问题，也即社会秩序是如何形成的，而且在书中他提出了自己的社会学理论的核心概念：社会团结。涂尔干认为社会团结是最基本的社会事实，它提供了社会道德和秩序的基础，影响和决定着其他社会事实。

在本书中，涂尔干初步提出了社会学方法论的基本原则：用社会事实解释社会事实。该书着力研究了社会学内在的主题——现代性问题，深入地分析了现代社会的特征和危机，展示了社会学的独特视角和研究方法，对流行的功利主义观点提出了严肃的批评和有力的挑战。涂尔干的这部著作不仅为他个人而且也为社会学这门学科赢得了声誉，为现代社会学的研究奠定了基础。

《货币哲学》

《货币哲学》是西美尔社会学思想成熟时期的著名作品，可以说代表了西美尔社会学理论的一个高峰，很多人把这本著作看作西美尔学术研究的一个里程碑。《货币哲学》主要探讨自近代以来的货币经济现象以及与它相关的社会文化现象，不过本书不仅从社会学角度关注货币经济对社会及文化生活产生的作用，而且努力建立起一套文化哲学。

西美尔的理论对社会学中的众多流派如符号互动论、结构功能论、社会冲突论、社会交换论、批判理论，以及当代的文化理论和

后现代理论等都直接或间接产生了重要影响。《货币哲学》是西美尔研究现代社会的最重要著作，它强调了用文化社会学的视野去研究现代社会，开启了从内心体验来探究现代性这样的一条重要思路。《货币哲学》一书对现代社会诸多领域做出了非常深入的研究，启发了众多社会学家的心智，成为文化社会学取之不竭的宝藏。

《新教伦理与资本主义精神》

《新教伦理与资本主义精神》是在宗教社会学领域最著名的作品，作为韦伯重要的《宗教社会学论文集》的第一本著作于1920年出版。在《新教伦理与资本主义精神》一书中，韦伯生动地描绘了资本主义的起源和文化特质，提醒人们注意复杂现象背后的精神动力所在；运用丰富的文献资料，论证了表面上似乎不相关的宗教观念对人类经济行为乃至社会制度的影响。通过全书的分析，韦伯开辟出了微观社会学与宏观社会学之间的联系，同时展现了人们有意识的行动如何产生非预期的结果这一社会科学的重要课题。韦伯的这本著作对于当代社会学关于现代性的研究、文化研究、宗教研究、工作伦理研究等都有很大启发作用。

《社会学的基本概念》

韦伯是一个百科全书式的学者，他的研究不仅仅局限于社会学领域，丰富的知识背景使他对众多社会学领域都有独到的见解。在《社会学的基本概念》一书中，韦伯梳理了社会学的基本概念，创建了理解社会学的大纲，为社会学提供了一个系统的理论框架和全新的研究方法。从韦伯创立理解社会学至今半个多世纪过去了，他的理解社会学已成为社会学的主流研究范式之一，韦伯的学说对于社会冲突论、符号互动论、常人方法学、批判理论等社会学理论流派都产生了相当大的影响。在《社会学基本概念》中，韦伯提出的一系列术语和观点，例如理解、价值中立与价值关联、理想类型、科层制、理性化等等，早已成为社会学的核心概念。

《社会的构成》

《社会的构成》是英国著名社会学家安东尼·吉登斯的著作，本书不仅是其著名社会学理论"结构化理论"集大成之作，也是吉登斯整个学术思想的一个高峰。对于中国读者来说，本书也是较早翻译成中文的吉登斯的著作。

《社会的构成》一书试图通过创立一种结构化理论来解决社会学理论传统中一直存在的"行动"与"结构"二元对立的一种思维方式。涂尔干和帕森斯的功能主义认为社会结构约束着个人行动；而在韦伯的理解社会学则认为行动创造着结构。吉登斯吸收了两方面的合理成分，提出了"结构二重性"，开辟了一条新的研究路线。另一方面，本书提供了一种新的社会学理论研究策略，被人们称为"吉登斯式的社会学理论研究策略"。吉登斯把社会学的研究对象界定为现代社会，认为社会学理论其实是关于现代社会的理论。这样，在创建结构化理论时，他把行动和结构的起源问题排斥在研究领域之外，避免了起源问题给实际研究带来的不必要的麻烦。吉登斯在《社会的构成》一书中成功地引入了"时间"、"空间"因素的讨论，并将它们当作结构化过程中的重要变量，在这一点上吉登斯拓展了社会学的研究领域，发展了新时代的社会学。

《宗教生活的基本形式》

《宗教生活的基本形式》是涂尔干在去世之前完成的最后一本重要著作，本书在理论体系和研究方法上继承了涂尔干的社会学传统，同时又标志着他学术生涯的重要转折。与早期的研究相比，涂尔干已经将自己的研究重心从物质性的社会事实转移到非物质性社会事实即宗教上来。涂尔干在写作本书时大量运用了人类学家从一些原始部落收集来的实地资料。涂尔干认为：相比于复杂的现代社会，在简单的原始社会中更容易获得对宗教本质的认识。涂尔干通过研究原始宗教，更好地说明了现代社会中宗教等社会现象对社会发展和人类生活的影响。

在《宗教生活的基本形式》中，涂尔干还强调了人们自己创造的观念世界对物质生活的影响，为后来的文化社会学研究提供了重要思路。20世纪法国著名社会学家雷蒙·阿隆对此做出了极高的评价："这本书无疑是最重要、最深刻、最具有独创性的著作。同时，在我看来也是作者的灵感表达得最清楚的一本书。"通过本书，读者能够全面了解到涂尔干思想成熟时期的社会学理论和研究方法。

《文明的进程》

《文明的进程》是德国社会学家埃利亚斯的成名之作，一经出版就轰动了西方世界，书中的许多观点非常新颖，为社会学家研究人类社会和文明的历史发展过程提供了新思路。埃利亚斯并不像一般人那样把文明看成一种摆在我们面前的现成的财富，而是认为文明是一种过程，是历经数百年逐步演变的结果，是人们的心理逐步积淀和规范的结果。在当时传统的社会学把人和社会看成是两个各自独立的实体，但是埃利亚斯推翻了这种两分法，提出个人和社会二者不可分割，他认为宏观的社会和微观的人之间的互动作用才形成了个人、国家乃至社会的整个文明。在《文明的进程》一书中，埃利亚斯提供了一种新的历史研究方法：不仅研究社会经济，而且考察人的情绪、气质和思维方式的变迁；不仅重视重大事件，也从小处着手，探讨人的行为举止、日常生活。埃利亚斯将历史学、政治学、心理学、经济学、种族学、人类学等学科与社会学熔为一炉，使《文明的进程》一书成为20世纪不可多得的百科全书式的人文经典读本。

PART 03

不可不知的社会学名词

社会学

社会学是从某种特有的角度，或侧重对社会，或侧重对作为社会主体的人，或侧重对社会和人的关系，进行综合性的研究，因而具有自己独特的对象和方法的学科。社会学一词由拉丁文Socius（集群）与希腊文Logos（知识）组合而成。由法国哲学家孔德于1838年在其《实证哲学教程》中最先提出并就这一新兴学科的建立做了大致的构想，孔德因此而被视作社会学的创始人。其后，英国哲学家斯宾塞于1874年在其《社会学原理》一书中将社会学的知识做了系统整理。这样，社会学就从一般的社会哲学演变为具体的社会科学。而将社会学发展成为一门严格意义上的独立学科，则是涂尔干的历史贡献。从涂尔干的实证主义社会学传统的确立到韦伯的理解社会学传统的产生，标志着社会学学科多元化发展的开始。20世纪，社会学已经发展成一门拥有自己系统而独特的理论和方法的重要的社会科学，其研究领域广及人类社会生活的各个方面，并由此衍生出诸如农村社会学、工业社会学、知识社会学、文化社会学、军事社会学、劳动社会学等众多的分支学科以及诸如社区研究、阶级阶层研究、社会控制研究、社会保障研究、生态环境研究、贫困问题研究等专项研究课题。

文化

文化是人类所创造的一切文明现象与产品，或者说打上了人类活动印记的一切现象与产品。文化的基本要素是符号、语言、价值、规范，它们是构成文化的框架。

文化态度

文化中心主义，亦称种族中心主义，指各个国家、各个民族常有一种将自己的生活方式、信仰、价值观、行为规范看成是最好的、优于他民族的倾向，并且将本民族、本群体的文化模式当作中心和标准，以此衡量和评价其他文化，常常敌视或怀疑自己所不熟悉的文化模式。这是一个团体认定自己的文化才是最优势、唯一正确的一种观念或习惯，是一种具有浓厚的主观价值的态度。

社会化

社会化从个人来说是将社会的文化规范内化并形成独特的个性的过程；从社会来说，是将一个生物学意义上的自然人教化、培养为一个有文化的社会人的过程。

社会化的主要类型：

从个体发展阶段分为：（1）预期社会化——儿童和青少年学习基本的生活技能，掌握基本的行为规范，能在社会中担当最基本的角色过程，它是人的社会化的关键、基础阶段。（2）继续社会化——继续学习和掌握原有的社会知识，不断学习新产生的知识。（3）再社会化——个体在社会情境或社会角色发生很大变化时，为适应新情况而在生活习惯、行为准则、价值观念等方面做出重大调整和进行重新学习的过程；或者是社会化失败或反社会化中断以后而进行的社会化过程。再社会化的基本特点是：改变社会化对象原有的世界观、人生观、价值观及生活方式和行为习惯。再社会化的形式有两种：自愿的、被迫的。

社会分层

社会分层是按照一定的标准将人们区分为高低不同的等级序列。社会不平等现象，在资本主义社会以前，是以“等级”的形式存在的。在古罗马，有贵族、骑士、平民、奴隶；在中世纪，有封建领主、陪臣、行会师傅、帮工、农奴，而且几乎在每一个等级内部还有各种独特的等级。到了19世纪，人们广泛使用“阶级”和“阶层”概念来描述社会中人们的地位等级。由封建社会转变为资本主义社会后，阶级对立简单化了。整个社会逐渐形成两大敌对的阶级，即无产阶级与资产阶级。马克思和恩格斯创立了唯物史观，对资本主义社会的阶级与阶级斗争做出独特的分析，在理论上有着重大的贡献。马克思主义阶级分析理论揭示了私有制下社会不平等的根源，对阶级与阶层做出了全面的阐述和深刻的分析。

在西方社会学史上，最早提出社会分层理论的是德国社会学家韦伯。他提出划分社会层次结构的三重标准，即财富——经济标准，威望——社会标准，权力——政治标准。三条标准既是互相联系的，又可以独立作为划分社会层次的标准。此后，西方社会学家对社会分层的研究大多继承韦伯的上述观点，归纳起来有：①把社会划分成几个大的阶级。②把社会成员划分成若干个层次。③续谱排列。根据人们在职业分工、工资收入与身份、声望等方面的具体而细致的差别，把社会成员划分成连续排列的多个小层，即续谱。

第二次世界大战以后，西方社会学对社会分层的研究，主要表现为对职业声望的测量。另外，西方一些学者认为，现代资本主义社会的阶级结构呈现出多元化趋势，出现了一个中间阶级，即所谓管理者阶层。他们研究的主旨在于这个阶层的定义和归属问题。在社会主义社会中，随着生产力的发展和生产关系的变革，阶级结构发生了重大变化。20世纪80年代以来，有些社会主义国家伴随经济体制改革的发展，也出现了一些新的社会分化现象。马克思主义社会学者正在对社会分层做新的探讨。

社会整合

社会整合是社会不同的因素、部分结合为一个统一、协调整体的过程及结果，亦称社会一体化。它是与社会解体、社会解组相对应的社会学范畴。社会整合的可能性在于人们共同的利益以及在广义上对人们发挥控制、制约作用的文化、制度、价值观念和各种社会规范。

在社会学研究中，美国社会学家帕森斯明确提出社会整合概念并将其纳入自己的结构功能主义理论构架之中。他关于社会生存的四大基本功能前提假设，即所谓AGIL理论，便包括社会整合（I）。在很长时间内，社会整合曾成为结构功能主义表示社会基本功能的特有概念，与其社会“共意”或“一致性”假设密切结合。帕森斯在《社会体系和行动理论的演进》一书中，把社会整合概念规定为如下含义：社会体系内各部门的和谐关系，使体系达到均衡状态，避免变迁；体系内已有成分的维持，以对抗外来的压力。

帕森斯还认为，一个社会要达到整合的目的，必须具备这样两个不可或缺的条件：有足够的社会成员作为社会行动者，受到适当的鼓励并按其角色体系而行动；使社会行动控制在基本秩序的维持之内，避免对社会成员做过分的要求，以免形成离异或冲突的文化模式。

继帕森斯之后，社会学家对社会整合概念的解释及运用，逐渐分化为两种不同的倾向：一种沿袭帕森斯的观点，继续将其置于宏观的社会理论体系中，从抽象的意义上予以解释和运用；一种则朝着经验研究的方向，将这一概念用来研究各种社会群体内或群体之间的实际关系，特别是用来研究民族及种族群体的关系，研究多民族国家各民族在文化上的接近、融合等。

社会整合有许多具体形式并可分为诸多类型。除以上已提及的社会体系的整合、民族或种族关系方面的整合外，社会学经常论及的还有文化的整合、制度的整合、规范的整合、功能的整合等。

异化

马克思主义哲学认为，异化是人的生产及其产品反过来统治人的一种社会现象。其产生的主要根源是私有制，最终根源是社会分工固定化。在异化中，人丧失能动性，人的个性不能全面发展，只能片面甚至畸形发展。它在资本主义社会中达到最严重的程度，必将随着私有制和阶级的消亡以及僵化的社会分工的最终消灭而被克服。

集合行为

集合行为，又称“集体行为”或“大众行为”，指不受现有社会规范控制的人数众多的自发的无组织行为。在很多人参与的社会互动中，人们的行为由个人行为转变为集体行为，它拥有自己的特征。集合行为不同于群体行为。群体行为是指在有多人参与的社会互动中，人们的行为由个人行为转变为群体行为。群体行为产生的事件往往是反复出现的常规事件，各种社会管理机构和制度主要是针对这类常规事件而设立的。而集合行为的产生是由非常规事件导致的，因此，集合行为对社会的影响不容忽视。

社会分工

社会分工是指人类从事各种劳动的社会划分及其独立化、专业化。人类文明的标志之一就是社会分工，同时社会分工也是商品经济发展的基础，因为社会分工产生交换行为。社会分工的优势就是让擅长的人做自己擅长的事情，使平均社会劳动时间大大缩短，生产效率显著提高。社会分工的本质就是人尽其才，物尽其用。

人类社会经历了三次社会大分工：游牧部落从野蛮人群中分离出来、手工业和农业的分离、商人阶级的出现。

第一次社会大分工发生在野蛮时代的中级阶段。人类在早期的征服自然过程中，有些部落学会驯养动物以取得乳、肉等生活资料，随着较大规模畜群的形成，这些部落就主要从事畜牧业，使自己从野蛮人群中分离出来，成为游牧部落。游牧部落生产的生活资料不同于其他部落，而且数量较多，从而促进了交换的发展，使经常的交换成为可能。放牧一群牲畜，只需要少数人，于是，个体劳动代替了共同劳动，相应地出现了私有制，家庭也随之发生了变化。男子从事的畜牧业成为谋生的主要手段。男子在家庭中取得了统治地位。后来，农业和手工业也有所发展，谷物成为人类的食物，出现了织布机和青铜器，人们开始掌握矿石冶炼和金属加工。一切部门生产的增加，使人的劳动力能够生产出超过劳动力所必需的产品。于是战俘不再被杀掉，而被吸收为劳动力，成为奴隶。这样，就零散地出现了奴隶制。第一次社会大分工的结果产生了第一

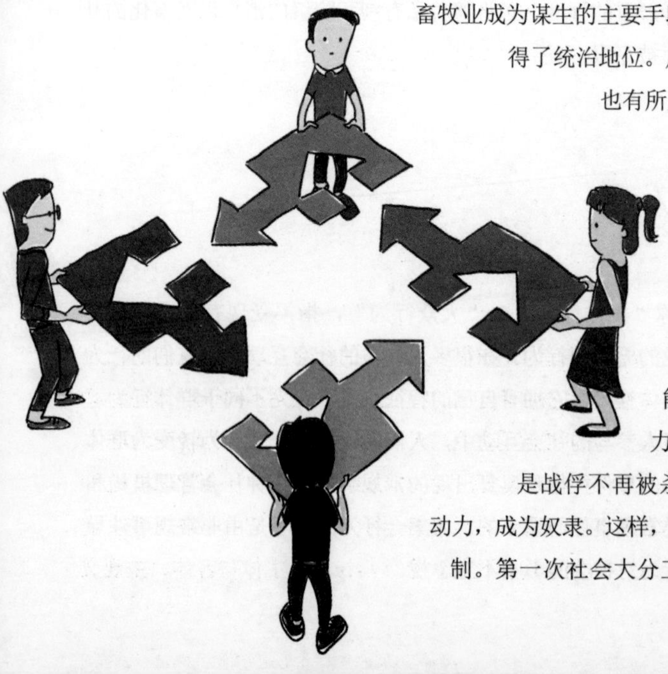

次社会大分裂，社会分裂为两个阶级：主人和奴隶、剥削者和被剥削者。

第二次社会大分工出现于野蛮时代的高级阶段。铁制工具的使用和生产技术的进步，促进了农业的发展和劳动生产率的提高，也使手工业向多样化发展。如此多样化的活动已经不能由一个人来进行了，于是发生了第二次社会大分工，手工业从农业中分离出来。随着第二次社会大分工，出现了直接以交换为目的的商品生产。交换的发展，使贵金属成为占优势的货币商品。在社会上一旦出现了货币财富，它便成为人们追求的对象和重要的生活目的，一些人会想方设法积累财富。在剩余产品逐渐增多的情况下，提高了人的劳动力的价值，在前一阶段还是零散现象的奴隶制，现在成为社会制度的本质组成部分。

第三次社会大分工发生在文明时代的初级阶段。由于商品交换的发展，出现了一个不从事生产只从事交换的商人阶级。他们作为生产者之间的中间人，剥削生产者，并取得了生产的领导权。交换发展的需要产生了金属货币。货币借贷、利息和高利贷也相继出现。土地私有权被牢固地确立起来，土地完全成为私人财产，它可以世袭、抵押以至出卖。现在除了自由人和奴隶的差别以外，又出现了富人和穷人间的差别。这是随着新分工产生的新的阶级划分。财富更加集中，奴隶人数增多，奴隶的强制性劳动成为整个社会的经济基础。由于有了阶级对立，于是产生了国家。

三次社会大分工发生于野蛮时代的中后期，经过这三次大分工，人类进入文明时代。

客观文化与主观文化

客观文化与主观文化是德国社会学家西美尔提出的概念。他认为客观文化是人们创造的各种文化事物和文化形式，而主观文化是人们经由此创造活动所达到的个人发展程度。客观文化与主观文化相互依存，没有客观文化就没有主观文化，而客观文化的发展是要实现主观文化的终极理想，只有客观文化和主观文化的和谐才构成真正的文化。在传统社会中，人们可以直接将客观文化应用于主观文化的建设；而到了现代社会，个体与社会、主体与客体、主观文

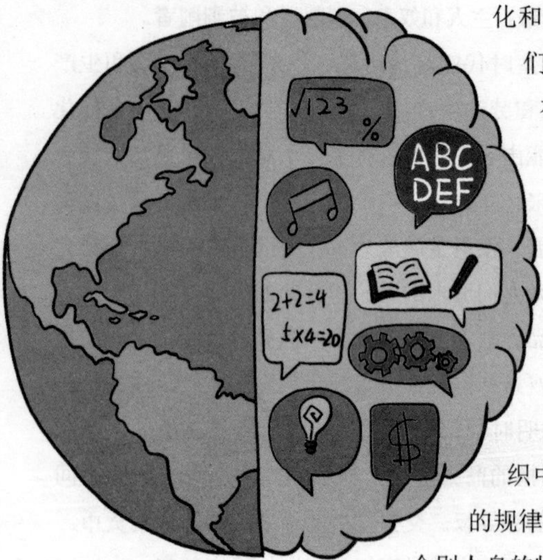

化和客观文化的统一性被打破了，它们遵循各自的逻辑与价值体系，存在着巨大的分裂。现代社会主观文化与客观文化相分离，产生了一个矛盾现象：一方面个性本身独立，个人有了无与伦比的内在和外在的活动自由；另一方面，现代社会又赋予实际的生活内容一种同样无可比拟的客观性：在技术上、在各种组织中、在企业和职业内，事物自身的规律越来越取得统治地位，并摆脱了个别人身的特点。

现代社会客观文化自成一个体系，摆脱了主观文化的控制，结果客观文化的发展越来越具有优先性，主观文化却相对日益萎缩。客观文化与主观文化的分裂因此成为现代文化的主要矛盾。社会的整体生活风格、个体与社会之间的审美性关系都取决于客观文化和主观文化之间的关系。客观文化对主观文化的压抑，即是社会体制对个体的审美性存在的否定。现代社会，人们越来越被自己所创造出来的客观文化所奴役，人越来越“物化”，而失去了人性。

标签理论

标签理论是以社会学家莱默特和贝克尔的理论为基础而形成的一种社会工作理论。这种理论认为每一个人都有“初级越轨”，但只有被贴上“标签”的初级越轨者才有可能走上“越轨生涯”。一个人被贴上“标签”，是与周围环境中的社会成员对他及其行为的定义过程或标定过程密切相关的。因此，社会工作的一个重要任务就是要通过一种重新定义或标定的过程来使那些原来被认为是有问题的人恢复为“正常人”。

标签理论认为越轨行为是社会互动的产物。标签理论认为一个人之所以成为越轨者，往往是因为在社会互动过程中，在父母、老师以及社会组织处理个人的越轨行为时，被贴上诸如坏孩子、不良少年的“标签”，这些标签成了一种耻辱性“烙印”，将越轨者同“社会的正常人”区分开来。那些被贴上“标签”的人也在不知不觉中逐渐接受社会对他们的不良评价，并开始认同他人的观点，确认自己是坏人，进而被迫与其他的“坏人”为伍，进行更加恶劣的越轨行为。随着时间的推移，越轨行为者愈陷愈深，最终无法自拔。

标签理论的重要贡献是它明确指出许多人本可以平安度过一生，但却被不幸地贴上不良的标签，从而踏上万劫不复的“越轨生涯”。标签理论认为，是他人对不幸地被贴上标签的越轨者的“不友善”的反应让越轨者失去了回归社会的机会。因此标签理论强调人们应该“与人为善”，帮助那些被不幸地贴上标签的越轨者摆脱越轨行为的阴影，让他们能够回到正常的生活中来。

婴儿潮

婴儿潮，指的是在特定地区的某一个时期内出生率大幅度提升的现象。有确切文献记载的婴儿潮，通常是由于农作物大丰收、打赢战争或赢得体育竞赛等振奋人心的缘由。美国在第二次世界大战后出现了所谓的“46～64”现象，即从1946年至1964年的18年里出生的婴儿人数高达7800万，人们第一次把这种现象称为“婴儿潮”。

历史上有两次著名的婴儿潮：①第二次世界大战结束之后的婴儿潮，一般通称为战后婴儿潮。在二战结束后，远赴战场的男人解甲返乡，触发了婴儿潮。在世界上大多数国家均有此现象。②2000年千禧年的婴儿潮。许多夫妻想要利用这个一生只有一次的特别年份生个千禧宝宝，让宝宝在这特别的一年出生，2000年正逢中国农历年的龙年，在华人社会，龙年的出生率通常比较高，有“望子成龙，望女成凤”的期望。但是2000年的这次婴儿潮幅度不如战后婴儿潮。

在新中国成立后我国一共出现过三次婴儿潮：

（1）新中国成立后不久的第一次婴儿潮：当时，政府实行鼓励生育的政策，人口增长率将近300%，不过当时我国人口只有4亿，由于人口基数小，所以这次婴儿潮人口的绝对数量相对不大。

（2）1962年三年自然灾害结束后出现第二次婴儿潮：这次婴儿潮高峰从1965年持续至1973年，当时国民经济情况好转，人口出生率在30‰～40‰之间，平均达到33‰，10年全国共出生近2.6亿人。这次婴儿潮是我国历史上出生人口最多的主力婴儿潮，对后来经济影响非常大。

（3）第三次婴儿潮发生在1986～1990年，由于第二次婴儿潮出生的人进入生育年龄，产生了这次婴儿潮，在人口学上将其称为回声婴儿潮。1990年是这5年中出生人口最多的一年。由于我国实行了计划生育政策，因此第三次婴儿潮出生人口总量不及主力婴儿潮，但也有1.24亿，接近当年全国人口的10%。

我们每个人都被约束
社会对个体行为的影响

社会环境与社会变迁
社会对群体行为的影响